Wolfgang Fenske
Der Lieblingsjünger

Biblische Gestalten

Herausgegeben von
Christfried Böttrich und Rüdiger Lux

Band 16

EVANGELISCHE VERLAGSANSTALT
Leipzig

Wolfgang Fenske

Der Lieblingsjünger

Das Geheimnis um Johannes

EVANGELISCHE VERLAGSANSTALT
Leipzig

Meinen Geschwistern.

Unserem Sohn Manuel Pascal, der Schüler.

Die Deutsche Bibliothek – Bibliographische Information

Die Deutsche Bibliothek verzeichnet diese Publikation in der Deutschen Nationalbibliographie; detaillierte bibliographische Daten sind im Internet über <http://dnb.ddb.de> abrufbar.

Printed in EU · H 7132
Gedruckt auf alterungsbeständigem Papier
Umschlaggestaltung: behnelux gestaltung, Halle/Saale
Satz: Steffi Glauche, Leipzig

ISBN 978-3-374-02444-5
www.eva-leipzig.de

INHALT

EIN WORT ZUVOR

Außergewöhnliche Gestalten bedürfen einer außergewöhnlichen Annäherung – z. B. durch ein Vorwort. Der »Lieblingsjünger« des Johannesevangeliums ist eine solche Gestalt. Und während die übrigen Bände dieser Taschenbuchreihe bequem ohne ein Vorwort der Herausgeber erscheinen können, drängt sich ein solches bei diesem Buch unabweisbar auf.

Ist »der Jünger, den Jesus liebte« überhaupt eine biblische Gestalt wie Petrus, Paulus, Johannes der Täufer oder Maria Magdalena? Kann man eine Figur, deren Identität verschleiert wird und die nur in Andeutungen erscheint, erzählerisch nachzeichnen? Reicht die schmale Textbasis aus, um die Konturen eines Menschen und seiner Geschichte sichtbar zu machen? Eignet sich »ein exegetisches Problem« dazu, biblische Theologie zu erschließen? Führen die Kontroversen um jenen geheimnisvollen Akteur der johanneischen Jesusgeschichte nicht viel zu tief in verwickelte Auslegungsprobleme hinein, um noch Stoff für ein interessantes und lesbares Buch bieten zu können? Alle diese Fragen haben wir uns im Herausgeberkreis bei der Konzeption der Reihe gestellt und sorgfältig abgewogen – und sind zu einer positiven Entscheidung gelangt: Ohne diese schillernde, die Phantasie des Lesepublikums anregende, gerade für die Theologie des Johannesevangeliums so charakteristische Figur würde der bunten Reihe biblischer Gestalten im Neuen Testament ein wichtiger Vertreter fehlen. Der ›Lieblingsjünger‹ steht in der Figurenkonstellation der Jesusgeschichte für ein besonderes, durch niemand anderen zu vertretendes Anliegen. So fügt er sich nun unter die übrigen, mit Name, Herkunft oder weit umfangreicheren Episoden ausgestatteten Gestalten ein.

Das Risiko einer solchen Entscheidung liegt freilich auf der Hand: Entweder wird es ein langweiliges Buch über die verschlungenen Wege der Forschungsgeschichte, das nur verschiedene Deutungen referiert und letztlich alles offen lässt. Oder es wird ein Buch, das einseitig Position bezieht und damit zwangsläufig Kritik auf sich zieht. Lässt sich die Figur des ›Lieblingsjüngers‹ so gestalten, dass darin die theologische Eigenart des vierten Evangeliums hervortritt und ein Gespür für die Besonderheiten gerade dieser Jesusgeschichte geweckt werden kann? Kann man die Frage nach dem Namen hinter der Umschreibung sinnvollerweise beiseite lassen?

Seit den Zeiten des Bischofs Irenäus von Lyon (2. Hälfte des 2. Jh.s) lautete die vorherrschende Erklärung: Der ›Lieblingsjünger‹ ist der Zebedäussohn Johannes (Mk 1,19) – und der hat auch das Evangelium im Ganzen geschrieben (Joh 21,24). Der Text selbst erhebt diesen Anspruch nicht, vermag aber bei Kombination verschiedener Aussagen eine solche Deutung nahe zu legen. Für die Autorisierung und Verbreitung der Jesusgeschichte in einer neuen Fassung war die Überzeugung, darin ein Evangelium »nach Johannes (dem Zebedäussohn)« zu besitzen, jedenfalls hilfreich. Mit dem neu erwachenden historischen Bewusstsein der Aufklärungszeit stellten sich dann allerdings kritische Rückfragen ein. Auch sie gingen vom Text aus und bemühten sich um einen möglichst genauen Bezug auf das, was dasteht. Kann der Fischer vom See Gennesaret wirklich der Autor dieses auf einem hohen theologischen Reflexionsniveau geschriebenen Textes sein? Es gibt eine Fülle von ernst zu nehmenden Argumenten, die dagegen sprechen. Sie sind nicht etwa Ausdruck von Besserwisserei und Hyperkritik – sondern Ausdruck einer nicht weniger leidenschaftlichen Hingabe an den vorliegenden Text wie zu den Zeiten eines Irenäus.

Seither fächert sich das Meinungsspektrum weit auf. Wenn der Autor des Evangeliums, der möglicherweise hinter der Gestalt des ›Lieblingsjüngers‹ erscheint, nicht der Zebedäussohn Johannes und damit ein Jünger der ersten Stunde ist – wer ist es dann? Für die Identifizierung des ›Lieblingsjüngers‹ sind deshalb alle nur denkbaren Vorschläge unterbreitet worden. Dabei hat man sowohl auf Namen der johanneischen Jesusgeschichte selbst als auch auf außerhalb dieser Geschichte liegende Namen zurückgegriffen. Aber kann eine solche, stets mit viel Phantasie ausgerüstete Suche überhaupt zum Erfolg führen? Ist der »Jünger, den Jesus liebte« nicht vielmehr eine Symbolfigur, eine fiktive Gestalt, die das Idealbild wahrer Jüngerschaft und die Treue zur Überlieferung auf der Erzählebene anschaulich vor Augen führen soll? Oder trägt vielleicht in textpragmatischer Hinsicht die Beziehung des ›Lieblingsjüngers‹ zu Petrus, die im Johannesevangelium auf eine spannungsvolle Weise dargestellt wird, den Ton? Spiegelt sich im Miteinander beider Figuren etwas vom Weg der johanneischen Gemeinde in die Großkirche wider?

Die Anonymität des ›Lieblingsjüngers‹ scheint bewusst und gewollt in Szene gesetzt zu sein. Aber das bedeutet nicht, dass wir hier nur einer literarischen Fiktion begegnen. Im Hintergrund dieser Figur lässt sich jener Traditionsträger erkennen, auf den sich die johanneische Gemeinde bezieht und durch dessen Überlieferung sie ihre spezifische Gestalt erhalten hat. Gleichzeitig ist diese Überlieferung jedoch auch gestaltet worden, und die Figur des ›Lieblingsjüngers‹ hat auf der Ebene der Erzählung eine Reihe von theologischen Funktionen übernommen. Hier beginnt das

Abenteuer der Lektüre und der Auseinandersetzung mit einer Gestalt, die sehr viel mehr transportiert als nur historische Informationen.

In der langen wissenschaftlichen Diskussion ist kein Indiz übersehen worden und keine These ungeprüft geblieben. – Auch die altkirchliche Deutung kommt dabei wieder neu auf den Tisch. Gleich einem Pendelschlag wird die Identifikation des ›Lieblingsjüngers‹ mit dem Zebedäussohn Johannes gegenwärtig vor allem im angelsächsischen Bereich wieder zunehmend erwogen. Die Argumente, die zu ihrer Ablehnung geführt hatten, bleiben freilich bestehen. Und so stellt sich die Frage nach der Besonderheit des Johannesevangeliums im Spiegel der ›Lieblingsjünger‹-Figur nach wie vor als ein spannendes Unternehmen dar.

Wolfgang Fenske hat in seinem Buch Position bezogen. Er greift die altkirchliche These von neuem auf und spielt sie in einer Betrachtung des gesamten Evangelientextes durch. Sind damit alle Probleme gelöst? Gewiss nicht! Und auch die Kritik wird nicht auf sich warten lassen. Sie hat sich schon anhand des Manuskriptes entzündet und zu einer ersten Diskussionsrunde geführt. Doch die Aufgabe der Herausgeber ist nicht die von Zensoren, auch wenn die These eine überraschend andere Richtung einschlägt als erwartet. Was die Diskussion im Vorfeld begonnen hat, wird sich nun auch mit dem Erscheinen dieses Bandes fortsetzen. Dafür versprechen die Beobachtungen und Spurensuchen des Autors ausreichend Gesprächsstoff. Die Figur des ›Lieblingsjüngers‹ jedenfalls verdient es, wieder stärker in ein solches Gespräch hineingezogen zu werden.

Das Anliegen dieser Taschenbuchreihe besteht darin, Zugänge zu den großen Themen biblischer

Theologie anhand konkreter Gestalten zu eröffnen. In diesem Falle handelt es sich um das Thema von Überlieferung und Traditionsbildung. Die Rätsel um die Gestalt des ›Lieblingsjüngers‹ deuten schon an, dass hier eine differenzierte Wahrnehmung nötig ist. Wenn Fragen offen bleiben, dann entspricht das nicht nur der didaktischen Absicht des Autors oder der Herausgeber, sondern liegt wohl schon im Interesse jenes profilierten Theologen, der die Jesusgeschichte ›nach Johannes‹ einst niedergeschrieben hat: In den Prozess der Überlieferung ist jede Generation im Medium der Auslegung auf neue Weise einbezogen.

August 2006 Die Herausgeber

A. EINFÜHRUNG

1. Einleitung

Im Johannesevangelium gibt es Textabschnitte, die einen Jünger Jesu hervorheben. Sie sagen über ihn, dass Jesus ihn geliebt habe. Von diesem Jünger ist in den Kapiteln 13–21 die Rede, in den Kapiteln, in denen vom Verhältnis Jesu zu seinen Jüngern, über Jesu Passion und Auferweckung besonders intensiv berichtet wird. Der hervorgehobene Jünger wird als Augenzeuge von Ereignissen des Lebens und als Ohrenzeuge der Lehre Jesu dargestellt. Er wird auch als Verfasser des Johannesevangeliums bezeichnet. Wie alle großen frühchristlichen Theologen schreibt er von Gottes Liebe zu den Menschen, die in Jesus Christus erfahren wurde. Diese führt den Menschen zur Gemeinschaft mit Gott und zur Gemeinschaft mit Menschen; sie führt ihn zur Erlösung, zum ewigen Leben. Er zeigt aber auch, dass schon der Mensch Jesus aus einer ganz besonderen Perspektive gesehen werden muss: aus der Perspektive der Auferstehung. Und aus dieser Perspektive ist der Mensch Jesus der Sohn, der mit Gott, dem Vater, eine Einheit bildet. Das zu sagen, ist ihm wichtig. Ihm ist es nicht wichtig, selbst im Zentrum zu stehen. Damit ist eigentlich alles zum Lieblingsjünger gesagt.

Eine Frage lässt das Thema brisant sein: Ist ein Johannes, dem das Evangelium zugeschrieben wird, dieser Lieblingsjünger? Ist dieser Johannes / Lieblingsjünger wirklich ein Jünger Jesu gewesen – gar einer der zwölf Jünger? Hat der Verfasser des Evangeliums sich selbst als Lieblingsjünger bezeichnet – oder wurde er von einem anderen als Jünger, den Jesus liebte, hervorgehoben? Wenn der Lieblingsjünger und der Verfasser des Evangeliums mit dem Jünger Johannes identisch ist, dann liegt mit dem Johannesevangelium ein Evangelium vor, das – einzigartig! – von einem Augenzeugen der Ereignisse um Jesus stammt. Doch entspricht Jesus, so wie er im Johannesevangelium dargestellt wird, wirklich dem Menschen Jesus – oder geben die anderen Evangelien einen ›originalgetreueren‹ Jesus wieder?

Westeuropäische Exegeten lehnen heute überwiegend eine Identifizierung des Lieblingsjüngers/Verfassers mit einem der zwölf Jünger ab. So heißt es seit ca. 1820 immer öfter und deutlicher: Es ist ausgeschlossen, dass Johannes der Autor des Evangeliums ist. Oder: Es ist ausgeschlossen, dass Johannes einer der zwölf Jünger Jesu ist, aber dennoch könne er ein uns unbekannter Jünger Jesu sein. Weil eine Identifizierung des Lieblingsjüngers mit dem Jünger Johannes aus dem Zwölferkreis meist negativ beschieden wird, gibt es zahlreiche Vorschläge dafür, wer mit diesem Jünger gemeint sein könnte: Lazarus, Andreas, Nathanael, ein in der frühen Kirche so genannter Presbyter Johannes, der im Neuen Testament erwähnte Johannes Markus. Auch wird er als Symbol für Heidenchristen angesehen, als ein idealer Vertreter des Zeugnisses der Apostel, als idealer Repräsentant aller Jünger der ganzen Kirche aller Zeiten. Ist er ein uns unbekannter Gründer johanneischer Gemeinden? Ist er Repräsentant der Geist-Christen gegen die Petrus-Christen? Handelt es sich um eine auf andere Art und Weise fiktive Person? Mit diesen Fragen ist das Hauptproblem in der Beschäftigung mit dem Lieblingsjünger skizziert worden. Die Diskussion ist diffizil – und weil diffizil, umso spannender, da jede und jeder selbst die vorgelegten Indizien bewerten kann und vielleicht selbst neue findet, um zu einer sicheren Schlussfolgerung zu kommen. Und so begeben wir uns in diesem Buch auf Spurensuche: Wer war der Jünger, den Jesus liebte?

Mit diesen Zuordnungsversuchen ist die Frage nach der Theologie des Evangelisten verknüpft. Sie ist eng mit der Theologie anderer frühchristlicher Christen verbunden, doch hat sie Besonderheiten. Der Evangelist zeigt uns einen Jesus wie keiner der anderen Evangelisten ihn zeigt. Er verwendet Ausdrücke, um das Ereignis um Jesus zu formulieren, die wir von anderen nicht hören. Er übergeht Aspekte des Lebens und der Lehre Jesu, die anderen wichtig gewesen sind. Und auch hier begeben wir uns auf Spurensuche: Was lehrte der Jünger, von dem gesagt wurde, dass Jesus ihn geliebt habe?

Was sich auch immer herausstellen sollte: Der Jünger, den Jesus liebte, hat Menschen im Laufe der Kirchengeschichte intensiv beschäftigt:

- Menschen haben sich in der Mystik mit diesem Jünger identifiziert, da er an der Brust Jesu ruhte. Er ruhte an der Quelle, am Herzen des Sohnes Gottes und ist so Vorbild, Beispiel für den christlichen Mystiker.
- Dieser Jünger ist der einzige der männlichen Jünger, der mit den Frauen unter dem Kreuz Jesu aushielt – und das ungeachtet der damit verbundenen Bedrohung: Er wurde Vorbild für das Ausharren unter dem Kreuz.
- Weil Johannes während des letzten Mahles Jesu diesem besonders nahe war, wird er als Helfer in Krankheiten und Nöten angerufen.
- Weil er Jesus besonders nahestand, wird er als Patron der Freundschaft und der Minne angesehen.
- Weil Johannes und Petrus im Evangelium als Konkurrenten dargestellt werden, wird von einer petrinischen Ver-

Abb. 1: Heilige Sippe, Meister des Ortenberger Altars:
Die Heilige Sippe (um 1430)

schwörung phantasiert, die sich (bis heute) gegen Johanneschristen wende. Seit dem 2. Jahrhundert wurde Johannes angeblich zum Gewährsmann derer, die sich von der petrinisch(-paulinischen) Kirche abgewendet haben.

- Die Bezeichnung ›Lieblingsjünger‹ ist mit dem johanneischen ›Lieblingsjünger‹ in unseren Sprachgebrauch eingetreten. Wer hat heute nicht alles ›Lieblingsjünger‹! Fündig wird man über die Suchmaschinen im Internet.
- Die Kunst interessierte sich ebenso für den Lieblingsjünger. Viele Maler haben sich Mühe gegeben, das Verhältnis Jesu zum Lieblingsjünger, liegend an der Brust Jesu, adäquat darzustellen. Auch Johannes unter dem Kreuz, gemeinsam mit Maria, der Mutter Jesu, hat viele Maler beschäftigt.

Die Frage nach dem Jünger, den Jesus liebte, führt uns in zentrale Fragen zur Zeit der frühen Gemeinde und nach dem Selbstverständnis der folgenden Generationen, so sie sich in der Tradition dieses Evangeliums sehen.

2. Der Jünger, den Jesus liebte – der Lieblingsjünger

Im Johannesevangelium wird nicht vom ›Lieblingsjünger‹ gesprochen, sondern davon, dass Jesus einen Jünger geliebt habe.

- Die Formulierung ›Lieblingsjünger‹ signalisiert einen Jünger, der als Jünger besonders hervorgetreten ist und darum von Jesus geliebt wurde.
- Die Aussage, dass Jesus einen Jünger geliebt habe, kann so verstanden werden: Der Jünger wurde von Jesus geliebt, weil er ihn einfach als Mensch – ohne besondere Leistungen – besonders berührt hat.

Was ist nun gemeint? Deutlich ist, dass nicht Jesus sagte, dieser ist mein liebster Jünger oder ähnlich. Der Jünger, der bei Jesu letztem Mahl einen Ehrenplatz bekommen hatte, wird von einem Herausgeber des Evangeliums hervorgehoben. Er bezeichnet ihn als den Jünger, den Jesus geliebt habe. Jesus stand dem Jünger nah, der Jünger stand Jesus nah – und der Herausgeber des Evangeliums hat großes Interesse daran, diese Nähe als Liebe zu betonen. Der Jünger ist als dieser Geliebte Ohren- und Augenzeuge. Das macht sein Zeugnis in den Augen der johanneischen Gemeinde besonders wahrheitsgetreu. Dass hier auch eine erotische Komponente mit hineinspielt, kommt nicht von ungefähr. So wie der Jünger, den Jesus liebte, Jesus nahe ist, so sollen auch die Hörenden des Evangeliums Jesus nahe sein. Er ist wie jeder glaubende Mensch Rebe an dem Weinstock Jesus – also engstens mit ihm verbunden, er lebt von ihm. Und das wird am Jünger, den Jesus liebte, verdeutlicht. Der Jünger, den Jesus liebte, ist in diesem Sinn somit Beispiel für die Menschen, die in der jeweiligen Gegenwart Jesus Christus nachfolgen. Auch sie werden in Jesu Liebe hineingenommen.

Der Lieblingsjünger ist zumindest nicht erkennbar auf Grund einer besonderen Leistung hervorgehoben worden, auch nicht, weil er seinerseits Jesus besonders geliebt hat. Jesus liebte ihn. Entsprechend ist von Jesu Liebe zu seinen Jüngern insgesamt die Rede, obgleich von den Jüngern keine liebenswerten Eigenschaften berichtet werden. Denn es kommt nicht auf Eigenschaften oder Taten an, sondern auf die Liebe Jesu. In diesem Sinn sei auch das Wort ›Lieblingsjünger‹ verwendet.

3. Der Lieblingsjünger und Johannes, der Jünger Jesu

Über den Lieblingsjünger wurde viel nachgedacht. Die Antworten sind, wie gesehen, entsprechend vielfältig. Auch diese Untersuchung kann nur das bieten, was der Verfasser für wahrscheinlich hält. Indizien werden zusammengetragen, und mit ihrer Hilfe wird das Urteil gefällt, das die Handschrift des Verfassers dieses Buches trägt.

Die eingangs gegebene Skizzierung des Lieblingsjüngers kann anhand vieler Andeutungen im Evangelium vorsichtig erweitert werden. In diesem Buch bewerte ich die Indizien folgendermaßen: Schüler des Johannes haben diesen als Jünger bezeichnet, ›den Jesus liebte‹. Der Lieblingsjünger ist nicht irgendein Johannes, sondern der Sohn des Zebedäus, einer der zwölf Jünger Jesu. Und dieser Johannes ist auch derjenige, dem wir das Evangelium zu verdanken haben, auch wenn es hier und da noch ein wenig redigiert worden ist. Trotz dieser konservativen Deutung, die

Folge des rezeptionsorientierten Ansatzes des Verfassers ist,[1] kommen wir durch das Johannesevangelium nicht viel näher an den ›irdischen‹ Jesus heran. Das darum nicht, weil Johannes Jesus allein aus der Perspektive des auferstandenen Jesus Christus sehen kann. Die Erfahrung der Auferstehung Jesu hat in diesem Jünger eine so immense Wirkung hervorgerufen, dass vom irdischen Jesus nur wenig erkennbar wird: Die Erfahrung des auferstandenen Jesus Christus ist die Brille, durch die Johannes den Menschen Jesus sieht. Gleichzeitig ist zu sagen: Wenn Johannes ein Jünger Jesu war und dieses Bild von Jesus überliefert, was muss Jesus für ein großartiger Mensch gewesen sein. Das alles mag historisch orientierte und interessierte Menschen verwirren, weil allgemein Erfahrbares, Alltägliches leichter verständlich ist – doch unsere Verwirrung ist nicht der Maßstab, das Evangelium angemessen zu beurteilen. Wichtig ist das, was der Evangelist zu sagen hat und wie er es zu sagen hat.

In einem Kommentar[2] heißt es: »Und da der Verfasser, wer immer er war, sich selbst mit Bedacht verborgen hat, damit die Rolle des ›Jüngers, den Jesus liebte‹, in der Kirche aller Zeiten lebendig-gegenwärtig bleibt, tun wir in seinem Sinne, wenn wir die Frage,

---

1 Das bedeutet, dass Spannungen in einem Text nicht in erster Linie aus einem Wachstum des Textes erklärt werden. Der Stil des Autors bzw. seine Adressatenbezogenheit stehen im Vordergrund. Dazu s. vom Autor das ›Arbeitsbuch zum Neuen Testament‹ (1999, Kap. 20 [3–6]) und die ›Argumentation des Paulus‹ (2004, Kap. 1.1–1.6). Das letztgenannte Buch führt in Argumentationswissenschaften ein. Diese beeinflussen auch die hier gegebene Interpretation des Johannesevangeliums.

2 Wilckens 1998.

wer der Verfasser gewesen ist, offenlassen« (17). Dass sich der Verfasser verborgen halten möchte – ist nicht so sicher. Er schildert das erste Zusammenkommen Jesu mit seinen Jüngern folgendermaßen (paraphrasiert):

Zwei Jünger von Johannes dem Täufer folgten Jesus.

»*Einer* von den zweien ... war Andreas, der findet *zuerst* seinen Bruder Simon und spricht zu ihm ...«.

Mehr sagt er nicht. Jedoch: Nun ergänzt der kundige frühchristliche Lesende/Hörende:

»*Der andere* von den zweien ... war Johannes, der findet *danach* seinen Bruder Jakobus und spricht zu ihm ...«.

Der Verfasser outet sich hier indirekt. Er hält sich zurück, weil es nicht um ihn, sondern um die Worte Jesu geht – aber jeder damalige interessierte Christ weiß, welcher Zeuge hinter diesen Worten steht. Das gilt vor allem auch für die Gemeinde johanneischer Prägung.

4. Der Aufbau dieses Buches

Im *Teil B* geht es im *Abschnitt 1* zunächst einmal um eine Annäherung an das Thema, indem das Evangelium vorgestellt wird. In dieser Annäherung wird der Frage nachgegangen, ob ein Autor oder eine Gruppe von Autoren das vorliegende Evangelium geschrieben haben. Es werden Zeitbezüge im Evangelium vorgestellt und untersucht, inwieweit der Evangelist fremde Texte aufgegriffen oder eigene Erlebnisse formuliert und zusammengestellt hat. In diesem Zusammenhang wird auch der Schreibstil vorgestellt. Zuletzt wird ein

Überblick über die Theologie des Evangelisten gegeben. Dieser *Abschnitt 1* wäre in einem Buch über den Lieblingsjünger nicht sinnvoll, wenn der Lieblingsjünger nur eine literarische Figur gewesen wäre. Weil der Verfasser durch seine Beschäftigung mit der gestellten Aufgabe zu der Schlussfolgerung gekommen ist, dass ein einzelner Mensch dieses Evangelium verfasst hat und nicht eine Gruppe oder Generationen von Redakteuren, konnte die Theologie des Evangelisten oder sein Schreibstil behandelt werden.

Im *Abschnitt 2* werden die Texte befragt, die ausdrücklich vom Jünger, den Jesus liebte, sprechen. Von wem sprechen sie, wie sind sie theologisch einzuordnen?

Im *Abschnitt 3* wird nicht das Evangelium in den Blick genommen, sondern der Evangelist. Ist der Evangelist der Jünger, den Jesus liebte? Wer ist der Jünger, den Jesus liebte, als Mensch gewesen? Um das erarbeiten zu können, wird unterschiedlichen Fragestellungen nachgegangen, bis hin zur Frage nach dem Alter des Lieblingsjüngers. Vor allem in diesem Abschnitt wird all das angesprochen, was in Werken über den Lieblingsjünger immer wieder diskutiert und überwiegend negativ beschieden wird.

Der *Abschnitt 4* bildet einen Übergang zu *Teil C*. In ihm werden die Schriften des Neuen Testaments untersucht, die mit einem Menschen namens Johannes verbunden werden. Er bildet insofern einen Übergang zu *Teil C*, weil diese Texte nicht alle der Wirkungsgeschichte zuzurechnen sind: Mit hoher Wahrscheinlichkeit scheint mir der erste Johannesbrief von demselben Verfasser zu stammen wie das Evangelium – freilich sind die Apokalypse und wohl auch der zweite und dritte Brief einem anderen Verfasser zuzuweisen.

Im *Teil C* wird die Wirkungsgeschichte des Evangeliums umrissen. Wie wird vom Evangelisten bzw. von seinem Evangelium im zweiten Jahrhundert gesprochen? Was sagt man von ihm im Mittelalter? Was in der Gegenwart gesagt wird, schillert in der gesamten Untersuchung durch.

5. Die Kraft des Evangeliums

Das Evangelium hat zahlreiche Lebensläufe von Christinnen und Christen geprägt. Darum sollen zwei Texte die Spurensuche begleiten. Sie zeigen etwas auf, das in der Beschäftigung mit dem Evangelium aus historischer Perspektive leicht aus dem Auge verloren werden kann:

»Ich legte mich gestern Abend sehr früh ins Bett und las im Johannes-Evangelium und las es meiner Kameradin vor. Und wir beide waren ganz erschüttert von der ungeheuren Kraft, die von diesen Worten ausgeht.« So Cato Bontjes van Beek wenige Monate vor ihrer Hinrichtung 1943 (Hermann Vinke: Cato Bontjes van Beek. »Ich habe nicht um mein Leben gebettelt.« Ein Porträt, Zürich/Hamburg 2003, 156).

»Am liebsten aber les' ich im Sankt Johannes. In ihm ist so etwas ganz Wunderbares – Dämmerung und Nacht, und durch sie hin der schnelle zuckende Blitz! 'n sanftes Abendgewölk und hinter dem Gewölk der große volle Mond leibhaftig! so etwas Schwermütiges und Hohes und Ahndungsvolles, dass mans nicht satt werden kann. 's ist mir immer beim Lesen im Johannes, als ob ich ihn beim letzten Abendmahl an der Brust seines Meisters vor mir liegen sehe, als ob sein Engel mir's Licht hält und mir bei gewissen Stellen um den Hals fallen und etwas ins Ohr sagen wolle. Ich versteh lang nicht alles, was ich lese, aber oft ist's doch, als schwebt' es fern vor mir was Johannes meinte, und auch da, wo ich in einem ganz dunkeln Ort hinein sehe, hab ich doch eine Vorempfindung von einem großen herrlichen Sinn, den ich 'nmal verstehen werde, und darum greif' ich so nach jeder neuen Erklärung des Johannes. Zwar die meisten kräuseln nur an dem Abendgewölke, und der Mond hinter ihm hat gute Ruhe.« (Matthias Claudius: Paraphrasis Evangelii Johannis; Wandsbecker Bote 179, 1774, I.–II. Teil.)

B. DARSTELLUNG

1. Grundlagen der Spurensuche: Annäherungen an das Evangelium

Ohne das Johannesevangelium insgesamt in den Blick zu bekommen, können wir die Spurensuche nicht beginnen. Gehen wir davon aus, dass der Verfasser des Evangeliums nicht der Jünger Johannes sein kann, dann würde es genügen, die zentralen Lieblingsjüngertexte zu untersuchen. Da ich jedoch aufgrund der kritischen Lektüre des Evangeliums zu einer anderen Schlussfolgerung gekommen bin, muss auch das Evangelium ausführlicher angesprochen werden. Die Spurensuche bedarf einer Systematik. Sie orientiert sich an den Arbeitsweisen, die im Lauf der letzten zwei Jahrhunderte in der neutestamentlichen Exegese herausgearbeitet wurden.

1.1 Der Evangelist als Schriftsteller

1.1.1 Der Verfasser eines spannungsreichen Evangeliums

Lesende des Johannesevangeliums stoßen auf Ungereimtheiten. Es gibt Aussagen, die nicht aneinander angeglichen worden sind:

- So hören wir zum Beispiel von der Berufung einzelner Jünger, bald wird von Jüngern allgemein gesprochen, dann unvermittelt von den zwölf Jüngern, ohne dass gesagt wird, wer diese sind, dann verlassen Jünger Jesus, ohne dass deutlich wird, wer wiederum diese Jünger sind.[3]

---

3 Andreas wird in 1,40 als Bruder des Simon bezeichnet, doch erst 1,42 wird erklärt, wer Simon (Petrus) ist.

- In 2,11 wird auf das ›erste Zeichen‹/›Wunder‹ hingewiesen, das Jesus getan hat; 4,54 ist von einem ›zweiten Zeichen‹/›Wunder‹ die Rede. Es folgen weitere Wunderberichte, die aber nicht mehr gezählt werden. So stellt sich die Frage: Hat der Verfasser eine schriftliche Vorlage, eine Quelle, mit nummerierten Wunderberichten verwendet? Der Evangelist ist, so die Theorie, dieser Quelle eine Weile gefolgt, dann hat er sie verlassen. Die Zählung wird nicht weitergeführt – aber auch der Charakter der folgenden Wunder ändert sich: Sie werden zum Ausgangspunkt für theologische Erläuterungen. So wird an dem Wunder der Heilung des Kranken am Teich Betesda eine Rede über die Vollmacht Jesu angeschlossen (Joh 5). In 2,23 wird gesagt, dass viele glaubten, als sie die ›Zeichen‹ gesehen hatten. Das wird ähnlich in 20,30 formuliert: »Jesus tat viele Zeichen, [...] die geschrieben wurden in diesem Buch, damit ihr glaubt«. Liegt hier der Schluss des von Johannes verwendeten Zeichenwerkes vor, da in unserem Evangelium ja nicht nur Wunder, sondern auch Worte Jesu überliefert werden?
- In Joh 14,31 finden wir nach einer Rede die Aufforderung Jesu: »Steht auf und lasst uns von hier weggehen« – doch dann geht die Rede in 15,1–17,26 weiter und Kapitel 18 beginnt: »Als Jesus das geredet hatte, ging er hinaus mit seinen Jüngern«. Hat ein Redaktor nach dieser Aufforderung von Kapitel 14 noch zwei Kapitel eingeschoben? Warum hat er dann diesen Satz nicht getilgt? Stammt der Satz von einer schriftlichen Vorlage (vgl. Mt 26,46)? Fielen dem Autor selbst noch die Aussagen der Kapitel 15–17 ein? (In welchem Zeitraum? Hat auch diese Zusammenstellung der Kapitel Teil an seiner ihm eigenen Rhetorik?)[4]

---

4 Vgl. das ›absichtliche‹ Durcheinander 7,1–14: Brüder Jesu fordern diesen auf, nach Jerusalem zu gehen. Er wollte nicht, mit der Begründung: Meine Zeit ist noch nicht erfüllt. Dann ging

Aber nicht allein solche offenkundigen Brüche und Spannungen innerhalb des Textes lassen Fragen aufkommen, sondern auch theologische Spannungen:

- Es heißt, dass Jesus das Richteramt übertragen bekommen habe (5,22f.), dass er nicht gekommen sei zu richten, Nichtglaubende aber schon gerichtet seien (3,17f.). In 8,15 hören wir, dass er niemanden richte, wenn er aber richte, dann gerecht.
- Was den Parakleten, den Heiligen Geist in einer bestimmten Funktion, betrifft: Jesus pustet die Jünger an, und sie bekommen den Heiligen Geist (20,22); dann wird gesagt, dass Jesus den Parakleten senden werde (15,26 und 16,7) – bzw. der Vater sende ihn (14,16.26; auch zwischen diesen beiden Versen sind noch Diskrepanzen zu erkennen).

Diese Spannungen können unterschiedlich erklärt werden: Vielleicht sind die Blätter, auf denen das Evangelium geschrieben worden war, durcheinander geraten? Oder haben verschiedene Redaktoren an dem Text gearbeitet? Gab es eine mehrstufige Entwicklung in der Entstehung des vorliegenden Evangeliums? So werden zum Beispiel folgende Stufen genannt:

1. Die mündliche Tradition stamme von Johannes Zebedäus, dem Jünger Jesu.
2. Diese mündliche Tradition sei durch seine Schüler gesammelt und weiterentwickelt worden, d.h. dramatische Reden eingeführt worden wie Diskurse und ironische Abschnitte.

---

er heimlich, lehrte dann jedoch öffentlich im Tempel und fiel den Menschen auf. In diesem Text wird eine Fülle an Informationen verarbeitet, die wichtig ist, was hier aber nicht weiter dargelegt werden soll.

3. Ein Schreiber habe aus diesem Material ein Evangelium gebildet.
4. Dieser Schreiber habe auch eine zweite Edition herausgebracht.
5. Ein weiterer Herausgeber habe die Kapitel 13–17 und das Kapitel 6 bzw. Teile davon hinzugefügt.

Oder gab es eine dreistufige Entwicklung, die von einem Grundevangelium ausgeht, das aus Zeichen (Wunder) und Passionsgeschichte bestanden hat, in das Reden eingefügt und zuletzt neu arrangiert worden sind? Das alles sei durch den Lieblingsjünger in einem Zeitraum von 20–30 Jahren bewerkstelligt worden. Oder gab es diese drei Schichten: Grundschicht, Evangelist, Endredaktor? Dieser Endredaktor habe die Lieblingsjünger-Schicht eingefügt. Oder kam die Lieblingsjünger-Redaktion erst aus montanistischen Kreisen[5]? Damit kann diese Lieblingsjünger-Schicht, weil sie erst ca. 50–100 Jahre nach dem Grundtext eingefügt worden ist, nichts zur Frage des Evangeliums und des Verfassers beitragen. Es gibt weitere Vorschläge. Es scheint auch so, dass die Texte, die vom Lieblingsjünger reden, durch Redaktoren eingefügt worden sind, denn sie begegnen nur in den Kapiteln 13–21, und das Kapitel 21 spricht rückblickend von diesem Jünger. Darauf werden wir später intensiv eingehen.

Zweifellos hat das Evangelium einen ungewöhnlichen Stil. Handelt es sich mit diesem um eine be-

---

5 Als Montanisten werden Menschen einer Gruppe bezeichnet, die enthusiastisch das Wiederkommen Jesu in allernächster Zeit erwarteten, verbunden mit rigoroser Ethik und harter Askese. Der Name leitet sich von dem Gründer Montanus ab, der mit zwei Prophetinnen in der zweiten Hälfte des 2. Jh.s die Gemüter erregte.

sondere Kultsprache? Ist der Stil Folge wiederholter Reden im Lehralltag? Lehnt er sich an Offenbarungsreden an? Ist er im hohen Alter des Autors begründet? Ist er Ergebnis der vielfachen Bearbeitung? – All das ist denkbar. Deutlich ist, dass im Evangelium viele sprachliche Mittel aufgegriffen wurden, um ein Thema zu umkreisen. Dadurch treibt es die Argumentation auf immer neue Höhen bzw. umgekehrt: Dadurch führt es immer tiefer in die Thematik ein.

1.1.2 Theologische Spannungen auf einer neuen Ebene

Die theologischen Spannungen werden dadurch hervorgerufen, dass im Evangelium unterschiedliche theologische Aussagen zu finden sind. Das kann daran liegen, dass unterschiedliche Menschen daran gearbeitet haben – aber auch daran, dass der Evangelist versucht, verschiedene Positionen aufzugreifen und auf eine neue theologische Ebene zu heben.

So ist zum Beispiel an den unterschiedlichen Aussagen zum Heiligen Geist/Parakleten folgendes zu erkennen:[6] Sie betonen die Einheit Jesu mit dem Vater und des Vaters mit Jesus. Und diese Einheit zeigt sich im auferstandenen Jesus Christus (20,22). Im Detail: In 14,16 bittet Jesus den Vater um die Sendung des Geistes; doch 14,18 heißt es: *Ich* komme zu euch; 14,26: Der Vater sendet den Geist im Namen des Sohnes; 14,28 wieder: *Ich* komme zu euch; 15,26: Jesus sendet den Geist vom Vater, der vom Vater ausgeht; 16,7.12: Der Geist wird kommen (es ist nicht mehr die Rede von der Sendung des *Ich* – als Jesus!); 20,22: der auferstandene Jesus bläst die Jünger an: Nehmt hin den Heiligen Geist. Eine weiter detaillierte Darstellung kann noch mehr Differenzen erkennen. Doch darum

6 Zum Parakleten s. B 1.5.4.

geht es jetzt nicht. Hier sei nur angemerkt, dass unterschiedliche theologische Standpunkte ausgesprochen werden: Gott sendet den Geist; der Sohn sendet den Geist; der Geist kommt an Stelle des Sohnes; der Sohn kommt selbst; der Geist kommt eigenständig. Diese einzelnen Aussagen sind Mosaiksteinchen, die ein Gesamtbild ergeben sollen. Und dieses Gesamtbild zeigt uns einen trinitarischen Ansatz johanneischer Prägung – und damit auch einen ›neuen‹ Jesus. Anhand der Differenzen könnte man auch redaktionelle Arbeit vermuten: So ließen sich die Aussagen aus den Kapiteln 15 und 20 zusammenführen. Das würde bedeuten: Joh 15 und 20 könnten von einem Redaktor eingefügt worden sein. Das geht aber nur mit viel Mühe. Allein schon die verzwickte Sprache von 15,26 (vgl. 14,13–15) und die unterschiedlichen Ansätze in Joh 14 stehen solchen Versuchen entgegen: Auch in 15,26 müsste der Redaktor in einem Satz eingegriffen und ihn sehr verkompliziert haben; und wenn das komplizierte Kapitel 14 von einem Redaktor nur hier und da neu ergänzt worden wäre, wäre der Text kaum mehr verständlich. Es wird vermutet, dass später eingeführte Texte bestehende Texte reinterpretieren sollen – wobei die reinterpretierenden Texte den zu interpretierenden Texten voraufgehen können, aber nicht müssen. Das hieße, dass der Redaktor den Text verändert hätte, ohne sicherzustellen, dass sich seine Änderung durchsetzen wird. Zum anderen: Es ist schwer vorstellbar, wie solche Änderungen in einer Zeit, in der man noch Papyrus und teures Pergament verwandte, konkret durchgeführt worden sein sollen. Handschriftlich lassen sie sich nicht nachweisen.

Es sei noch auf die rhetorische Selbstkorrektur hingewiesen, die wir in 4,23 und 5,25 finden: »Es kommt die Stunde – sie ist schon jetzt«, »in der wahre Anbeter in Geist und Wahrheit anbeten« bzw. »in der Tote die Stimme des Gottessohnes hören«. Dadurch, dass zwei unterschiedliche theologische Ansichten verbunden werden, wird eine immense Interpretationsmöglichkeit eröffnet. Es geht nicht mehr nur um Gegenwart oder Zukunft des Heilshandelns, sondern beide durchdringen einander.

Die unterschiedlichen Aussagen sind Mosaiksteinchen, die ein einheitliches Bild ergeben. Dasselbe zeigt sich zum Beispiel auch in den Kapiteln 13–20, in denen unterschiedliche Ansichten über Jesu Kreuzestod zusammengeflochten werden. Es geht nicht darum, aus diesen Steinchen den eigentlichen Stein als Theologie des Evangelisten herauszuarbeiten. Es geht vor allem um das gebotene Gesamtbild. Zu diesem Gesamtbild gelangt der Evangelist, indem er unterschiedliche Gemeindetheologien einander zuordnet.

1.2 Der Evangelist als Schriftsteller in seiner Zeit

1.2.1 Das Evangelium, die Politik und die Besatzungsmacht

In Evangelien geht es nicht nur um historisch korrekte Wiedergabe biographischer Ereignisse, sondern immer auch um Verkündigung. Und gerade dieses Element wird vom Johannesevangelium besonders kultiviert. Das zeigt schon der Beginn des Evangeliums (1,1–1,8) mit einer Art Hymnus, dann aber auch durch die Selbsteinschätzung bzw. Selbsteingrenzung: »Das Buch ist geschrieben worden, damit ihr glaubt, dass Jesus der Christus ist, der Sohn Gottes, und damit ihr durch den Glauben das Leben habt in seinem

Namen« (20,31).[7] Es gehört also in den Rahmen der Paränese, der Predigt, der Verkündigung. Das heißt jedoch nicht, dass historische Hinweise fingiert sein müssen. Im Gegenteil: In diesem Rahmen nimmt es zu verschiedenen Problemen, die die Gemeinde aktuell beschäftigten, mit Hilfe der Tradition Stellung:

- Auseinandersetzung mit der Synagoge angesichts der Ablehnung Jesu, des Ausschlusses von Christen aus Synagogen und der Tötung von Christen;
- die Frage nach dem Wesen Jesu als Beitrag zu innergemeindlichen Auseinandersetzungen;
- das Beharren auf eine eigenständige Größe neben den Gemeinden, die von Petrus beeinflusst sind;
- Werbung um Menschen, die sich von Johannes dem Täufer herleiten.
- Daneben scheint ein weiterer Punkt nicht übergangen werden zu dürfen: Die Bedeutung der Samaritaner.

Der Lieblingsjünger begegnet weder im Kontext der Auseinandersetzung mit der Synagoge noch im Kontext der Samaritanerfrage. Er begegnet allein im Kontext innergemeindlicher Auseinandersetzungen – und möglicherweise auch im Kontext der Auseinandersetzung mit Anhängern von Johannes dem Täufer. Und in diesem Rahmen bietet er in erzählenden Texten Argumente mit unterschiedlicher Intention.

Nicht nur diese Auseinandersetzungen, sondern auch die Weltpolitik der Zeit hinterließ ihre Spuren im Text: In der Zeit, in der Römer die Herrscher auch über Israel waren, lässt der Evangelist Juden sagen: »Wir sind niemals jemandes Knecht gewesen. Wie sprichst

---

7 Plutarch begründet – allerdings zu Beginn seiner Vita Alexanders des Großen –, warum er sich auf einen bestimmten Aspekt begrenzt.

du dann: Ihr sollt frei werden?« (8,33). Und Jesus spricht von der Knechtschaft durch die Sünde und die Freiheit, die der Sohn gewährt. Die Situation der Zeit spiegelt sich in den Worten Gamaliels wider (s. 1.2.3) sowie in der Betonung der Königstitulatur für Jesus. Auch in den anderen Evangelien wird Jesus als König der Juden bezeichnet – schriftlich festgehalten an einem Brett am Kreuz. Bei Johannes hören wir jedoch von einer Besonderheit: Dieser Titel ist auf Hebräisch, Griechisch und Latein angeführt. Er erwähnt das wohl, um mitzuteilen: Der Anspruch Jesu, König eines ganz besonderen Königreiches zu sein, gilt nicht nur innerhalb der Grenzen Israels. Als Königreich, das nicht von dieser Welt ist, betrifft es gleichwohl die Königreiche dieser Welt. Jesus ist ein anderer König als er in Herodes und seinen Söhnen sichtbar wird oder in den Caesaren: Jesus prägt als der am Kreuz für die Vergebung der Sünden Sterbende den Königsbegriff. Mögliche Anspielungen auf die Zeit liegen auch Joh 10,7–13 vor: Die Aufgabe des Christus besteht nicht darin, Diebe (Römer?) zu besiegen, sondern ewiges Leben zu geben. Auch gibt er den Menschen einen Frieden, den die Welt ihnen nicht geben kann – und darum sollen sie sich vor Menschen nicht fürchten (14,27; vgl. 16,33). Der ›Herrscher dieser Welt‹ wird Jesus töten, doch hat dieser keine Macht über ihn (14,30). Nicht unabsichtlich wird statt vom ›Satan‹ vom ›Herrscher der Welt‹ gesprochen. Es wird doppeldeutig formuliert, so dass die Rezipienten darunter die römische Herrschaft wie die des Satans verstehen können. Und beiden setzt der Autor Neues entgegen – man könnte sagen, er setze dem Unpolitisches entgegen, die Herrschaft Gottes (3,5), vor allem aber ›ewiges Leben‹ (pass.), die Liebe der Gemeindeglieder untereinander und das Ertragen von Verfolgung (13–17). Aber da Irdisches als Irdisches nicht mehr seine Macht entfalten kann und die Glaubenden nicht mehr bestimmt, kann der johanneische Jesus Grenzen überschreiten: Er diskutiert – was die Jünger wundert – als Mann mit einer Frau über theologische Fragen (4,27), er spricht als Jude mit Samaritanern (4) und kann mit seiner Gottesverkündigung Menschen des eigenen Volkes vor den Kopf stoßen.[8] Glaubende sind frei (8,30f.; vgl. 18,20ff.), sind Kinder des Lichts (12,36), sind in der Welt, aber nicht von der Welt (17,15f.), sind in Gott (17,21) – insofern wirken sie die von hier aus bestimmten Werke. Diese Nicht- bzw. Anders-Politik bringt Herrscher in Zugzwang. Er setzt dem Machtstreben des Menschen Grenzen. Ein neuer Maßstab wird betont: Gottes Handeln in und durch seinen Sohn bzw. durch die Gemeinde.

An dieser Darstellung lässt sich erkennen, dass einzelne Texte auch die Auseinandersetzung mit Römern und mit Menschen seines Volkes einfließen lassen.[9] Der Autor hat diese Erfahrungen von Israel über Syrien mit nach Ephesus gebracht und dort mit den neuen Erfahrungen verarbeitet. Damit zeigt der Autor auf, worauf es in diesen politischen Konstellationen ankommt: auf die Nähe zu Jesus, die Einheit mit Jesus trotz Gefahr und Heimatlosigkeit.

Spuren hinterließen vor allem religiöse Strömungen der Zeit.

---

8 Aus dieser Perspektive liegt auch johanneischer Sarkasmus nah: Gott hat seinen Sohn gesandt, Juden wollen, dass dieser Sohn getötet wird. Indem Juden vom römischen Statthalter fordern, dass das Kind ihres Volkes hingerichtet wird, stellen sie sich auf die Seite der Feinde. Die Aussage, dass sich Juden durch ihre Ablehnung Jesu auf die Seite des römischen Kaisers stellen, ist in dieser Zeit der Auseinandersetzung zwischen Juden und Römern eine starke Provokation.

9 S. B 3.3: Der Evangelist wirbt um Menschen seines Volkes.

1.2.2 Das Evangelium und die Gnosis

Als Gnosis (Erkenntnis) wird eine geistesgeschichtliche Strömung bezeichnet, die im 2. Jh. n. Chr. auf dem Höhepunkt ihrer Verbreitung stand. Sie nahm unterschiedlichste Impulse aus hellenistischen Philosophien, jüdischen und christlichen Traditionen und Mysterientraditionen auf. Ihre Vertreter meinten, besondere Kenntnis von Gott und Welt und deren Zusammenhang zu besitzen. Gott und Welt wurden – im damaligen Sinn – wissenschaftlich, logisch verbunden: Die Welt ist in Stufen aufgebaut; an der Spitze steht die positive Gottheit, und die Stufen fallen über Mächte immer tiefer hinab bis zur Menschheit, die von einer negativen Gottheit abhängig ist. Menschen können einen Lichtfunken der positiven Gottheit in sich haben, doch wurde dieser göttliche Teil vom negativen Leib gefangen genommen. Die positive Gottheit versucht, ihre Funken zu befreien, indem sie einen Retter schickt. Dieser verkleidet sich als Mensch (ist somit kein Mensch, der den negativen Mächten unterworfen ist, so der der Gnosis nahe stehende Doketismus) und weist den Funken, die in ihm ihresgleichen erkennen, den Weg zur Sphäre der Gottheit. Wie an dieser kurzen Charakterisierung der Gnosis erkennbar wird, dachten Gnostiker dualistisch. Das bedeutet, dass sich Gnostiker eine negative Gottheit und eine positive Gottheit vorstellten, die einander bekämpften; entsprechend war die Welt der negativen Gottheit (die ›Schöpfung‹) schlecht, Finsternis, die der positiven Gottheit gut, Licht. Die Welt der negativen Gottheit wurde als die Welt des alttestamentlichen Gottes angesehen, der positive Gott wurde als der Vatergott Jesu gedacht. Wobei freilich anzumerken ist, dass die Konstrukte der einzelnen gnostischen Gruppen variieren konnten.

Nachdem die Forschung im 19. und 20. Jh. den Blick intensiver auf gnostische Schriften gelenkt hatte, wurde das Johannesevangelium mit der Theologie gnostischer Gruppen in Verbindung gebracht. Auffällig ist nämlich die Bedeutung des Boten in diesem Evangelium: Jesus ist der Bote, der aus dem Bereich Gottes gesandt wurde und nur von den Seinen als dieser göttliche Bote erkannt wird. Jesus selbst wird als einer geschildert, der im Grunde kaum Berührung mit der Welt hat, er steht über dem ganzen Menschengetümmel. Auch Jesu Passion wird eher so geschildert, als würde er alles teilnahmslos über sich ergehen lassen. Die in diesem Evangelium vorzufindende scharfe Distanzierung Jesu von Juden und ›ihrem Gott‹ wurde von der Gnosis aus verstanden, ebenso die Betonung Gottes als Vater. Hervorzuheben ist auch die Lichtmetaphorik (z. B. 12,36: Kinder des Lichts).

Um diese These von der gnostischen Herleitung des Johannesevangeliums ohne Reibungen aufstellen zu können, muss eine redaktionelle Schicht im Johannesevangelium herausgearbeitet werden, die eine solche Sicht verstärkt vertritt. Diese gnostische Schicht wurde dann, so die Theorie, später der allgemeinkirchlichen Theologie angepasst. Diese Theorie erleichterte es, das im Verhältnis zu den Synoptikern eigenartige, ›neue‹ Bild von Jesus einzuordnen, somit auch zu verstehen. Es ist jedoch bedenklich, eine redaktionelle Schicht mit Hilfe außenstehender und konstruierter Vorgaben herauszulösen. Die Wahrscheinlichkeit ist groß, dass die subjektive Interpretation das Ergebnis bestimmt. Dennoch: Es können protognostische Ansätze (Ansätze, die in ihren Anfangsstadien standen und noch nicht so weit entwickelt waren wie im 2. Jh.) der Gemeinde verarbeitet worden sein (vgl. 1.1.2). Es ist auch möglich, dass das

Evangelium gnostisches Denken des 2. Jh.s mit gefördert haben kann. Auffällig ist, dass sich schon gleich zu Beginn des Evangeliums ein Ansatz findet, der gnostischer Christologie entgegengesetzt ist. Während Gnostiker doketistische Lehren vertreten können, das heißt lehren können, dass Jesus als göttliche Person nur einen Scheinleib gehabt habe, spricht Joh 1,14: Das Wort / der Logos ist Fleisch geworden.

Die Aussagen, die als ›gnostisch‹ interpretiert werden, haben darin ihren Grund, dass Johannes Jesus nur noch von der Erfahrung der Auferstehung Jesu her interpretieren kann. Das Licht des Auferstandenen legt sich auf den Menschen Jesus. Die Gnosis legte das Licht hellenistisch-iranisch / persisch geprägter Religiosität auf den Menschen Jesus. Zwar haben beide Berührungspunkte, aber der Zugang ist ein anderer.

Im 14. Kapitel liegen Worte vor, die Jüngern in den Mund gelegt werden, die eine auffällige Nähe zum Thomasevangelium haben. Das Thomasevangelium stammt wohl aus dem Beginn des 2. Jh.s und hat gnostische Einschläge. In Kapitel 14 des Johannesevangeliums heißt es:

Thomas: »Wir wissen nicht, wo du hingehst, wie können wir den Weg wissen?«

Jesus: »Ich bin der Weg, die Wahrheit und das Leben, niemand kommt zum Vater denn durch mich.«

Philippus: »Zeige uns den Vater.«

Jesus: »Wer mich sieht, der sieht den Vater« (14,5 ff.).

Judas: »Was bedeutet es, wenn du dich uns offenbaren willst und nicht der Welt?«

Jesus: »Wer mich liebt [...] zu dem werden wir kommen und bei ihm Wohnung nehmen. [...] Der Tröster, den mein Vater senden wird, wird euch alles lehren und an alles erinnern« (14,22 ff.).

Das Thomasevangelium beginnt mit der Frage des Suchens, gibt aber eine andere Antwort als Johannes. Johannes findet den Weg, die Wahrheit und das Leben in Jesus, während das Thomasevangelium unaufhörliches Suchen lehrt (2). Das Johannesevangelium lehrt im Anschluss an die Frage des Philippus, dass der Vater durch Jesus erkannt wird, das Thomasevangelium betont:

»Wenn ihr euch erkennen werdet, dann werdet ihr erkannt, und ihr werdet wissen, dass ihr die Söhne des lebendigen Vaters seid« (3).

Es geht im Johannesevangelium auch um die Frage des Lebens, den Ort des Lebens (vgl. die Frage des Thomas: »Wir wissen nicht, wo du hingehst«): Christus ist das Leben. Das Thomasevangelium lehrt:

»Der alte Mensch wird nicht zögern, in seinem Alter ein kleines Kind von sieben Tagen zu befragen über den Ort des Lebens, und er wird leben« (4).

Und Judas fragte laut Johannesevangelium: »Was bedeutet es, dass du dich uns offenbaren willst und nicht der Welt?« Das Thomasevangelium antwortet darauf:

»Erkenne das, was vor dir ist, und das, was dir verborgen ist, wird dir enthüllt werden; denn es gibt nichts Verborgenes, was nicht offenbar werden wird« (5; vgl. Mk 4,22 par.).

Die Christologie und Anthropologie beider unterscheiden sich massiv. Bei Johannes bleibt Christus Christus, der Mensch bleibt der von Christus Bestimmte, nicht so im Thomasevangelium.[10]

---

10 Thomasevangelium 77 finden wir die Aufnahme einer johanneischen ›Ich-bin-Aussage‹: »Ich bin das Licht der Welt« –

1.2.3 Das Evangelium und der rabbinische Stil

Hinweise auf alttestamentliche Schriften finden sich im Johannesevangelium immer wieder. Es hat damit Teil an der Verwendung alttestamentlicher Schriften durch das Urchristentum. Biographische Ereignisse und Worte Jesu sind, so der Evangelist, erst nach der Auferstehung Jesu mit Hilfe alttestamentlicher Schriften verständlich (2,22; 12,16). Kein Evangelist nennt so viele jüdische Feste wie Johannes. Jesus wird auf diese Weise in den religiösen Kontext seiner Zeit und seines Volkes eingebettet. Das Evangelium spiegelt auf diese Weise die Zeit vor dem Jahr 70. Im Jahr 70 wurde Jerusalem von den Römern gewaltsam erobert, was zur Teilzerstörung Jerusalems und des Tempels führte. Aus der Gruppe der Pharisäer gingen in den fogenden Jahren viele der Rabbinen hervor. Sie versuchten trotz der Katastrophe das religiöse Leben zu erhalten und zu erneuern. Durch den Verlust des Tempels konnte, übernommen von den Pharisäern, die Tora ins Zentrum der Frömmigkeit rücken. Die Synagogen bekamen auch in Palästina größere Bedeutung. Das Johannesevangelium trägt Spuren der für das jüdische Volk tief gehenden Umbrüche. Die jüdischen Herrscher sehen die politische Dimension der Taten Jesu unter dem Vorzeichen der Besatzungsmacht:

---

auch diese wird vom Thomasevangelium charakteristisch umgesetzt: »Ich bin das Licht, das über allen ist. Ich bin das All«. Das Wort ›Welt/All‹, das wir im Johannesevangelium fanden, wird zum wichtigen Wort, nicht das Wort ›Licht‹ – und Jesus wird hier ebenso entpersonalisiert: »Es ist das All aus mir hervorgegangen, und das All ist zu mir gelangt. Spaltet ein Holz – ich bin dort. Hebt den Stein hoch, und ihr werdet mich dort finden«.

»Dieser Mensch tut viele Zeichen. Lassen wir ihn so tun, dann werden alle an ihn glauben, und dann kommen die Römer und nehmen uns das Land und das Volk«.

Dazu sagt der Hohepriester:

»Es ist besser für euch, wenn ein Mensch für das Volk stirbt, als dass das ganze Volk verdirbt« (11,47–50).[11]

Wenige Jahre nach der Hinrichtung Jesu rückte das jüdische Volk auf Grund römischer Repressalien näher zusammen. Abweichende kleinere Gruppen mussten sich einfügen oder hatten selbst Repressalien zu befürchten. So wird eine harte Auseinandersetzung geführt (8,30–59): Der Ausschluss aus der Synagoge und die Verfolgungen von Christen (13–17) werden genauso angesprochen wie die Ermordung der Jünger Jesu, die als Dienst für Gott angesehen wird (9,22.35; 12,42; 16,2 und wohl auch 15,20f. in Verbindung mit 16,3). Die Auseinandersetzung um die Bedeutung der Tora, des Gesetzes, steht zwar im Hintergrund, aber die Auseinandersetzung geht hauptsächlich um die Frage nach der Bedeutung Jesu: Er ist der von Gott Gesandte; er setzt an die Stelle des Tempels das Anbeten Gottes in Geist und Wahrheit; er setzt der von Zeitgenossen interpretierten Tora die Freiheit und das richtige Verständnis der Schrift entgegen. Liebe ist angesagt, nicht Kampf und Eifer.

Obgleich rabbinische Schriften erst an das Ende des 2. Jh.s datiert werden können, wird johanneischer Stil

---

11 Dieses Wort ist eindeutig vor 70 aufgezeichnet worden, da um 70 gerade dieses Verderben des Volkes durch die Römer eingesetzt hat. Das Wort des Hohenpriesters wird freilich noch (!) unpolitisch gedeutet: Der Autor sieht das als Weissagung an, die bedeute, dass Jesus für das Volk sterbe und darüber hinaus für die verstreuten Kinder Gottes.

mit dem Stil rabbinischer Schriften verglichen. Doch allein schon der zeitliche Abstand spricht dagegen. Das schließt freilich nicht aus, dass in ihm von der pharisäischen Tradition herkommende protorabbinische Ansätze (Ansätze aus dem Anfangsstadium rabbinischer Reflexionen) vorliegen können. Wie die Rabbinen bestrebt waren, das Volk nach der Katastrophe aufzurichten, so versucht auch der Evangelist seinem Volk nach der Katastrophe einen neuen Weg aufzuzeigen: den des Glaubens an Jesus Christus.

1.2.4 Das Evangelium und die Qumran-Essener

Die Schriften, die in den Höhlen um Qumran am Toten Meer gefunden worden sind, stammen im Wesentlichen aus einem Zeitraum von ca. 200 Jahren. Zum Teil wurden sie von der dort ansässigen Gruppe verfasst, zum Teil handelt es sich um Werke, die diese Gruppe gesammelt hat. Die Qumran-Essener waren aus religiös-politischen Gründen vom Tempel getrennt worden und versuchten in dieser Zeit, ihre Frömmigkeit unabhängig vom Tempel zu praktizieren. Ihre Theologie hatte eine eigene Prägung, von der einige Spuren auch im Johannesevangelium wiedergefunden werden können. Hervorzuheben ist der Dualismus, der oben im Kontext der Gnosis schon angesprochen worden ist: Menschen werden in Reine und Unreine aufgeteilt, Satan und Gott, Fleisch und Geist einander gegenübergestellt. Der Dualismus der Qumran-Gemeinde ist, wie an der Aufzählung zu sehen, anders ausgeprägt als der Dualismus der Gnosis. Während es in der Gnosis um einen Dualismus geht, der die Materie betont (Materie ist schlecht; Nichtmaterie ist gut), geht es den Qumran-Essenern um eine Art ethischen Dualismus. Kosmisch orientiert sind beide. Vielleicht wurde das Johannesevangelium stärker vom Dualismus der Qumran-Essener geprägt, was nicht verwunderlich wäre, wenn die Information richtig ist, dass er Schüler des Täufers Johannes gewesen ist. Zwar ist nicht nachweisbar, dass der Täufer Verbindungen zu Qumran gehabt hat, doch wirkte er nicht weit von Qumran entfernt. Das lässt zumindest Kommunikation zwischen diesen Gruppen denkbar sein. Johanneischer Dualismus beinhaltet jedoch Momente beider Ansätze (essenische wie gnostische).

Im Blick auf den Lieblingsjünger ließe sich eine weitere Gemeinsamkeit mit Qumran denken: Die Qumran-Gemeinde spricht vom ›Lehrer der Gerechtigkeit‹. Bei genauerem Hinsehen erkennt man, dass mit dieser Bezeichnung Generationen von Lehrern benannt werden. Angesichts der üblichen Formulierung ›Lieblingsjünger‹ wäre es vorstellbar, dass unter dieser Bezeichnung entsprechend hervorragende Lehrer der johanneischen Gemeinde subsumiert werden. Aber die tatsächliche Formulierung ›der Jünger, den Jesus liebte‹ lässt das nicht zu. Diese dem griechischen Text entsprechende Formulierung weist deutlicher auf ein Individuum. Auch wird der ›Lieblingsjünger‹ als Zeuge bestimmter Ereignisse im Leben Jesu angeführt und nicht als Lehrer, der Lehren vorangegangener Generationen aufgreift und neu prägt.

1.2.5 Das Evangelium und hellenistische Juden

Unter Hellenismus wird allgemein die Zeit verstanden, die griechische Kultur mit orientalischer Kultur verbunden hat. Sie beginnt ungefähr mit der Zeit Alexanders des Großen (356–323), der durch seine Eroberungen bis in den asiatischen Raum hinein westliche und östliche Kulturen stärker zusammenführte. Als hellenistisches Judentum wird zunächst das Judentum bezeichnet, das außerhalb Israels lebte und dort griechische Kultur mit jüdischer Kultur verknüpft hat. Der bekannteste Vertreter ist der jüdische Philosoph aus Alexandria, der Zeitgenosse Jesu: Philo. Aber auch in Israel selbst wurde griechische Kultur aufgenommen, wie an dem Historiker Josephus, der in der zweiten Hälfte des 1. Jh.s n. Chr. wirkte, zu sehen ist. Philo und Josephus waren sehr gebildet, verarbeiteten in ihrer Theologie und damit verbunden mit ihrer Weltsicht griechische Philosophie. Freilich erhoben sich gegen Mischungen Gegenreaktionen, wie an den Makkabäerbüchern (ca. 160 v. Chr. – 80 n. Chr.) zu sehen ist.

Das Johannesevangelium wird vor allem auf Grund seines Logoshymnus (Joh 1) mit dem Hellenismus verbunden. ›Logos‹ ist ein wichtiger religiös-philosophischer Begriff, so z. B. in der Philosophie der Stoiker. Als ›Logos‹ wird das Göttliche bezeichnet, das die Welt durchdringt und sie erhält. Ihm muss sich der Mensch anpassen, wenn das Leben gelingen soll. Anders gesagt: Der Mensch muss sich in sein Schicksal fügen, es annehmen, damit er diesem nicht ausgeliefert ist. Der Evangelist nimmt den Begriff auf, doch definiert er ihn anders. Der Logos wird mit Jesus Christus identifiziert, der vor seiner Menschwerdung alles geschaffen hat. Der Geist Christi / Gottes bzw. Jesu Worte belehren die Menschen, nicht eine Macht, die als Logos bezeichnet wird. Der Logos spielt im philosophischen Sinne im Evangelium keine Rolle. Freilich ist auch Jesus Christus der, dem man sich ›anpassen‹ muss, will das wahre Leben (als ewiges Leben) gelingen. Dennoch: Durch die Verbindung des Menschen Jesus mit dem Logos stellt er Jesus in einen neuen Kontext und lässt somit ein neues Licht auf ihn fallen.

Die Menschen, die Jesus hören, trauen ihm zu, zu den Griechen zu gehen und sie zu belehren (7,35); oder Griechen (hier wohl Griechen, die sich dem Judentum angenähert haben) wollen zu Jesus kommen (12,20ff.). Auch sagt der johanneische Jesus, dass er andere Schafe habe, die nicht aus diesem (jüdischen?) Stall seien – auch sie (Griechen? Samaritaner?) muss ich herführen (10,16; vgl. 11,51f.). Vielleicht ist das, wie der Logoshymnus, ein Hinweis darauf, dass Johannes das Evangelium auch für diese heidnischen Adressaten öffnen möchte.

1.2.6 Das Evangelium und die Samaritaner

Samaritaner lebten (und leben) im Kernland Palästinas. Israel war im 10./8. Jh. v. Chr. geteilt: in ein Nordreich (Israel; Hauptstadt: Samaria) und ein Südreich (Juda; Hauptstadt: Jerusalem). Um sich vom Südreich religiös unabhängig zu machen, wurde im Nordreich ein eigenes Heiligtum errichtet. Die Assyrer eroberten das Nordreich, deportierten die Oberschicht und siedelten Menschen aus anderen Gebieten in diesem Land an. Einheimische und Fremde mischten sich. Im 6. Jh. v. Chr. eroberten die Babylonier das Südreich und deportierten 597 die Oberschicht. Nach der Rückkehr Deportierter nach Jerusalem ab 538 kam es zu Entfremdungen mit den im Land gebliebenen und als unrein angesehenen Juden, die dann im 4./3. Jh. v. Chr. zur endgültigen Trennung führte. Wie das israelische Nordreich schon vor der endgültigen Eroberung durch die Assyrer im 8. Jh. v. Chr. einen eigenen Tempel hatte, so wurde auch spätestens im 2. Jh. v. Chr. wieder ein eigenes Heiligtum errichtet. Die Feindschaft, die zwischen diesen beiden Gruppen herrschte, wird von Josephus, dem jüdischen Historiker des 1. Jh.s, immer wieder angesprochen. Auch im Neuen Testament reagieren Texte auf diese Feindschaft, vor allem im Lukas- und im Johannesevangelium. Im Lukasevangelium wird im Gleichnis vom barmherzigen

Samariter ein Samaritaner als Vorbild hervorgehoben (10,25 ff.). Die Apostelgeschichte weiß um die Anwesenheit des Johannes in Samaria (8,14 ff.). Im Johannesevangelium wird Jesus von seinen Gegnern als Samaritaner bezeichnet (8,48); auch wird die Aufnahme Jesu durch Samaritaner in einem umfangreichen Text betont (4,1 ff.). Diese Freundlichkeit christlicher Texte gegenüber den Samaritanern ist auffällig, ebenso die Gegnerschaft des Evangelisten zu jüdischen Positionen, so dass angenommen wird, dass der Evangelist mit Samaria verbunden gewesen sein könne.[12] Auffällig ist auch, dass im Lukasevangelium davon berichtet wird, dass gerade die Zebedäussöhne (Johannes und Jakobus) Feuer vom Himmel herabfallen lassen wollten (Lk 9,51 ff.), weil die Samaritaner Jesus auf seiner Wanderung nicht aufgenommen haben. Das wird vom Johannesevangelium korrigiert: Es betont, wie gesehen, die Aufnahme Jesu durch Samaritaner (4,1 ff.). So stellt sich die Frage: Warum gibt es gerade in diesem Evangelium ein solch umfangreiches Samaritanerkapitel? Wollte sich damit der, dem in der christlichen Tradition ein solches antisamaritanisches Denken vorgeworfen wird, verteidigen? Wollte er die Tradition korrigieren: Was ihr von den Samaritanern sagt, das ist falsch? Jesus geht, so Johannes, einen anderen Weg. Es geht nicht mehr um Jerusalem oder um den Garizim, es geht um die Anbetung im Geist und in Wahrheit. Jesus kann dieses umfassend Neue aus-

12 Samaritaner erkannten als relevante Schriften aus dem Alten Testament nur die fünf Bücher Mose an. Die Konzentration auf diese Bücher finden wir im Johannesevangelium nicht. Es argumentiert zwar wiederholt mit Mose, aber auch andere Texte werden als Schrift bzw. als Autorität zitiert (Joh 12,37–41; 19,37).

sprechen, weil das Heil von den Juden kommt (4,22). Er ist autorisiert dazu – autorisiert durch seine Zugehörigkeit zum jüdischen Volk. Die Samaritaner erfahren von Jesus noch mehr und greifen es auch vor dem jüdischen Volk auf. Damit, dass der Evangelist seinem jüdischen Volk die Samaritaner als Vorbild vor Augen malt, ahmt Johannes das nach, was auch in Worten Jesu zu finden ist: Jesus lockt sein Volk dadurch zu seiner Botschaft, indem er Heiden als Vorbild hinstellt (Lk 10,13ff./Mt 11,20ff.; Lk 11,29ff./Mt 12,38ff.). Diese Vorgehensweise übernimmt Johannes auf die Samaritaner bezogen zu Beginn seines Evangeliums. Aus diesem Grund wird er das Samaritaner-Kapitel so weit nach vorne gerückt haben: Er will damit sein Volk anspornen, sich Jesus Christus zuzuwenden.

1.2.7 Grundsätzliches zur Frage religiöser Strömungen

Es ist wahrscheinlich, dass der Autor des Evangeliums die Sprache unterschiedlicher Strömungen aufgegriffen hat. Deshalb vermag die Antwort auf die Frage nach den religiösen Strömungen in der Zeit der Niederschrift des Evangeliums ein Licht auf ihn zu werfen. Das herauszuarbeiten ist jedoch kompliziert. So ist das ›Hirtenbild‹ (Joh 10) vielleicht aus protognostischer Tradition übernommen worden – doch sicher ist das nicht. Es könnte auch aus der Tradition von Mysterienreligionen stammen. Vielleicht liegt auch eine Weiterentwicklung alttestamentlicher ›Hirtenbilder‹ vor. Jeder Mensch spricht, um verstanden zu werden, so wie es seine Tradition und Zeitgenossen vorgeben. Unser Autor unterscheidet sich darin nicht von anderen. Das gilt auch dann, wenn er diese Vorgaben so frei umgestaltet haben mag wie die von ihm aufgenommenen Evangelientraditionen. Weiterhin ist anzunehmen, dass das Johannesevangelium Spuren einer Gemeinde aufweist, in der unterschiedlichste – auch heidnische – Strömungen zusammengelaufen sind. Dass die Gemeinde aus Ephesus im Hintergrund steht, ist sehr wahrscheinlich. Hier war der Autor mit Positionen konfrontiert, die z. B. durch Paulus und dessen Gemeinden vertreten worden sind, bzw. mit Positionen hellenistisch orientierter Judenchristen, wie z. B. die des Apollos.[13] Möglicherweise hat ihn auch die Tradition syrischer Gemeinden beeinflusst, die der Evangelist auf dem Weg nach Ephesus kennengelernt haben mag. Die Oden Salomos, die Ende des ersten und zu Beginn des zweiten Jh.s datiert werden und möglicherweise im syrischen Raum entstanden sind, haben sprachliche Nähe zum Johannesevangelium. Beide thematisieren die Selbstvorstellung des Messias.[14] Theologisch geht der Verfasser jedoch eigene Wege, so stellt er stärker und auf andere Weise als die Oden (vgl. Ode 36) die Einheit Jesu mit Gott heraus.

---

13 Dadurch, dass Johannes die Bedeutung Jesu für den Täufer aufzeigt, greift er vielleicht in eine Auseinandersetzung zwischen Täufergruppen und der christlichen Gemeinde ein. Auch in Ephesus gab es Täufergruppen (Apg 19). S. B 3.4.

14 Die Oden geben eine besondere christliche Theologie wieder: Glaubende bilden mit Christus eine Einheit (vgl. Gal 2,20; Röm 6,4). Der Glaubende singt in der Einheit mit dem Messias diese Oden.

Abb. 2: Raffael: Verklärung Christi (1519–1520)

1.3 Der Evangelist als Augen- und Ohrenzeuge des Jesusereignisses

1.3.1 Erinnerungen des Evangelisten, schriftliche Quellen und Redaktoren

In das Evangelium sind Auseinandersetzungen mit der Zeit, mit religiösen Strömungen der Zeit eingeflossen. Hat aber der Autor auch direkt auf schriftliche/mündliche Quellen zurückgegriffen? Das Johannesevangelium signalisiert, dass der Verfasser selbst die Texte formuliert hat – und zwar aus eigenem Erleben. Er war bei den Ereignissen um Jesus dabei, von daher bedarf es keines Rückgriffs auf mündliche oder schriftliche Tradition. Dennoch: Wer auch immer der Verfasser gewesen sein mag, er hat schriftliche Quellen verwendet. So kannte er wohl das eine oder andere der Synoptischen Evangelien bzw. Traditionen der Synoptischen Evangelien.[15]

Eine deutliche Parallele liegt in Joh 6 vor. Dort folgt der ›Speisung der 5000‹ der ›Seewandel‹. Diese Reihenfolge finden wir z. B. auch in Mk 6,32–44 und 45–51. Doch nicht allein die Reihenfolge ist das Entscheidende. Bei Markus landen die Jünger mit ihrem Boot, nachdem der Sturm sich gelegt hatte, nicht an dem Ort, den sie angepeilt hatten. Dagegen wendet sich Johannes ausdrücklich: Sogleich war das Boot an Land, *zu dem sie aufgebrochen waren* (6,21).

Doch es gibt auch weniger deutliche Hinweise: Johannes schreibt über die Tempelaustreibung (2,13–25) und ebenso Markus (11,15–19).[16] Nach der Tempelreinigung kommen Jesu Gegner und befragen ihn (Mk 11,27 ff. in Verbindung mit Mk 12,13 f.). Bei Johannes hat dieser Mensch der gegnerischen Gruppe einen Namen: Nikodemus.[17]

Ist es Zufall, dass das Markusevangelium mit dem Wort beginnt: »*Anfang* des Evangeliums Jesu Christi« –

---

15 Dazu s. C 1.1.3. Da aber die Deutung der Worte des Papias nicht sicher ist, seien diese nicht weiter berücksichtigt. Anklang an Lk 22,45 f. hat Joh 16,19–24 in der Verbindung von Gebet und Traurigkeit.

16 Johannes hat an einer Stelle einen engeren Bezug zur matthäischen Wiedergabe der Austreibungsgeschichte: »Er warf alle hinaus« (Mt 21,12 f.).

17 Weitere und detailliertere Hinweise zu diesem Text: s. Fenske 1998, 210 ff.

und das Johannesevangelium: »Im/am *Anfang* war das Wort«? Bei Johannes beginnt der Inhalt der Botschaft über Jesus Christus schon am Anfang von allem und nicht erst mit Johannes dem Täufer. Bekanntlich beginnt auch das erste Buch Mose so: »Im/am *Anfang* schuf Gott die Himmel und die Erde«. Das heißt, der Beginn des Johannesevangeliums kann angeregt durch den Beginn des Markusevangeliums ein Echo vom Anfang dieses großen Werkes sein.

Es gibt eine Fülle von Anklängen an die Synoptischen Evangelien, auf die an dieser Stelle nicht eingegangen werden kann. Sie weisen darauf hin, dass dem Evangelisten andere Evangelien bekannt gewesen sein dürften. Freilich liegt das Problem tiefer: Das Johannesevangelium enthält auch Texte, die in den Synoptischen Evangelien nicht vorkommen, die aber im Stil der Synoptischen Evangelien (die Kanageschichte) formuliert worden sind. Gehören sie zu Traditionen, die vor dem Markusevangelium zu datieren sind? Oder: Sind Wundererzählungen, die in ›johanneischer‹ Erzählweise vorliegen (die Heilung am Teich Betesda [5], die Blindenheilungsgeschichte [9], die Geschichte von der Auferweckung des Lazarus [11]), einer schriftlichen Quelle entnommen worden? Was bedeutet hier jedoch ›Quelle‹? Kann es sein, dass der Evangelist auf eigene ältere Aufzeichnungen, Formulierungen zurückgreift?

Möglicherweise ging das Johannesevangelium auch durch die eine oder andere redigierende Hand. So kommt im Zusammenhang des Lieblingsjüngers im Schlussteil von Kapitel 21 ein Redaktor zum Zuge, wenn es heißt:

»Dies ist der Jünger, der dies alles bezeugt und aufgeschrieben hat, und wir wissen, dass sein Zeugnis wahr ist«.

Soweit ich sehe, hat dieser Redaktor nur wenig redigierend, z. B. in der Benennung des Jüngers als Lieblingsjünger, eingegriffen. Wenn Spannungen im Text vorliegen, dann handelt es sich überwiegend um ›Unaufmerksamkeiten‹, die dem Autor selbst anzurechnen sind.[18] Wobei von ›Unaufmerksamkeit‹ nur vorsichtig gesprochen werden sollte, denn seine Denkstruktur lief, wie uns die Texte erkennen lassen, anders als wir sie gerne hätten und besser verstehen würden. Diese Erzählweise hat einen Vorteil: Der Autor erzählt mit wenigen Worten mehr, als er schreiben musste. So werden in 3,31–36 ein paar Perlen aneinander gereiht. Sie geben die Quintessenz des Wesens und Wirkens Jesu wieder. Dadurch, dass der Täufer sie spricht, erweist er sich als Zeuge, und Jesus wird als einer erwiesen, der von dieser Autorität bezeugt wurde – und das alles auf eine Art, die ohne viel Erklärungen auskommt, aber durch die Aneinanderreihung eine Fülle an Assoziationen ermöglicht. Um im Bild zu bleiben: Der Faden, an dem die Perlen aufgereiht werden, ist kaum zu erkennen. Die Eigenarbeit der Rezipienten wird dadurch immens herausgefordert. Und das ist sowohl bei den Reden als auch bei den erzählenden Texten der Fall. Es sieht

---

18 Ein Autor kann seinen Text häufig überarbeiten. Dann sollte jedoch nicht von Redaktion gesprochen werden. Die Redaktionskritik wurde entwickelt, um das Verhältnis der Evangelisten zu ihren Quellentexten zu erforschen. Das trifft auf Johannes nur zu, so weit er andere Quellentexte übernommen hat. Sollte das Evangelium jedoch von einer Johannesschule überarbeitet worden sein, dann ist allerdings von Redaktion zu reden. Wobei ›Schule‹ bedeutet, dass einzelne Repräsentanten den ihnen vorliegenden Text verändert haben. Eine Gruppe kann nicht Texte verfassen. Texte sind höchstens Ausdruck einer Gruppe/Gemeinde.

manchmal so aus, als lege der Autor keinen großen Wert auf Bezüge der Worte und der Sätze, der Inhalte untereinander – als komme es ihm nur auf die Ergebnisse an. Diese sind allerdings überwiegend eindeutig. Eindeutig werden sie mit immer neuen Worten und Kombinationen eingeprägt. Vielleicht hat er aber auch von Jesus gelernt: Jesus erzählte Gleichnisse. Diese Gleichnisse erschließen ihren Sinn nicht immer sofort. Sie müssen reflektiert werden. Hörer denken darüber nach, überlegen, was die Gleichnisse bedeuten könnten. Indem sie das tun, arbeiten sie sich in die Gedankengänge Jesu ein, kommen vielleicht dem näher, was er meinte. Die Rätselhaftigkeit mancher Bezüge im Evangelium und auch die Dialoge können diese Folge haben. Je intensiver die Rezipienten sich über den Gesprächsverlauf, Denkverlauf Gedanken machen, desto tiefer werden sie hineingeführt.

1.3.2 Der Evangelist und die Komposition des Evangeliums

Trotz der Brüche und Spannungen zeigt das Johannesevangelium streckenweise einen bewussten Aufbau. Dabei ist allerdings Vorsicht geboten, da es immer auch auf den einzelnen Leser ankommt, der einen Aufbau zu erkennen meint. Wir wissen nicht, welches Schema der Evangelist zu verwirklichen beabsichtigte. Wir erkennen schon in kleineren Texten eine gewisse Zusammenhanglosigkeit, die sich auch auf größeren Ebenen zeigt. Ich sehe folgenden Aufbau des Evangeliums:

Grobunterteilung:

1) die Auseinandersetzung mit der Umwelt: Werben um das Volk, damit es mit dem Glauben an Jesus ewiges Leben erlange (Glaube + Volk) (1–12);

2) die Jüngerunterweisung: die Geworbenen sind mit Jesus eine Einheit und werden aufgefordert, sich nach seinem Willen zu verhalten (Glaube + Jünger) (13–17);

3) Passion und Auferstehung (18–20/21).

Detailunterteilung:

(I) 1,1–18: Menschwerdung des ›Logos‹.

(II) 1,19–32: Situationsbericht (Johannes der Täufer).

(III) 1,35–51: Jüngergeschichten.

(IV) 2–4: Situationsberichte.

(V) 5–10: Situationen als Redeeinleitungen.

(VI) 11–12: Situationsberichte.

(VII) 13–17: Jüngerunterricht.

(VIII) 18–20,1–18: Situationsbericht (Passion und Auferstehung).

(IX) 20,19–30: Wirken des Mensch gewordenen ›Logos‹ als Erhöhter.[19]

(X) Mögliche Nachträge: 21,1–19 (?).20–25.

Innerhalb dieser Abschnitte werden Lesende wesentlich theologisch weitergeführt: Zunächst geht es (II + III) um Bezeichnungen Jesu (z. B.: Lamm Gottes, Messias, Gottes Sohn). Diese Abschnitte schließen mit dem Hinweis an Nathanael: »Du wirst noch Größeres als das sehen«. Und dieses Größere wird im Abschnitt IV vorläufig gezeigt: In den Geschichten von der Hochzeit zu Kana und der Tempelreinigung (2,1–25) geht es um Jesu Sterben und Auferstehen, in der Unterredung mit Nikodemus und der angefügten Erläuterung (3,1–36) um die Frage, wie Menschen an dem, was in Kapitel 2 angesprochen wurde, teilhaben können (wiedergeboren werden, Geist, Glauben). Es

19 Zum Logos s. den Abschnitt zur johanneischen Theologie: B 1.5.1.

erläutert auch grundsätzlich, wie Verstehen des Heilsereignisses überhaupt möglich ist. In Samaria wird diese Frage vertieft, unter anderem mit der Betonung, dass Jesus der Messias ist, der Retter der Welt (4,24) – ein Bekenntnis, das durch eine Wundertat unterstrichen wird. Diese Wundertat wird nicht nur bekannt, sondern es wird versucht, sie als eine solche zu ›beweisen‹ (4,43–54). Zentral ist der Abschnitt V, in dem die Aussagen der Kapitel 1–4 reflektiert werden. Es kann eine Situationsangabe (z. B. ein Wunder) vorangehen, die Erläuterung folgt in Form eines Monologs oder eines Dialogs:[20]

Wunder mit Kommentar/Erläuterung:

5,1–18: Heilung am Teich Betesda am Sabbat.

5,19–45: der Sohn wirkt das, was der Vater wirkt: ewiges Leben. Es geht um das Verhältnis von Vater (Gott) und Sohn (Jesus) mit Hinweise auf Johannes den Täufer und Mose.

6,1–21: Doppelwunder: Speisung und Seewandel.

6,22–71: Jesus, das Brot des Lebens, wer zu ihm kommt, wird nicht mehr hungern.

7,1–13: Jesu Verhältnis zu seinen Brüdern.

7,14–52: Jesu Anwesenheit auf dem Laubhüttenfest: Thema: Tötungsabsichten gegen Jesus. Wer an Jesus glaubt, von dem werden Ströme lebendigen Wassers fließen. Es geht um Jesu wahre Abstammung und:

7,53–8,11: Jesus und die Ehebrecherin[21]

in 8,12–59 um Jesus als das Licht der Welt. Darüber hinaus wird die Sünde der Gegner angesprochen und: Jesus befreit von Sünde. Die Reflexion mündet in:

---

20 Dass Heilungen Reden vorangehen, gibt es auch in außerjohanneischen Texten: so in Apg 3 und Mk 9.

21 Diesen Text finden wir erst in späteren Handschriften, er wird nicht ursprünglich zum Evangelium dazugehört haben.

9,1–41: Heilung eines Blinden.
Ein Mensch erkennt Jesus als den, der er ist. Andere erkennen nicht, bleiben blind, verfallen dem Gericht.[22]

10,1–6: ›Bildwort‹.
10,7–42: Auslegung des Bildwortes: Jesus, der Hirte wird von den Seinen erkannt. Fest der Tempelweihe.

Diese Themen sind nicht immer so klar voneinander getrennt. Es werden Themen wieder aufgegriffen, von einer neuen Seite beleuchtet, vertieft und mit einer biographischen Situation und der Auseinandersetzung mit den Gegnern verbunden. Manche Aspekte werden vorweggenommen, dann wieder verlassen und später werden die Lesenden wieder daran erinnert.

Mit Abschnitt VI werden die reflektierten Abschnitte von Abschnitt IV wieder aufgenommen. Die Auferweckung des Lazarus spricht über die Macht Jesu, einen Toten zu erwecken und beglaubigt wohl auch die das Evangelium durchziehenden Hinweise, dass er Leben bringe. Dieses ›Leben-Bringen‹ führt zu einer Zuspitzung der Lage: Immer mehr Menschen glauben an ihn – und darum soll der, der Leben bringt, getötet werden. Wie im Rahmen der Tempelreinigungsgeschichte (2,13–25) wird im Kontext des Einzugs Jesu in Jerusalem (12,12–19) gesagt, dass die Jünger erst später alles verstanden hätten; auch hier wird auf die alttestamentlichen Schriften Bezug genommen. Im Anschluss daran fasst die letzte öffentliche Aussage Jesu viele vorangegangene Aussagen um ihn selbst und um das Verhältnis zu ihm zusammen. Mit

22 Hier hat ein Mensch den Hirten erkannt – was im folgenden Abschnitt (Joh 10) erläutert wird.

Abschnitt VII wird Abschnitt III aufgenommen. Während III die Berufung der Jünger ausspricht und dazu auch einzelne Namen nennt, findet in VII auch mit Aufnahme von Jüngernamen eine ausführliche Jüngerunterweisung statt. Es geht nicht mehr um die öffentliche Verkündigung, sondern um das Gespräch mit dem engen Kreis der Seinen. Dieser Abschnitt spricht die Lieblingsjüngerthematik besonders an. Es folgen der Passions- und der Auferstehungsbericht (18–20,1–18; Abschnitt VIII), in denen ebenfalls der Lieblingsjünger eine Rolle spielt. Der Passionsbericht erläutert die Aussage von Johannes dem Täufer aus 1,29 (Abschnitt II); er zeigt, wie diese Aussage, Jesus »ist das Lamm Gottes, das der Welt Sünde trägt«, zu verstehen ist. Dieser ›kreisförmige Stil‹ (I/IX; II/VIII; III/VII; IV/VI; V) ist, wie gleich an einem Beispiel dargestellt werden soll, hin und wieder auch sonst Stilmittel des Evangelisten. Entsprechend erläutern die Kapitel 13–17 den Jüngerabschnitt im Kapitel 1,35–51 und zeigen, was es heißt, Jesus nachzufolgen. Möglicherweise ist Kapitel 20 (Abschnitt IX) der ursprüngliche Schluss.

Zäsuren sind im Evangelium literarische Mittel: Eine Zäsur begegnet uns zwischen den Kapiteln 12 und 13. Kapitel 12 schließt die Auseinandersetzung mit der Öffentlichkeit ab; mit Kapitel 13 beginnt die Belehrung der Jünger vor Jesu Gefangennahme und Hinrichtung. Hiermit finden wir bei Johannes das dargestellt, von dem auch das Markusevangelium berichtet: Jesus zog sich mit seinen Jüngern zurück, um sie gesondert zu belehren. Die Lesenden lernen Jesus nun von einer anderen Seite kennen. Vorher ging es schwerpunktmäßig um Auseinandersetzungen, jetzt geht es um die Belehrung: Die Liebe Jesu zu den Seinen, seine Fürsorge.

Zwischen den Kapiteln 14 und 15 finden wir eine weitere eindrucksvolle Zäsur. Es wird nicht wie sonst im Evangelium bzw. in den Evangelien gesagt, dass Jesus nun zu einem anderen Ort hin aufbricht, sondern wir finden die Aufforderung Jesu: »Lasst uns von hier weggehen«. Der Aufforderung folgt eine Rede auf dem Weg innerhalb Jerusalems bis zum Verlassen der Stadt. Hiermit liegt eine literar-psychologische Verzögerungstaktik vor: Jesus redet mit seinen Jüngern nach dem Aufbruch weiter. Er eröffnet ihnen nun nicht mehr so viel von seinem Leidensweg, sondern weist sie auf die Zeit nach seinem Leiden hin: Es geht um ihren eigenen Weg in Einheit untereinander und mit ihm. Und bevor er mit den Jüngern Jerusalem verlässt, spricht er das hohepriesterliche Gebet. Dann verlässt er die Stadt, und es folgt außerhalb von Jerusalem die Festnahme.[23]

Das Evangelium begann damit, dass der Logos Mensch wird – und es endet damit, dass der Mensch erhöht wird. Es endet mit der Bezeugung dessen, der zum Vater hinaufgegangen ist, der sich als der Erhöhte den Seinen zeigt. Dass Jesus sich als der Erhöhte – und nicht mehr als Mensch – zeigt, ist daraus zu schließen, dass Maria Magdalena Jesus kurz zuvor noch nicht berühren darf, weil er noch nicht erhöht worden ist (20,17). Erst Thomas darf ihn berühren, wohl darum, weil die Erhöhung Jesu abgeschlossen ist. Die eigentliche Berührung des Erhöhten, so zeigt uns der Evangelist, geschieht nicht körperlich, wie Maria Magdalena es wünscht und es Thomas gewährt wurde, sondern durch den Glauben. Das ist die angemessene Art, dem Erhöhten zu begegnen.

---

23 Weitere Unterbrechungen von Redegängen z. B.: 6,59; 7,53 f.; 10,22.

Das Johannesevangelium schildert keine Himmelfahrt im lukanischen Sinn (z. B. Apg 1). Von daher ist davon auszugehen, dass die eigentliche ›Himmelfahrt‹ zeitlich zwischen 20,18 und 20,19 gedacht wurde. Sie ist den Augen der Menschen entzogen. Johannes schildert auch die Geistgabe nicht im lukanischen Sinn (Apg 2), sondern christuszentrierter. Der Geist wird von Christus nicht vom Himmel herabgesendet, sondern der erhöhte Christus ist gegenwärtig und gibt den Jüngern den Geist. Damit zeigt der Evangelist auch, dass der Logos, Jesus und der Erhöhte ein und derselbe sind.

Nach einer Zäsur schließt das Evangelium mit Kapitel 21 (Abschnitt X) ab: Es geht nun nicht mehr um die Menschwerdung des Logos und die Erhöhung, sondern um die Jünger Petrus und Johannes. Sie waren die Hauptpersonen, und ihr weiteres Ergehen wird angedeutet: Petrus wird als Nachfolger Jesu getötet, der Lieblingsjünger stirbt, nachdem er mit dem Evangelium Zeugnis für Jesus Christus abgelegt hat.

1.3.3 Der Argumentations- und Schreibstil des Evangelisten

Ein Argumentationsstil des Verfassers sei zunächst an dem kommentierten Gebet 12,27 f. vorgestellt:

(a) Jetzt ist meine Seele erschüttert. Was soll ich sagen?
(b) Vater, rette mich aus dieser Stunde?
Aber deshalb bin ich in diese Stunde gekommen.
(c) Vater, verherrliche deinen Namen.
(d) Da kam eine Stimme aus dem Himmel: Ich habe ihn verherrlicht und werde ihn verherrlichen.
(e) (Über den Ursprung dieser Stimme machen sich die Menschen Gedanken.

(d′) Jesus klärt sie auf und sagt:) Diese Stimme ist nicht um meinetwillen, sondern um euretwillen geschehen.

(c′) Jetzt ergeht das Gericht über diese Welt; nun wird der Fürst dieser Welt ausgestoßen werden.

(b′) Und ich, wenn ich erhöht werde von der Erde, so will ich alle zu mir ziehen.

(a′) Das sagte er aber, um anzuzeigen, welchen Todes er sterben würde.

Wird die Struktur dieses Abschnitts erkannt, ist erst verständlich, was hier ausgesprochen wird. Warum ist Jesus erschüttert (a)? Weil er erhöht wird, sterben muss (a′). Warum ist Jesus in diese Sterbe-Stunde gekommen (b)? Weil er alle zu sich ziehen will (b′). Worin besteht die Verherrlichung des Namens Gottes (c)? Darin, dass das Gericht ergeht und der Fürst der Welt ausgestoßen wird (c′). In (d) wird von einer Himmelsstimme gesprochen, in (d′) wird die Stimme, die aus dem Himmel kommt, erklärt. Diese Struktur lässt sich im Evangelium häufig beobachten – jedoch nicht immer ganz so deutlich. Und diese bestimmt auch den Gesamtaufbau des Evangeliums. Sie zu erkennen, hilft, schwer verständliche Abschnitte des Evangeliums zu verstehen.

Eine andere Art der Darstellung – ein paralleler Aufbau – liegt 16,25–33 vor:

Vgl. 16,25	mit 16,29
Vgl. 16,26f.	mit 16,30f.
Vgl. 16,28	mit 16,32

16,33 ist gleichzeitig
Abschluss der Kapitel 15
und 16 und dieses
Abschnitts 16,25–32.

Hingewiesen sei auf den Beginn des Evangeliums. Laut Joh 1,25 fragen jüdische Autoritäten Johannes den Täufer, warum er taufe. Er reagiert darauf: »Ich taufe mit Wasser, aber er ist mitten unter euch getreten, den ihr nicht kennt …«. Es wird also keine Antwort auf die Frage gegeben, sondern anderes wird angesprochen. Die eigentliche Antwort wird erst »am nächsten Tag« (1,29) gegeben: »Damit er Israel offenbart werde, darum bin ich gekommen, zu taufen mit Wasser« (1,31). Außerdem erwarten wir, wenn Johannes sagt: »Ich taufe mit Wasser, aber er« (1,25f.) – er tauft mit dem Feuer bzw. dem Heiligen Geist. Doch auch diese Weiterführung finden wir erst in 1,33: »Auf wen du siehst den Geist herabfahren und auf ihm bleiben, der ist's, der mit dem heiligen Geist tauft«. Das bedeutet, dass nicht unterschiedliche Schichten übereinander liegen, sondern dass hinter dieser verschlüsselten Sprache ein Programm steht. So ist auch hervorzuheben, dass die oben genannten Antworten auf die gestellten Fragen nicht den Fragestellern gegeben werden, sondern wohl den Schülern des Täufers. Damit zeigt der Autor den Rezipienten: »Es gibt Verstehende und Nicht-Verstehende. Und ihr seid die Verstehenden. Ihr haltet durch, wenn rätselhafte Aussagen begegnen. Darum gehört ihr dazu.«[24]

Damit das funktionieren kann, müssen die Adressaten mit all diesen Begriffen und Anspielungen etwas anfangen können. Sie sind also schon hochgra-

---

24 Menschen fragen Jesus: »Was sollen wir tun, dass wir die Werke Gottes (gemeint sind Gesetzeswerke) tun?« Jesus reagiert: »Das ist das Werk Gottes (das Werk, das Gott am Menschen wirkt), dass ihr an den glaubt, den er gesandt hat.« (6,28f.) Eine komplizierte Antwort. Für ›Erkennende‹, für die, die Jesus Christus aufgenommen haben.

dig mit dieser Gemeinde bzw. mit der christlichen Verkündigung, wie sie auch in den Synoptischen Evangelien begegnet, verbunden, sonst hinterließe das Evangelium statt gestärkte auch frustrierte Menschen. Hinweise darauf, dass dieser Stil bewusst gehandhabt wird, gibt es viele. Schon im 2. Kapitel lässt der Evangelist solche Brüche deutlich werden: Maria sagt zu ihrem Sohn: »Sie haben keinen Wein mehr«. Jesus antwortet: »Was geht's dich an, Frau, meine Stunde ist noch nicht gekommen«. Daraufhin sagt die Mutter zu den Dienern: »Was er euch sagt, das tut« (2,3–5). Beide scheinen aneinander vorbeizureden – aber Maria tut weiterhin so, als hätten beide von derselben Sache gesprochen, und Jesus gibt ihr mit seinem Handeln Recht. Indem der Autor diese Spannung in den alltäglichen Dialog zwischen Mutter und Sohn einfügt, macht er dem Rezipienten deutlich, welcher Stil ihn erwarten wird. Diese offensichtliche Spannung innerhalb des Dialogs ist ein Signal des Autors an die Rezipienten. Dadurch werden sie darauf vorbereitet, dass auch die theologische Diskussion von einem solchen Stil beherrscht wird. Und wer das begriffen hat, gehört zu den Verstehenden – wer das nicht begreift, gehört zu den Nichtverstehenden. Nichtverstehen wird in 8,43 thematisiert:

»Warum versteht ihr denn meine Sprache nicht? Weil ihr mein Wort nicht hören könnt! Ihr habt den Teufel zum Vater« (vgl. 8,37.47 und auch 12,37–43).

Wer versteht die Sprache? Zu Christus kann nur kommen, den Gott gesandt hat (6,44.65; 8,47; 10,26 f.) – und der versteht Jesus. Eine solche Vorgehensweise hat Auswirkungen auf die Gemeinde: Sie ist die Gemeinde derer, die verstehen; das führt und hält sie zusammen.

Wie die Fragen der Menschen durch den Täufer einige Verse weiter beantwortet werden (1,25–33), so werden viele aufgeworfene Fragen im Evangelium beantwortet, das heißt, die Rezipienten werden, obwohl sie sich als Wissende ansehen dürfen, geleitet. Laut Joh 1,49 sagt Nathanael nach seinem ersten Erlebnis mit Jesus zu ihm: »Du bist der König von Israel«. Jesus reagiert: »Du wirst Größeres sehen als das [...]«. Die Königstitulatur für Jesus wird also nur andeutungsweise widerlegt bzw. korrigiert. In 6,15 wollten Menschen Jesus zum König machen – doch Jesus entzog sich ihnen. Das Größere besteht darin, denen ewiges Leben zu geben, die an ihm teilhaben (6,22–65). Später wird Jesus als König von Israel gehuldigt. Daraufhin nimmt er einen Esel und zieht in Jerusalem ein (12,12–15; vgl. den Sarkasmus der mit 19,12–16 deutlich wird) – doch daran angeschlossen wird die Aussage: Die Jünger verstanden das nicht, sondern erst, als er verherrlicht war. Jesus selbst zeigt, wie sein ›Königsein‹ zu verstehen ist: »Mein Reich ist nicht von dieser Welt« (18,33–39). Nachdem das verdeutlicht worden ist, kann die Inschrift am Kreuz recht verstanden werden: »Jesus von Nazaret, der König der Juden« (19,19). Der Leser sieht, wie anders Jesus als König ist, wenn er diesen leidenden König mit dem herrschenden Caesar in Rom oder mit seinen eigenen Königsvorstellungen vergleicht. Am Anfang des Evangeliums erwartet er in Jesus einen König wie er den gängigen Vorstellungen entspricht. Diese werden Schritt für Schritt in eine neue, unerwartete Richtung hin umgedeutet. Und so ist im Evangelium alles miteinander verwoben – wie die Aussage des Nathanael von 1,49 erst

18,33–39 in Verbindung mit 19,19 ins rechte Licht gerückt wird.[25]

Der Evangelist konfrontiert seine Leser schon im ersten Kapitel mit einer Fülle an Jesus-Bezeichnungen. So greift er zum Beispiel auf: Logos, Gottes Sohn, König von Israel, Rabbi, Gottes Lamm, der mit dem Geist tauft. Er ist ›der heilige Ort‹, auf dem die Engel hinauf- und hinabfahren. All diese Bezeichnungen sollen dem Leser vor Augen stehen, wenn er in den kommenden Kapiteln den Namen ›Jesus‹ liest, von seinen Zeichen und Worten hört – und gleichzeitig werden diese Bezeichnungen unter der Hand verwandelt, vom Leben Jesu neu geprägt.

Für Rezipienten bedeutet das: Nur durch sorgfältiges Lesen lassen sich die vielfältigen Bezüge erkennen. Indem Lesende die rätselhaften Worte von allen Seiten umkreisen, werden sie in diese Worte hineingenommen. Es geht nicht um die Aneignung einzelner Worte, Sachverhalte, sondern das Evangelium ist nur als Ganzes verständlich – und darum muss man sich ganz darauf einlassen, wenn man verstehen will. Durch den Menschen Jesus schimmert der auferstandene Jesus Christus hindurch; die Sätze und der Textzusammenhang werden gebrochen – so geben sie einen Blick frei, der in eine andere Welt reicht, die nur erkannt wird, wenn man durch diese Brüche hindurch schaut. Wer war der Verfasser, dass er seinen Stil durch die Theologie bis in die Einzelheiten hinein bestimmen ließ? War er bewusst so raffiniert – oder handelt es sich eher um eine ›natürliche‹ Raffinesse? Er

---

25 Facettenreich wird das Wort ›glauben‹ verwendet. Das Rätsel wird am Ende des Evangeliums gelöst: Der Lieblingsjünger zeigt, was glauben heißt.

schillert selbst – als Mensch, der den auferstandenen Jesus Christus gesehen hat.

Eine weitere Besonderheit weist dieses Evangelium gegenüber den anderen Evangelien aus: Jesus ist intensiv in Diskussionen verwickelt. Wir finden Rede und Gegenrede, Fragen und Antworten. Damit schildert der Evangelist, wie Menschen angemessen mit Jesus reden (Nikodemus, die Samaritanerin, Martha) – und wie Jesus mit den Menschen redet. Doch Menschen verstehen ihn nicht immer, sie verstehen falsch, rätseln, fragen zurück, bekommen Antworten, die auf den ersten Blick nicht passen. Die Diskussionen beherrscht eine verwirrende Vielfalt. Auch wenn diese verwirrt, so wird das Evangelium dadurch jedoch lebendig, kommunikativ. Durch diese Charakterisierung: einerseits verwirrend und andererseits kommunikativ, ist erkennbar, dass der Stil von der Theologie bestimmt wird: Jesus, der Sohn Gottes, ist Mensch geworden, er taucht ganz ein in die Menschenwelt, steht gleichzeitig in einer gewissen Distanz zu ihr. Er redet mit menschlichen Worten – gleichzeitig muss man sich das Verständnis erarbeiten. Das ist kein nutzloses Unterfangen, denn den Schlüssel zum Verstehen bietet das gesamte Evangelium.

1.3.4 Augenzeuge oder Rhetoriker?

Das Evangelium enthält Hinweise, die erkennen lassen, dass der Autor dem Ereignis nahe steht. So weisen auf Nähe: Ortsangaben, Zeitangaben, Namen; Diskussionen machen den Eindruck von Gesprächsprotokollen. Ist die Nähe nun dadurch hervorgerufen worden, dass der Text auf einen Augenzeugen zurückzuführen ist, oder handelt es sich um eine Nähe, die aus rhetorischen Gründen hergestellt worden ist? So ist es rhetorisch geschickt, die Diskussionen und Reden in direkter Rede zu formulieren. Die Hörenden wissen sich bei der Rede Jesu bzw. während der Diskussion Jesu mit seinen Adressaten anwesend. Das ›wir‹ in 4,42 ist rhetorisch geschickt, weil es den Lesenden die dort formulierten Worte in den Mund legt (vgl. 6,28 in der Diskussion mit Jesus). Hervorzuheben ist das ›wir‹ im Prolog (Joh 1,16). Dieses ›wir‹ bezieht die Adressaten des Evangeliums mit ein, lässt aber auch Licht auf den Schreiber fallen. Besonders hervorzuheben sind einzelne unscheinbare Hinweise im Text. So fragen die ersten Jünger Jesus, ohne nachösterliche Terminologie zu verwenden, einfach: »Wo wohnst du?« (1,38). Auch wird vermerkt, dass sich die Jünger über Jesu Gespräch mit einer Frau wunderten (4,27). Das Evangelium beinhaltet zahlreiche Elemente, die möglicherweise trotz aller Rhetorik erkennen lassen, dass ein Jünger als Augen- und Ohrenzeuge das gesamte Evangelium aufgeschrieben hat und nicht nur Ereignisse im Kontext der Lieblingsjüngertexte auf einen Zeugen zurückgehen.[26]

1.3.5 Der Evangelist und die Reden Jesu

Der Evangelist intendiert, dass sein Evangelium von einem Augen- und Ohrenzeugen geschrieben worden ist. Ist er einer? Ist hinter den Worten, die der irdische Jesus spricht, noch Jesus selbst oder allein christliche Tradition vernehmbar? Diese Frage stellt sich vor allem im Vergleich der Darstellung Jesu durch das Johannesevangelium mit der Darstellung durch die Synoptischen Evangelien. Die Synoptiker überliefern überwiegend knappe Worte Jesu, die er zu einem Sachverhalt äußert. Dagegen liegen im Johannesevan-

26 Zu weiteren Beispielen s. B 3.

gelium breit ausgeführte Reden vor. Sind diese Worte jesuanisch oder nicht? Um das besser beurteilen zu können, muss man wissen, dass es urchristliche Prophetie gab. In ihr sprachen Menschen im Namen des auferstandenen Jesus Christus. Sie wussten sich als seine Boten, ihre Worte waren seine Worte. Diese stehen in der Tradition alttestamentlicher Propheten, die ihre Worte mit dem Ruf eingeleitet haben: »So spricht Jahwe«. Wie diese als Sprachrohr Gottes dienten, so wussten sich wohl auch christliche Propheten als sein Sprachrohr. Darüber hinaus gehörte es zur antiken Geschichtsschreibung, dass man Menschen Reden in den Mund legte. Die Frage war nicht, ob man das dürfe oder nicht, sondern nur, ob diese Reden dem, denen sie zugeschrieben wurden, gerecht werden oder nicht. Einem erhabenen Menschen legt man nicht lächerliche Reden in den Mund.[27] In den Reden, die wir im Johannesevangelium finden, wird – wie es der Evangelist 16,12–15 andeutet – das, was Jesus gesagt hat, mit der Erfahrung des Auferstanden und der Situation der Gemeinde wie der einzelnen Glaubenden verbunden. Es wird Altes nicht wiederholt, sondern umgesetzt. Johannes scheint damit auch hier Synoptische Traditionen korrigieren zu wollen: Jesus hat nicht nur kurze Sätze gesprochen, sondern auch längere Reden gehalten.[28]

---

27 Vgl. Aristoteles, Poetik 1454a, und Polybios 12,25k–28a.

28 Vgl. die Stelle, in der Jesus nach der Tempelreinigung zur Rede gestellt wird (Mk 11,27ff.) mit der johanneischen Entfaltung in der Rede Jesu an Nikodemus (Joh 3). Im Markusevangelium stellt Jesus eine Gegenfrage, die Johannes den Täufer betrifft. Auch das Thema wird in Joh 3,22ff. aufgenommen.

Abb. 3: Meister des Hausbuches: Das Abendmahl
(um 1480–1485)

1.3.6 Der Evangelist und der Jünger, den Jesus liebte

Die Synoptischen Evangelien betonen, von Markus ausgehend, die Person des Petrus. Das finden wir auch in einem Sonderguttext[29] des Matthäus und einem des Lukas. Die Evangelisten sehen noch weitere Jünger bevorzugt, darunter auch Johannes. Trotz der Bevorzugung des Petrus und anderer Jünger, wird jedoch außerhalb des Johannesevangeliums nicht von einem Jünger gesprochen, den Jesus besonders geliebt habe. Mit den Aussagen zum Lieblingsjünger handelt es sich um eine Besonderheit des Johannesevangeliums. Die Frage ist nun: Handelt es sich um Aufnahme eines jesuanischen Ausdrucks (aus der Erinnerung, aus der Tradition) oder um den Ausdruck freien gestalterischen Willens des Autors/eines Redaktors?

Im Johannesevangelium begegnet diese Bezeichnung ›Jünger, den Jesus liebte‹ das erste Mal im Kontext des letzten Mahles Jesu mit seinen Jüngern. Es wird berichtet, dass ein Jünger einen bevorzugten Platz einnehmen durfte: Er lag an der Brust Jesu. Diese Nähe eines Jüngers, die Jesus ihm bei der letzten Mahlzeit gewährt, wird als Liebe interpretiert.

Im vorliegenden Evangelium wird ›Liebe‹ mit unterschiedlichen Worten für ›Liebe‹ ausgesprochen, sowohl mit agapạō/lieben (Marta, Maria, Lazarus: 11,5; Lieblingsjünger: 13,23; 19,26; 21,20; die Seinen [Jünger?]: 13,1; vgl. Mk 10,21: Reicher Mann) als auch mit philẹō/mögen (Lazarus: 11,3.36; Lieblingsjünger 20,2). Mit beiden Worten scheint im Jo-

29 ›Sonderguttexte‹ werden die Texte genannt, die nur von einem Evangelisten überliefert werden und nicht von ihm als Autor gestaltet wurden.

hannesevangelium derselbe Sachverhalt gemeint zu sein – zu beachten ist aber die Variation in Kapitel 21. Dort fragt Jesus den Petrus: liebst (agapạō) du mich? Und Petrus antwortete: Ich mag (philẹō) dich. Zuletzt fragt Jesus: Petrus, magst du mich (21,17) – wobei hier also philẹō/mögen das agapạō/lieben ersetzt: Petrus war traurig, dass Jesus ihn *zum dritten Mal* fragte: Magst du mich? (Dabei hatte Jesus ja zweimal lieben/agapạō verwendet und nur einmal mögen/philẹō.) Mit agapạō wird die Liebe Gottes zur Welt (3,16) und zum Sohn (3,35 häufig; aber 15,20 auch mit philẹō) ausgesprochen. Das Wort ›lieben‹ ist vielfach gefüllt. Die Liebe Gottes zur Welt wird in anderen Worten dargestellt als die Liebe Gottes zum Sohn. Die Liebe der Jünger untereinander wird anders gefüllt als die Liebe der Jünger zu Jesus. Von diesen unterschiedlichen Nuancen her gesehen lässt sich das Wort ›lieben‹ im Johannesevangelium nicht eindeutiger füllen. Es wird nur deutlich, dass Jesu Zuwendung zu einzelnen Personen häufiger als ›Liebe‹ bezeichnet wird, freilich kann die Zuwendung auch die Jünger insgesamt umfassen. Darüber hinaus wird von der Liebe Gottes zur Welt gesprochen.

Es kann auch von der Liebe Jesu zu anderen Menschen gesprochen werden. Ebenso wird häufiger berichtet, dass Jesus mit anderen Menschen gemeinsam gegessen hat. Aber lag auch sonst jemand bei den Mahlzeiten an der Brust Jesu? Jesus hat zwar mit seinen Jüngern gespeist, ebenso mit Fremden, es wird aber sonst nirgends berichtet, dass einer an der Brust Jesu liegt – dennoch ist es wahrscheinlich, dass jemand an seiner Brust gelegen hat: Wenn dreizehn Menschen ›zu Tisch‹ liegen, wie es üblich war, ist ein sehr großer Raum nötig. Und wenn dieser nicht gegeben ist, muss man verschachtelt beieinander liegen. Mir scheint, dass Jakobus und Johannes auch sonst

Abb. 4: Juan de Juanes: Abendmahl (2. Drittel des 16. Jh.s)

einen Platz neben Jesus gehabt haben können, was die Frage von Mk 10,35ff. erklären könnte: Die beiden bitten darum, im Reich Gottes neben Jesus sitzen zu dürfen. Diese Frage konnte aufkommen, weil sie schon während seines irdischen Wirkens neben ihm gesessen haben.

Es ist somit möglich, mit Texten außerhalb des Johannesevangeliums zu belegen, dass bestimmte Jünger eine besondere Nähe zu Jesus hatten (Petrus, Johannes, Jakobus). Es ist auch begründbar, dass zwei Jünger ihren Platz neben Jesus einnehmen konnten

(Jakobus und Johannes). Es wird auch gesagt, dass Jesus zu bestimmten Menschen große Zuneigung gehabt hatte (der reiche Mann, Maria, Martha, Lazarus). Aber dass Jesus einen Jünger hatte, den er besonders liebte, wird sonst nirgends erwähnt. Wie es zu der Bezeichnung kam, wird in B 2 dargelegt werden.

1.4 Wie der Evangelist seinen Text verstanden haben möchte

Die Untersuchung darf nicht bei der Darlegung äußerer Aspekte stehen bleiben. Sie hat die Intention des Autors zu berücksichtigen. So wird z. B. die Intention des Matthäusevangeliums am Schluss des Evangeliums ausgesprochen:

»[…] lehret sie bewahren alles, was ich euch befohlen habe« (28,20).

Das bedeutet, dass im Sinne des Autors die gesamte im Matthäusevangelium geschriebene Lehre Jesu vom auferstandenen Jesus Christus legitimiert wird. Auch am Schluss der Bergpredigt gibt es eine ähnliche Aussage. Die Bergpredigt wird mit den Worten abgeschlossen:

»Darum, wer diese meine Rede hört und tut sie, der gleicht einem klugen Mann, der sein Haus auf Fels baute. Als nun ein Platzregen fiel und die Wasser kamen und die Winde wehten und stießen an das Haus, fiel es doch nicht ein; denn es war auf Fels gegründet. Und wer diese meine Rede hört und tut sie nicht, der gleicht einem törichten Mann, der sein Haus auf Sand baute. Als nun ein Platzregen fiel und die Wasser kamen und die Winde wehten und stießen an das Haus, da fiel es ein, und sein Fall war groß« (Mt 7,24–27).

Natürlich muss untersucht werden: Was bedeutet dieses Bild vom Haus auf dem Felsen, gibt es Parallelen, die das Verstehen erleichtern helfen, welche Traditionen stehen hinter den Sätzen der Bergpredigt, welche Worte hat Jesus gesagt, welche nicht, wie sind sie formgeschichtlich, sozialgeschichtlich einzuordnen. Aber der Autor, also Matthäus, wird erst dann richtig verstanden, wenn man diese Aufforderung, die er an den Schluss der Bergpredigt stellt, ernst nimmt. Denn es handelt sich nicht um einen Roman oder um eine Biographie, die er uns hinterlassen hat, die uns erheitern, ergreifen, nachdenklich machen möchte. Es handelt sich um eine Lehre. Sie wird mit dem Anspruch verkündet, Menschen dieses Wort nahe zu bringen und Menschen dem Wort. Entsprechend ist auch das Schlusswort des Matthäusevangeliums einzuordnen. Es gilt zu untersuchen: Welche Lehre vertritt Matthäus, welche vertrat Jesus. Es geht beiden aber um mehr als eine bloße Lehre, es geht um Gottes Handeln in und an den Menschen. Es geht darum, den Menschen in dieses Handeln Gottes einzubetten, ihn mit diesem Willen Gottes zu verschränken. Dazu werden gewiss Sachinformationen gegeben, die aber auf einer anderen Ebene erfasst und gedeutet werden wollen. Geschieht das nicht, haben Lesende zwar vieles verstanden, wie etwas historisch einzuordnen ist, sie wissen mehr über Matthäus, über Jesus, über deren Zeit und die matthäische Gemeinde und Tradition. Aber dem Verfasser des Evangeliums kommt es darauf nicht an.

Auch im Johannesevangelium finden wir zahlreiche Signale, die zeigen, wie der Verfasser das Evangelium verstanden wissen will. Das erkennen wir z. B. an Partizipien (s. B 3.11), am Prolog Joh 1 und an den Hinweisen darauf, dass der Glaube geweckt werden solle. Die Texte beinhalten Signale, die Lesende direkt ansprechen sollen, die auch sagen, wie die Texte richtig verstanden werden können und wie nicht. So heißt es Joh 7,17:

»Meine Lehre ist nicht von mir, sondern von dem, der mich gesandt hat. Wenn jemand dessen Willen tun will, wird er innewerden, ob diese Lehre von Gott ist oder ob ich von mir selbst aus rede.«

Der Evangelist selbst zeichnet sich in einem grellen Licht: Wie Jesus an der Brust des Vaters bzw. am Herzen Gottes ist (1,18) – so ist der Lieblingsjünger an der Brust, am Herzen Jesu (13), wie der Heilige Geist, der Paraklet der Gemeinde das Wort Jesu lehrt (14,26), so lehrt das Johannesevangelium mit den Worten dieses Evangeliums. Es handelt sich dabei jedoch nicht um eine plumpe Identifikation. Der Autor verbindet sich weder mit Jesus über das Maß, in dem auch andere Jünger mit Jesus verbunden werden (15,1 ff.), noch mit dem Parakleten: Der Geist lehrt, der Autor schreibt das Gelehrte; Jesus ist der Weinstock, der Autor ist die Rebe.

1.5 Die Theologie und Christologie des Evangelisten

Theologie und Biographie hängen eng zusammen. Die Erfahrung des von Gott auferweckten Jesus Christus überstrahlt die Erfahrungen mit dem Menschen Jesus von Nazaret. Es ist eine Christologie der unmittelbaren Betroffenheit – der Evangelist hat Jesus als einen erfahren, in dem Gottes Gegenwart sichtbar, hörbar, fühlbar anwesend gewesen ist. Von daher werden theologische Aspekte in den biographischen Abschnitt B 3 eingewoben. Doch hier seien einige Punkte zusammengefasst wiedergegeben, die das Zentrum johanneischer Theologie erkennen lassen. Sie ist so ganz anders, als andere Theologien. Diese Punkte verdeutlichen eins: Der christliche Glaube ist kaum verständlich. Das gilt auch für die Theologie des Paulus und die anderer neutestamentlicher Theologen. Wenn wir meinen, wir hätten sie ganz verstanden, dann nur, weil wir sie domestiziert haben. Johannes entzieht sich einer solchen Domestikation besonders eindrucksvoll. Indem Lesende seinen rätselhaften Aussagen nachsinnen, werden sie immer stärker mit dem Heilsgeschehen verbunden.

1.5.1 Der Logos

›Logos‹ bedeutet unter anderem ›Wort‹, ›Plan‹. Das Wort sollte aber unübersetzt bleiben. Denn es geht nicht darum zu zeigen, dass Jesus ›Wort *Gottes*‹ oder ›Plan *Gottes*‹ war, es geht darum, einen Begriff zu finden, der Fülle, Vollmacht ausspricht – und gleichzeitig etwas bezeichnet, von dem kein Mensch wissen kann, weil es am/im Anfang von allem war. Es geschah in vordenkbarer Zeit. Aussprechbar wird Göttliches erst mit der Menschwerdung des Logos, mit Jesus Christus, wie der Hymnus Joh 1 zeigt.

Das philosophisch gefüllte Wort ›Logos‹ hat schon der jüdische Philosoph Philo vor allem der Philosophie der Stoiker entnommen. Er sieht den ›Logos Gottes‹ als Mittler – auch Schöpfungsmittler – zwischen Gott und Mensch an; der ›Logos Gottes‹ erhält laut Philo die Schöpfung Gottes und führt zur Erkenntnis Gottes. Johannes hat diesen Ausdruck ›Logos‹ als Bezeichnung für Jesu vorirdische Existenz aufgenommen, doch mit wesentlichen Änderungen: Der Logos ist für Philo der ›Logos *Gottes*‹, das Wort, die Kraft, Macht *Gottes*. Bei Johannes wird eine Eigenschaft

(z. B. Kraft) nicht nur personifiziert, sondern der Logos *ist* Person; Gott als Logos ist Person geworden, sichtbar im Menschen Jesus von Nazaret (1,14).

Die Einheit Gottes, die Einheit von Sohn und Vater, ist das zentrale Thema des Evangeliums. Die Einheit beider wird schon in Joh 1 dargestellt, indem Jesus als ›der Logos‹ bezeichnet wird, der vor seiner irdischen Existenz bei Gott war – aber nicht nur *bei* Gott war, sondern: Der Logos *war* Gott. Der Logos war zwar Gott – gleichzeitig wird dieses Einssein dadurch gelockert, dass gesagt wird: Der Logos war *bei* Gott. Somit wird Einheit und Unterschiedenheit ausgesprochen. Naturgemäß fällt die Unterschiedenheit von dem Bild, das Menschen sich von Gott machen, und dem Bild, das sie vom Menschen Jesus haben, eher ins Auge. Joh 14,8–11 zeigt, dass auch die Jünger Schwierigkeiten damit haben, die Einheit Jesu mit Gott zu erkennen. Philippus bittet: »Zeige uns den Vater!« Jesus tadelt ihn und sagt: »Wer mich sieht, der sieht den Vater!«. In der körperlichen Präsenz Jesu kann Gott erkannt werden. Nachdem der Text die körperliche Präsenz Jesu angesprochen hat, kommen Worte und Taten dieses Menschen in den Blick: Durch ihn wirkt Gott. Die Worte schließen:

»Glaubt mir, dass ich im Vater bin und der Vater in mir; wenn nicht, so glaubt mir doch um der Werke willen.« (14,8–11)

Der Logos, der in Jesus Christus Person, Mensch geworden ist, ist als Mensch mit Gott eins: er ist der Sohn, wird vom Vater geliebt, ihm wurde alles übergeben, handelt und redet in Einheit mit dem Vater. Als vormenschliche Existenz ist Jesus Christus der Logos, als menschliche Existenz ist er die Person Jesus von

Nazaret. Gleichzeitig ist der vormenschliche Logos der Mensch Jesus von Nazaret. So lässt das vom Menschen Jesus ausgesprochene Wort (Logos) Jesus als vormenschlichen und vordenkbaren Logos durchscheinen. Das Wort Jesu von Nazaret, sein Logos, ist genauso wirksam (vgl. 5,38): Es schenkt Leben bzw. ist Leben, weil Jesus als Logos Leben ist.

Der Logos ist Fleisch geworden – und wurde nach seinem irdischen Leben wieder erhöht (Joh 16,28). Das eigentliche Thema des Johannesevangeliums ist weder der Logos vor seiner Menschwerdung noch der Logos nach seiner Menschwerdung, sondern der Logos, der Mensch geworden ist. Doch wird beides immer wieder angesprochen. So ist der erhöhte Logos auch weiterhin anwesend: in seinem Wort und im Geist/Parakleten und für die Welt auch in seinen Jüngern, die an ihm hängen wie die Reben am Weinstock.

1.5.2 ›Ich-bin-Worte‹

Bildersprache ist für Johannes von immenser Bedeutung. Er spricht vom ›Lamm‹ Gottes, um damit Jesu gewaltsamen Tod und dessen Bedeutung für den Menschen, die Befreiung von Sünde, auszusprechen. Wir finden bei ihm Ich-bin-Worte, die mit Bildern verbunden werden. Jesus wird mit Worten bezeichnet, die für Menschen elementar sind:

Ich bin das Brot des Lebens (6,35.48) bzw. *Ich bin das lebendige Brot, das vom Himmel gekommen ist* (6,51.41).

Ich bin das Licht der Welt (8,12; vgl. 1,9) – wer mir nachfolgt, wird das Licht des Lebens haben.

Ich bin die Tür zu den Schafen (10,7.9) – wenn jemand durch mich hineingeht, wird er selig werden.

Ich bin der gute Hirte (10,11.14).

Ich bin die Auferstehung und das Leben (11,25), wer an mich glaubt, wird leben. In dem Passionsabschnitt sagt Jesus:
Ich bin der Weg, die Wahrheit und das Leben (14,6) – niemand kommt zum Vater denn durch mich; und
Ich bin der wahre Weinstock (15,1.5).

Nicht nur in den Ich-bin-Worten werden Bilder verwendet, die das aussprechen, was für Menschen elementar ist. So sagt Jesus laut Johannesevangelium: »Wer von dem Wasser trinkt, das ich ihm gebe, den wird in Ewigkeit nicht dürsten, sondern das Wasser, das ich ihm geben werde, das wird in ihm eine Quelle des Wassers werden, das in das ewige Leben quillt« (4,14) – was in 6,35 mit einem Ich-bin-Wort zusammengeführt wird. Als Brot, als Licht ist er selbst das, was der Mensch zum Leben benötigt – aber nicht nur zum irdischen Leben, sondern auch zum ewigen Leben. In diesen Bildworten fallen irdische Gegenwart und ›himmlische‹ Zukunft zusammen. Manchmal wird das ganz deutlich ausgesprochen, so, wenn es nicht nur heißt: Ich bin das Brot – gleich wird angefügt: ›des Lebens‹. Jesus ist nicht wie das Brot, sondern er ist das Lebensbrot – und der Mensch, der es zu sich nimmt, wird leben; er hat jetzt schon Anteil am Leben. Hier wie an anderen Stellen zeigen diese Ich-bin-Worte, dass sie nicht nur schöne Bilder aussprechen, sondern die engste Einheit des Menschen mit Jesus ausdrücken: Brot essen, am Weinstock hängen wie Reben, Lebenslicht haben, aber auch: Wasser quillt aus dem Innersten ins Leben. Er selbst ist in den Glaubenden das wirkende Brot, das scheinende Licht, der Saft des Weinstocks. Das wird am deutlichsten und intensivsten in dem Satz »Ich bin die Auferstehung und das Leben« ausgesprochen. Anteil haben an ihm als Auferstehung und Leben geschieht durch den Glauben.

Mit dem Glauben werden Glaubende ein Teil von ihm und haben Anteil am Leben. Etwas schwächer begegnet uns diese Aussage auch in dem Wort: »Ich bin die Tür«. Da geht es nicht darum, eine Einheit mit Christus als Tür zu werden, sondern er allein ist die Tür in das ewige Leben. Ebenso ist das Bild vom guten Hirten zu sehen: Es geht nicht darum, mit dem Hirten eine Einheit zu werden, sondern es wird ausgesprochen, dass er als guter Hirte die Seinen kennt, sich um sie kümmert, sie zusammenführt, schützt und ins Leben führt. Ähnlich, aber verschärft, sagt es das Wort: »Ich bin der Weg, die Wahrheit und das Leben, niemand kommt zum Vater denn durch mich.« Der Mensch wird nicht zum Weg – aber indem er *diesen* Weg geht, gelangt er zum Ziel; der Mensch ist nicht Wahrheit, aber indem er sein Leben in die Wahrheit, Jesus Christus, bettet, gelangt er zum Ziel; der Mensch ist nicht Leben, aber indem er Anteil hat an Jesus Christus als Leben, gelangt er zum Ziel: zum Vater.

Es ist erkennbar, dass die Bezeichnung ›Bildwort‹ falsch ist. Es geht im johanneischen Sinn nicht darum, dass etwas abgebildet wird. Sondern: Jesus Christus als Mensch gewordener Logos spricht diese Worte/Logoi – und sie sind das, was sie aussprechen und sind nicht nur Ab-Bilder. Doch wie kann Jesus ›Brot‹, ›Licht‹, ›Tür‹, ›Weinstock‹, ›Weg‹, ›Wahrheit‹, ›Auferstehung‹, ›Leben‹ sein? Nur so, dass man im Glauben an ihm Anteil gewinnt – dass man durch die Worte des Mensch gewordenen Logos hineingenommen wird: »Die Worte, die ich zu euch geredet habe, sind Geist, sind Leben« (6,63).

Aus diesen Worten kann Weiteres erschlossen werden: So wird an der Fülle der ›Bilder‹ deutlich, dass Jesus nicht festgelegt werden kann, einzelne Bekenntnisse (z. B. Jesus als Licht) nicht verabsolutiert, sondern durch andere erweitert werden. Das Unsagbare, das dem Menschen durch Jesus Christus zukommt, wird zwar in Bildern ausgesprochen – kann aber gleichzeitig vom Menschen nicht verstanden werden: Es sei denn, ›der Vater zieht ihn zu Christus‹. Auch wenn Menschen selbst nicht verstehen können, so zeigen diese ›Bild-Worte‹ doch, was im gesamten Evangelium vorzufinden ist: ›Bild-Worte‹ wie der rätselhafte, von Brüchen durchzogene Stil zwingen Lesende/Hörende dem allem nachzusinnen, und indem sie dem nachsinnen, werden sie in die Botschaft verstrickt. So sind die Ich-bin-Worte neben der Selbstvorstellung immer auch Einladungen an die Hörenden: Sie werden eingeladen, das Brot zu essen, das Licht anzunehmen, den Weg zu gehen. Gehen sie den Weg, dann erkennen sie in Jesus die »Herrlichkeit als des eingeborenen Sohnes vom Vater« (1,14). Der rätselhafte Stil und die ›Bild-Worte‹ korrespondieren miteinander.

Noch etwas wird in den ›Ich-bin-Worten‹ erkennbar: die Einheit des Sohnes mit dem Vater. Im Ex 3,14 sagt Gott zu Mose: »*Ich bin* der Seiende«, so in griechischer Tradition zu übersetzen; in hebräischer Tradition wird die Aussage eher nicht als eine Aussage zum Sein Gottes zu verstehen sein, sondern zu Gott als Handelndem: »Ich bin der, der wirksam ist, gegenwärtig ist«. Vielleicht nimmt der Evangelist diese Selbstvorstellung Gottes aus Exodus auf, um die Einheit Jesu mit Gott darzustellen – um sie gleichzeitig menschlich verstehbar auszusagen. Wie unter dem Abschnitt ›Logos‹ erkannt wurde: Mit diesem Wort (»Ich bin der Seiende«) wird Vordenkbares ausgesprochen, und erst mit der Menschwerdung wird dieses Abstrakte, Vordenkbare leichter verständlich. Das Vordenkbare wird mit der Menschwerdung Jesu und den dazugehörigen ›Ich-bin-Worten‹ ausgeleuchtet. Und in ihm wird Gott gehört: »*Ich bin* es, der mit dir redet« (4,26); in ihm wird Gott als Beherrscher der Elemente und der Angst gesehen: »*Ich bin* es, fürchtet euch nicht«, heißt es nach dem Gang auf dem stürmischen Wasser (6,20), in ihm wird die Zeit aufgehoben (8,58). So gilt das ›Ich bin‹ alle Zeit. Der ›Ich bin‹ ist nicht der Zeit und der Vergänglichkeit unterworfen wie die Schöpfung. Er ist herausgehoben – und das zeigt er auch als Mensch: Er kennt die Zukunft und sagt darum den Jüngern das Kommende an, damit sie getröstet werden (16,1–5 pass.). Als solcher vermag er auch vollmächtig die Befreiung aus dem kommenden Gericht anzusagen, das ewige Leben zuzusprechen: Der ›Ich bin‹ gibt Menschen Anteil an seiner »Zeitlosigkeit«.

1.5.3 Die Hinrichtung Jesu am Kreuz als Verherrlichung Gottes

Warum wurde Jesus hingerichtet? Das Johannesevangelium gibt unterschiedliche Antworten. Eine der ersten Antworten besteht in der Aussage, dass der Eifer Jesu um den Tempel Grund für die Hinrichtung ist (2,17). Dieser Ansatz wird allerdings nicht weiter verfolgt, weil sofort verdeutlicht wird, dass Jesu Leib an die Stelle des Tempels treten wird. Dass er als Lebender schon ein ›heiliger Ort‹ ist, wurde im Gespräch mit Nathanael vorbereitet, wenn mit Blick auf Gen 28,17 gesagt wird: »Ihr werdet den Himmel offen sehen und die Engel Gottes hinauf- und herabfahren über dem Menschensohn.« (1,51) So wird auch nicht mehr im Tempel angebetet werden, sondern im Geist und in der Wahrheit (4,23). Auch das Tempelopfer wird durch Jesus ersetzt werden, wie Johannes der Täufer schon im ersten Kapitel verkündigt, wenn er

Jesus als ›Lamm Gottes‹ bezeichnet, das die Sünde der Welt trägt (1,29).

Dabei steht vielleicht Jes 53, das vierte Lied vom Gottesknecht, im Hintergrund, wenn das Lamm als Träger der Sünde der Menschen angesehen wird. Eine andere Vorstellung begegnet uns Joh 18,36ff.: Hier steht eher das Passa-Lamm im Blick, das weniger die Sünde als vielmehr die Gemeinschaft und den Schutz im Blick hat (Ex 12). Reinigungs- und Sündopfer mit einem bzw. zwei jungen Widdern für Menschen, die vom Aussatz geheilt werden, werden in Lev 14,10ff. 21ff. gefordert. Auch sonst sind Lämmer Teil des Sühnopfers (Ez 45,15). Dadurch, dass für Jesus gerade das ›Lamm‹ gewählt wurde (z. B. 1Petr 1,19) und nicht andere Tiere, die auch als Opfer geschlachtet wurden (Rinder, Widder), wird gezeigt, dass das Leben und Sterben Jesu auch hier die Terminologie bestimmt.

Schon nach dem ersten Heilungswunder am Sabbat wird in der vorliegenden Fassung davon gesprochen, dass seine Gegner vorhatten, Jesus zu töten, weil er den Sabbat gebrochen habe (5,18). Dieser Grund wird auch in Mk 3,1ff. angegeben. Doch geht das Johannesevangelium hier weiter: Sie wollten ihn nicht allein töten, weil er den Sabbat gebrochen hat, sondern auch, weil er sagte, Gott sei sein Vater und sich damit Gott gleich gemacht habe (5,18). Immer wieder ist davon die Rede, dass Jesus getötet werden solle, so auch durch Steinigungen – doch auch hier geht es hauptsächlich darum, dass ihm vorgeworfen wird, er mache sich zu Gott (10,33). Ein weiterer Grund ist: Die Herrschenden haben Angst, er würde das Land in Unruhe bringen und damit den Römern einen Vorwand bieten, einzugreifen (11,46–54). In den Abschiedsreden wird gesehen, dass mit der Tötung Jesu folgendes Schriftwort erfüllt wird: »Sie hassen mich ohne Grund« (Ps 69,5; Joh 15,25) – es ist wohl der Hass gegen Gott, der Menschen dazu führt, Jesus hinzurichten.

Mit dem Gebet in 12,28 beginnt ein neuer Ton: der Tod Jesu wird als Verherrlichung des Vaters interpretiert. Die Verherrlichung besteht darin, dass der Fürst der Welt gerichtet, ausgestoßen wird (12,31; vgl. 14,3f.). Und es wird gesagt, dass die Tötung Jesu durch ›Erhöhung‹ geschehe, was kommentiert wird: »Das sagte er, um anzuzeigen, welchen Todes er sterben wird« (12,33). Dass es sich mit diesem Tod um Verherrlichung handelt, wird noch einmal in 13,31f. und 17,1 ausgesprochen. Hier begegnen wir wieder der johanneischen Besonderheit: die tiefste Schmach, die einen Menschen treffen kann, das Erleiden der Willkür anderer Menschen, das Erleiden des Hasses und der zugefügten körperlichen Schmerzen – wird nicht etwa als Niederlage Jesu angesehen, als Folge der Gottverlassenheit, seiner Gesetzlosigkeit, sondern im Gegenteil als Verherrlichung Gottes, als Folge der Einheit mit Gott.

Warum das? Vielleicht gibt Joh 3,14ff. die Antwort darauf: In der Erhöhung des Menschensohnes zeigt sich Gottes Liebe zu den Menschen, Gottes Wunsch, sie vor der Verlorenheit, dem Tod zu retten. Und so manifestiert sich die Einheit Jesu mit dem Vater nicht nur in seiner Lehre oder in seinen Zeichen/Wundern, sondern auch in diesem Kreuzestod.

Ein Weiteres: Für Johannes ist nicht der Bruch des Sabbats der eigentliche Grund dafür, dass Jesus gekreuzigt wurde, sondern Menschen ertragen nicht, dass in diesem Jesus derjenige unter ihnen wirkt, der mit dem Vater eins ist – selbst in seinem scheinbar ungesetzlichen Wirken am Sabbat. Und so wird dieser Tod Verherrlichung Gottes sein, weil durch ihn Gott seine Herrschaft – gegen den Willen der Menschen – manifestiert.

1.5.4 Der Paraklet: Beistand, Erinnerer, Verkündigungshelfer, Augenöffner, der, der Neues zeigt

Eine weitere Fragestellung liegt dem Evangelisten am Herzen: Wie wird das Jesusereignis in der Gegenwart wirksam? Eine Antwort: Es wird durch den Parakleten, der in den Jüngern und auch in diesem Evangelium wirkt, wirksam. Aber der Paraklet ist nicht einfach der Geist Gottes, der den Menschen das Jesusereignis vergegenwärtigt oder den Menschen den Willen Gottes tun lässt. Vom Parakleten spricht der johanneische Jesus in den Abschiedsreden. Und in diesem Sinn hat er vielfältige Funktion. Zunächst 14,16–18:

a) Der Vater wird euch einen anderen Parakleten geben,
b) dass er bei euch sei in Ewigkeit: den Geist der Wahrheit,
c) den die Welt nicht empfangen kann,
d) denn sie sieht und kennt ihn nicht.
d') Ihr kennt ihn,
c') denn er bleibt bei euch und wird in euch sein.
b') Ich will euch nicht als Waisen zurücklassen;
a') ich komme zu euch.[30]

Hier ist die Bezeichnung ›Paraklet‹ als Tröster zu verstehen. Einen ›anderen‹ Tröster – das heißt: Jesus war Tröster und er wird nun einen anderen Tröster senden, der bei und in den Jüngern bleiben wird – und dieser Tröster ist Jesus selbst. Diese unterschiedlichen Aussagen, die sich scheinbar widersprechen, liegen nicht

30 Der Aufbau entspricht dem unter B 1.3.3 dargestellten Text. Darauf wird durch die vorangestellten Buchstaben hingewiesen: a wird durch a' verdeutlicht usw.

in redaktionellen Ergänzungen begründet. Dazu ist der Aufbau zu eindeutig, zu kunstvoll. Hierin liegt Theologie verborgen: Der Tröster und Jesus sind unterschieden – aber dennoch eine Einheit. Und damit wird auch wieder das Prinzip angewandt, das im Zusammenhang des ›Logos‹ angesprochen wurde: Jesus ist vom Vater unterschieden – aber dennoch eine Einheit mit ihm. Es geht hier nicht darum, die Trinitätslehre zurückzudatieren. Es geht darum, darzulegen, dass Johannes eine ausgefeilte Theologie vertritt, indem er unterschiedliche Positionen zusammenführt. Hier wird gezeigt, dass der Paraklet über die Trauer hinweghilft, weil er die Gegenwart Jesu ist.

In Joh 14,25–26 wird eine neue Bedeutung des Parakleten ausgesprochen:

> »Das habe ich geredet zu euch,
> solange ich bei euch gewesen bin.
> Aber der Paraklet, der Heilige Geist,
> den mein Vater senden wird in meinem Namen,
> der wird euch alles lehren und euch an alles erinnern,
> was ich euch gesagt habe.«

Der Paraklet ist der ›Erinnerer‹ der Lehre Jesu.

In Joh 15,26–27 hat der Paraklet wieder eine andere Bedeutung:

> »Wenn aber der Paraklet kommen wird,
> den ich euch senden werde vom Vater,
> den Geist der Wahrheit,
> der vom Vater ausgeht,
> der wird Zeugnis geben über mich.
> Und auch ihr sollt Zeugnis geben […]«

Die Worte vom Parakleten – hier eher als ›Verkündigungshilfe‹ zu verstehen – liegen eingebettet in einem Redeabschnitt, in dem es um die Zeugenschaft der

Jünger geht. Der Helfer wird den Jüngern beistehen, wenn sie den Hass der Welt spüren werden. Und sie müssen nicht unsicher werden, dass sie vielleicht doch etwas Falsches verkündigen. Der Geist ist der Geist der Wahrheit, der über Jesus lehrt, was richtig ist.

Joh 16,7–10 spricht einen weiteren Aspekt des Parakleten an:

»Es ist gut für euch, dass ich weggehe.
Denn wenn ich nicht weggehe,
kommt der Paraklet nicht zu euch.
Wenn ich aber gehe,
will ich ihn zu euch senden.
Und wenn er kommt,
wird er die Welt aufdecken/überführen
über die Sünde, die Gerechtigkeit, das Gericht.
Über die Sünde: dass sie nicht an mich glauben;
über die Gerechtigkeit: dass ich zum Vater gehe und ihr mich hinfort nicht seht;
über das Gericht: dass der Fürst dieser Welt gerichtet ist.«

In diesem rätselhaften Wort ist der Paraklet eher als ›Augenöffner‹ zu deuten: Er wird Menschen den tatsächlichen Zustand der Welt zeigen und zeigen, dass Jesus nicht gestorben, sondern beim Vater ist. Auch wird er zeigen, dass dem Satan die Macht genommen ist. Das heißt: Hier werden Sachverhalte aufgezählt, die der Mensch nicht aus sich selbst erkennen kann. Sie sind nur durch den ›Augenöffner‹ zu sehen.

Daran wird eine weitere Aussage zum Parakleten angeschlossen, auch wenn das Wort ›Paraklet‹ nicht genannt wird (16,12–14):

»Ich habe euch noch viel zu sagen;
aber ihr könnt es nicht ertragen.
Wenn aber jener Geist der Wahrheit kommen wird,

wird er euch in alle Wahrheit leiten.
Denn er wird nicht aus sich selber reden;
sondern was er hören wird,
das wird er reden,
und was zukünftig ist,
das wird er euch verkündigen.
Er wird mich verherrlichen,
denn von dem Meinen wird er's nehmen und euch verkündigen.«

Hier wird noch einmal – aber in einer anderen Weise als in Kapitel 14 – ausgesprochen, dass der Geist der Wahrheit der Mund Jesu Christi ist. In ihm hören die Jünger Jesus Christus selbst reden, auch dann, wenn sie diese Worte vom irdischen Menschen Jesus nicht gehört haben. Es geht also nicht mehr, wie in 14,26 um Erinnerung an das durch Jesus Gesagte, sondern um Neues, legitimiert, ausgesprochen durch den ›Geist der Wahrheit‹.

Der Paraklet ist die Vergegenwärtigung des auferstandenen Jesus. Vom Parakleten wird nur in den Abschiedsreden gesprochen, weil Jesus mit ihm tröstet; mit ihm versichert er den Seinen seine Gegenwart. Das musste er in den Kapiteln 1–12 nicht lehren, da er selbst anwesend war, und seine Worte ›*Geist* und Leben‹ waren (6,63).

Für diese Vergegenwärtigung Jesu bzw. für die enge Verbindung mit Jesus werden auch andere Bilder und Worte verwendet. So ist der Glaube Verbindung mit Jesus Christus. Auch Jesu Worte, die der Evangelist mitteilt, sind Verbindung zu Jesus. Es genügt dem Evangelisten nicht, nur eine Aussage zu verwenden. Die Fülle des Glaubens spiegelt sich immer wieder in der Fülle der Ausdrücke, der Wortverbindungen, der Bilder wider.

Abb. 5: Christus und Johannes (um 1310). Münster des ehemaligen Zisterzienserinnenklosters Heiligenkreuztal bei Riedlingen

1.5.5 Gebet

Der Geist Gottes ist die Verbindung der Jünger mit Gott, die Gott gewährt. Er ist das Verbindungsglied von oben nach unten. Das Gebet im Namen Jesu ist das Verbindungsglied von unten nach oben. Das ist freilich nicht statisch zu sehen. Denn, wie es schon zu

Beginn des Evangeliums heißt: »Gott ist Geist, und die ihn anbeten, die müssen ihn in Geist und Wahrheit anbeten« (4,24). Wird das, was vom Geist im 3. Kapitel gesagt wird, zur Interpretation des Satzes hinzugenommen, dann heißt das, dass Menschen, die vom Geist neu geboren wurden, Gott recht anbeten, ihm dienen, ihn ehren. Geist (›oben‹) – Mensch (›unten‹) kommen im neu geborenen Menschen zusammen. Und es versteht sich für Johannes von selbst, dass diese Anbetung, dieses Dienen und Ehren Gottes in Wahrheit geschieht, das heißt, in der Anbindung an Jesus, an sein Wort (8,31 f.; 14,6). Diese Anbindung zeigt sich auch im Gebet ›in seinem Namen‹.

Geist und Gebet scheinen im Johannesevangelium zusammenzugehören. Wie vom Geist in fünf Ansätzen geredet wird, so auch vom Gebet im Namen Jesu. Und mit dem Gebet sind Verheißungen verbunden:

> »Wer an mich glaubt,
> der wird die Werke auch tun,
> die ich tue,
> und er wird größere als diese tun.
> Denn ich gehe zum Vater,
> und was ihr bitten werdet in meinem Namen,
> das will ich tun,
> damit der Vater verherrlicht werde im Sohn.
> Was ihr mich bitten werdet in meinem Namen,
> das will ich tun.«

Die Verse aus 14,12–14 gehören zusammen: Der erhöhte Jesus Christus wirkt die Werke, die seine in seinem Namen betenden Jünger tun, zur Verherrlichung Gottes. Die Jünger sollen nicht traurig sein, dass Jesus geht. Sie können wirken, weil er, wenn sie beten, durch sie wirkt. Es geht nicht um eine pauschale Erhörungszusage, sondern Erhörung ist in diesem Wirken Jesu durch die Betenden eingebettet. Diesem Wort folgt der oben zitierte erste Hinweis auf den Parakleten, der laut 14,26 vom Vater *im Namen Jesu* gesandt wird. Was die Verse 14,12–14 gesagt haben, wird auch 15,7–8 ausgesprochen:

»Wenn ihr in mir bleibt
und meine Worte in euch bleiben,
werdet ihr bitten, was ihr wollt,
und es wird euch widerfahren.
Darin wird mein Vater verherrlicht,
dass ihr viel Frucht bringt und erweist euch als meine Jünger.«

Sinngemäß wird diese Aussage in 15,16 wiederholt:

»Nicht ihr habt mich erwählt,
sondern ich habe euch erwählt und bestimmt,
dass ihr hingeht und Frucht bringt
und eure Frucht bleibt,
damit, wenn ihr den Vater bittet in meinem Namen,
er es euch gebe.«

Wir erkennen Steigerungen der Aussagen: Wer glaubt und betet, durch den bringt Jesus Christus Frucht zur Verherrlichung des Vaters. Wer in Jesus Christus bleibt, verherrlicht den Vater dadurch, dass er sich als Jesu Jünger erweist – doch das Erweisen als Jünger und das Fruchtbringen sind eingebettet in die Erwählung Jesu und in die Bestimmung, Frucht zu bringen. Dicht nacheinander werden zwei weitere Worte zum Gebet genannt. In 16,23f. heißt es:

»Wenn ihr den Vater um etwas bitten werdet
– in meinem Namen –
wird er es euch geben.

Bisher habt ihr um nichts gebeten
– in meinem Namen –.
Bittet, so werdet ihr nehmen,
dass eure Freude vollkommen sei.«

Der Paraklet kommt, weil Jesus weggeht, vorher war er nicht notwendig, da Jesus anwesend war. Das Gebet war ebenfalls nicht notwendig, da Jesus bei seinen Jüngern war. Dieses Wort geht über die zuvor genannten Worte hinaus: Es wird nicht allein das Bringen von Frucht verheißen, sondern mit dem Gebet wird auch die Freude verbunden: »ich will euch wiedersehen, und euer Herz soll sich freuen, und eure Freude soll niemand von euch nehmen. An dem Tag werdet ihr mich nichts fragen«. Darüber hinaus: Der Geist löst alle Fragen. In 16,26–28 wird das Thema noch einmal abschließend angesprochen:

»An jenem Tag werdet ihr bitten in meinem Namen.
Und ich sage euch nicht, dass ich den Vater für euch bitten werde;
denn er selbst, der Vater, hat euch lieb,
weil ihr mich liebt und glaubt,
dass ich von Gott ausgegangen bin.

Ich bin vom Vater ausgegangen
und in die Welt gekommen;
ich verlasse die Welt wieder
und gehe zum Vater.«

Der Bogen wird geschlossen. In 14,12 hieß es, »wer an mich glaubt […]« – hier wird dieser Glaube definiert. Der Bogen wird nicht nur mit 14,26 geschlossen, sondern weist zurück auf den Logoshymnus Kapitel 1 und führt fort zu Kapitel 20. Die gesamte Existenz des Jüngers wird mit der Liebe Gottes verknüpft: Der Jünger hat unmittelbaren Zugang zum Vater durch die Zugehörigkeit zum Sohn.

Und all diese Hinweise zum Gebet münden ein in das Gebet Jesu für seine Jünger im 17. Kapitel. Dieses Gebet beinhaltet eine Fülle an Aussagen, die hier nicht angemessen dargestellt werden können. Hervorzuheben ist, dass der Vater – Jesus – Jünger (aktuelle wie künftige) miteinander verflochten werden. Diese Verflechtung hilft, Verfolgung zu bestehen. Die Verfolgung ist kein Kennzeichen dafür, dass Glaubende nicht zu Gott gehören. Im Gegenteil: Weil sie zu ihm gehören, werden sie bedrängt. In das Gebet mündet ein Strang ein, den wir schon häufiger erwähnt haben: die Einheit der Gemeinde. Der Glaube, dass Gott Jesus gesandt hat, mit Jesus eins ist, ist *das* Kennzeichen der Gemeinde. Alle die Gemeinde trennenden Themen sind zweitrangig. Wer dieses Gebet kennt und sich gemeindetrennend verhält, wendet sich gegen Jesu letzten Willen, wie er sich in diesem Gebet äußert.

1.5.6 Der Mensch (Anthropologie)

Der Mensch ist der Erlösungsbedürftige. Ohne die Erlösung ist der Mensch in Ewigkeit verloren. Der Logos bringt die Rettung. Durch den Logos ist alles geschaffen worden – der Logos wurde Mensch, er wurde gesandt, um die Menschen zu erleuchten, um ihre Sünde zu tragen, um sie zum ewigen Leben zu führen. Er erleuchtet sie durch seine Lehre und Wundertaten, er trägt die Sünde und stößt den Widersacher Gottes aus seiner Machtposition. Er wird verherrlicht und gewährt den Menschen, die schon auf der Erde zu ihm gehören, ihm glauben, ihm folgen, an ihm hängen – mit vielen weiteren Worten wird diese Zugehörigkeit ausgesprochen – ewiges Leben, Einheit mit sich und dem Vater.

Doch Menschen glauben dem nicht. Warum nicht? Auch darum ringt das Johannesevangelium: Sie lieben die Finsternis mehr als das Licht – weil ihre Werke böse sind, hassen sie das Licht (3,19f.). Das Licht stellt ihre bösen Werke in Frage und darum wird es abgelehnt. Die Werke sind auch in einem anderen Sinn relevant: Nicht nur die Lebenden werden mit Christus konfrontiert, sondern auch die Toten hören seine Stimme: Die Gutes getan haben, werden zum Leben auferstehen, die Böses getan haben zum Gericht (5,19–30).

Doch warum glauben Menschen nicht? Eine weitere Antwort wird gegeben: Jeder Mensch, der von Gott selbst zu Jesus geführt wurde, wird glauben. Das heißt, wer nicht glaubt, wurde von Gott nicht zu Jesus geführt. Der Mensch kann nichts dafür, wenn er nicht glaubt, er ist abhängig von Gott. Gleichzeitig wird immer wieder gelockt, geworben, mit vielen Bildern, die Menschen zu Herzen gehen, dass Menschen doch endlich glauben mögen. Beide Aussagen, dass Gott den Menschen zu Jesus führt und dass der Mensch glauben solle, werden miteinander verwoben (6,35–40 pass.). Das gesamte sechste Kapitel dreht sich um diese Fragestellung. Und es endet: »Niemand kann zu mir kommen, es sei ihm denn vom Vater gegeben« (6,65). Doch ist diese Antwort nicht die letzte. Denn Jesus fragt seine Jünger – womit dieser soeben ausgesprochene Satz eine neue Wendung bekommt –: »Wollt auch ihr weggehen?« Und Petrus antwortete:

> »Herr, wohin sollen wir gehen? Du hast Worte des ewigen Lebens; und wir haben geglaubt und erkannt: Du bist der Heilige Gottes« (6,68f.).

Mit diesem Bekenntnis spricht der Mensch selbst aus, dass er bei Jesus bleiben möchte. Hier werden, wie so oft im Johannesevangelium, zwei Aussagen nebeneinandergestellt, die einander auszuschließen scheinen: Gott ermöglicht Glauben, der Mensch muss glauben.[31] Und diese beiden bilden eine Einheit. Sicher mag das ein Problem sein, wenn man gelernt hat, in Gegensätzen, polar zu denken. Doch der Versuch des Menschen, Gegensätze als Einheit auszusprechen, ist nicht neu. Darum bemühte sich u. a. der Epheser Heraklit (um 500 v. Chr.). So heißt einer seiner Sätze: »Das Widerstreitende zusammentretend und aus dem Sichabsondernden die schönste Harmonie« (47). Die Welt polar zu betrachten ist nur eine Möglichkeit.

Neben den Glauben als Zugangsweise zu Gott wird noch die Liebe genannt: »Was bedeutet es, dass du dich uns offenbaren willst und nicht der Welt?« Die Antwort Jesu lautet:

»Wer mich liebt, der wird mein Wort halten; und mein Vater wird ihn lieben, und wir werden zu ihm kommen und Wohnung bei ihm nehmen.« (14,22 f.)

Das heißt, dass die Offenbarung auch der Welt gilt, aber in einem anderen als dem erwarteten Maße: Er offenbart sich nicht in kosmischen Ausmaßen, sondern in der Liebe des jeweiligen Menschen zu ihm. Liebt der Mensch, weil er geliebt wird oder wird er

31 Diese Position durchzieht auch den ersten Johannesbrief. So formuliert der Schreiber: »Wer sein Wort hält – in dem ist die Liebe Gottes vollkommen« (2,5). Damit werden zwei Perspektiven sichtbar: Der Mensch muss Gottes Wort halten und: Kennzeichen dafür, dass die Liebe Gottes den Menschen bestimmt, ist, dass er Gottes Wort hält.

geliebt, weil er liebt? Viele Fragen lassen sich nicht mit ›Entweder-Oder‹ beantworten.

Auch Fleisch und Geist sind ein Gegensatz. Beide werden in Kapitel 6 jedoch zusammengeführt. Mit ›Geist‹ verbunden erhält ›Fleisch‹ eine eigene Bedeutung. Die vorangehenden Erläuterungen des Kapitels »Wenn ihr nicht das Fleisch des Menschensohns esst, ... so habt ihr kein Leben in euch« (6,53) wird in 6,63 (»Der Geist ist es, der lebendig macht; das Fleisch ist nichts nütze«) nicht aufgehoben. Das Wort ›Fleisch‹ wird vielfach interpretiert und in einen neuen Spannungsbogen versetzt: Es handelt sich um das Fleisch des Menschensohnes – aber nicht das Fleisch als Fleisch, sondern als das Fleisch dessen, der mit dem Vater eine Einheit ist. Es geht aber auch nicht um rein vergeistigtes ›Fleisch‹. Der ›Geist‹, von dem in 6,63 die Rede ist, ist nicht ohne das Vorangehende zu interpretieren. Anders ausgesprochen: Jesus ist als Mensch das Brot. Er ist es. Aber er ist das lebendige Brot – der Mensch denkt: Es gibt kein lebendiges Brot, es gibt keinen, der Brot ist; doch Jesus ist das Brot, das vom Himmel gekommen ist. Der Mensch denkt: Auch das gibt es nicht – wobei der Ansatz zu diesen Ausführungen in der jüdischen Tradition vom Manna als Himmelsbrot liegt. Aber Jesus ist auch kein ›Mannaflöckchen‹.

Das heißt: Hier liegen Versuche vor, Sachverhalte auszusprechen, die schlichtweg unverständlich sind. Wie können Menschen das alles verstehen? Es darf nicht mehr polar gedacht werden. Dass dieses unpolare Denken jedoch ein logisches Unding ist, spricht der Evangelist selbst aus, wenn er mit Jesus ausruft: »Warum versteht ihr denn meine Sprache nicht?« (8,43). Die Antwort: Die Angeredeten verstehen all das nicht, weil sie dem Teufel zugehören, weil sie die

Werke des Teufels tun, weil sie darum der Lüge trauen. Das Erkannte zeigt sich auch hier: Die Menschen stehen im Machtbereich des Satans, er bestimmt sie – aber gleichzeitig: *Sie tun* die Werke des Teufels, und weil sie sich nicht in Frage stellen lassen wollen, hassen sie das Licht, trauen der Lüge.

Es ist hier nicht möglich, dieses Ringen, das das gesamte Evangelium durchzieht, in allen Einzelheiten darzustellen. Aber in diesem sehe ich einen wesentlichen Aspekt der johanneischen Anthropologie. Diese Rätselhaftigkeit des Handelns Gottes und der Menschen wird schon Joh 1,11–13 ausgesprochen. Wieviel Spannungen sind in diesen wenigen Worten enthalten:

»Er kam in sein Eigentum;
und die Seinen nahmen ihn nicht auf.
Wie viele ihn aber aufnahmen,
denen gab er Macht, Gottes Kinder zu werden,
denen, die an seinen Namen glauben,
die nicht aus dem Blut
noch aus dem Willen des Fleisches
noch aus dem Willen eines Mannes,
sondern von Gott geboren sind.«[32]

Diese Spannungen betreffen alle wesentlichen Aspekte. Richtet Jesus, rettet er? Rettet er richtend? Richtet er rettend? – Für all diese und weitere Aussagen gibt es Beispiele. Von daher ist das Johannesevangelium nicht als Steinbruch zu verwenden, auch nicht

32 Vgl. auch 15,7. Es wird nicht nur gesagt: Wenn ihr in mir bleibt, werdet ihr bitten und bekommen, sondern es wird noch hinzugefügt, wenn meine Worte in euch bleiben. Oder: bleibt in mir – ich in euch; die Rebe ist am Weinstock – Hörende sind in Christus (15,4). Vgl. die Variationen 1Joh 3,24; 4,13.16 und 2,5.16.24.

als Steinbruch, aus dem verschiedene Schichten gelöst werden könnten. Es müsste atomisiert werden, wenn sämtliche Spannungen ausgeräumt werden sollen. Denn alle wesentlichen Themen sind in diesen Spannungsbögen aufgebaut. Zentral ist: Jesus Christus ist das Leben. Die anderen Aussagen zum Thema Rettung und Gericht werden von diesem Zentrum aus bestimmt.

Das eigentliche Thema ist in diesem Zusammenhang das Werben des Menschensohnes, damit Menschen in seinen Strahlungsbereich (1,4) gelangen und dort bleiben. Und diejenigen, die dorthin gekommen sind, bilden eine Einheit, untereinander und mit Christus/Gott. Hier stellt sich die Frage: Johannes bringt viele Varianten zu den einzelnen Themen ins Spiel – warum ist ihm an der Einheit gelegen? Ich ver-

Abb. 6: Tilman Riemenschneider: Johannes unter der Hand Christi (1499–1504)

stehe das, wie oben dargestellt, so, dass er unterschiedliche Strömungen in der Gemeinde zu Wort kommen lässt und sie auf diese Weise auf neue Ebenen hebt. Darum ist das kein Widerspruch, wenn so viele Aussagen nebeneinander zu stehen scheinen und gleichzeitig die Gemeinschaft der Gemeinde betont wird. Von hier aus gesehen ist das Johannesevangelium ein Spiegelbild der Gemeinde: Auch sie besteht aus den unterschiedlichsten Menschen – als Einheit.

2. Deutliche Spuren des Lieblingsjüngers im Johannesevangelium

2.1 Jünger und Lieblingsjünger beim letzten Mahl (Joh 13,21–30): Liebe und Nähe Jesu zu den Menschen

In den Kapiteln 13–17 wird das Verhältnis Jesu zu seinen Jüngern besonders intensiv dargestellt. Es beginnt schon mit einer Liebesbezeugung an die Jünger:

> »Wie er (sc. Jesus) die Seinen geliebt hatte […],
> so liebte er sie bis zur Vollendung« (13,1).

Die Liebe Jesu zu seinen Jüngern äußert sich auch darin, dass er sich erniedrigt und die Aufgabe eines Knechtes wahrnimmt: Er wäscht ihnen die Füße – freilich nicht vor, wie üblich, sondern während der Mahlzeit. Die Fußwaschung soll zeigen, dass Jünger an Jesus teilhaben. Während dieser Mahlzeit wird zum ersten Mal von einem Jünger, den Jesus liebte (13,21–30), gesprochen. Zum Vergleich seien die Texte der Evangelien hier nacheinander angeführt:

Joh 13,21–30[33]

»Jesus wurde betrübt im Geist und bezeugte und sagte:

›Amen, *Amen, ich sage euch: Einer von euch wird mich verraten*‹.[34]

Da sahen sich die Jünger untereinander an, sie waren ratlos, von wem er wohl redete.

Es lag einer von seinen Jüngern bei Tisch an der Brust (kolpos: Busen, Wölbung) Jesu, den Jesus liebte. Dem winkte Simon Petrus, dass er fragen sollte, wer es wäre, von dem er redete. Er lehnte sich an die Brust (stäthos: Herz, Gefühl) Jesu und fragte ihn: ›Herr, wer ist es?‹ Jesus antwortete: ›Der ist es, dem ich den Bissen eintauche und gebe.‹

Und er nahm den Bissen, tauchte ihn ein und gab ihn Judas, dem Sohn des Simon Iskariot. Und als der den Bissen nahm, fuhr der Satan in ihn.

Da sprach Jesus zu ihm: ›Was du tust, das tue bald!‹ Aber niemand am Tisch wusste, wozu er ihm das sagte. Einige meinten, weil Judas den Beutel hatte, spräche Jesus zu ihm: ›Kaufe, was wir zum Fest nötig haben!‹, oder dass er den Armen etwas geben sollte. Als er nun den Bissen genommen hatte, ging er alsbald hinaus. Und es war Nacht.«

Mk 14,18–19

»Und als sie bei Tisch waren und aßen, sprach Jesus:

›*Amen, ich sage euch: Einer von euch wird mich verraten*, der mit mir isst.‹

Und sie wurden betroffen und fragten ihn: ›Bin ich es?‹

Er aber sprach zu ihnen: ›Einer von euch Zwölfen, der mit mir seinen Bissen in die Schüssel taucht.‹«

---

33 Dieser Text ist mit dem Kontext stark verknüpft. So weisen schon Ansätze von 13,10–20 auf ihn hin.

34 Kursiv werden die Aussagen wiedergegeben, die wörtliche Parallelen zu anderen Evangelien aufweisen.

Mt 26,20–25
»Und während sie aßen, sprach er:
›*Amen, ich sage euch: Einer von euch wird mich verraten.*‹
Da waren sie sehr betroffen, und einer nach dem anderen fragte ihn: ›Bin ich es, Herr?‹
Er antwortete: ›Der, der die Hand mit mir in die Schüssel taucht, wird mich verraten. …‹.
Da fragte Judas, der ihn verriet: ›Bin ich es, Rabbi?‹ Jesus sagte zu ihm: ›Du sagst es.‹«[35]

Im Vergleich mit den Synoptischen Evangelien wird auf den ersten Blick sichtbar, dass der fragende Lieblingsjünger die anderen fragenden Jünger ersetzt. Lagen dafür literarische Gründe vor? Hat Markus, denn Matthäus hängt von der Markusüberlieferung ab, den Text gekürzt, um alle Jünger als potenzielle Verräter darzustellen, oder hat Johannes diesen Text um die Lieblingsjüngerszene erweitert? Warum könnte die Lieblingsjüngerszene hinzugefügt worden sein? Weil der Autor Details kannte, die Markus unbekannt waren? War er an einem Sachverhalt interessiert, auf den Markus keinen Wert gelegt hatte? Während die anderen Evangelisten nicht erklären, wann Judas die Gruppe verlassen hat, geschieht das in diesem Evangelium – unter der Augenzeugenschaft des Lieblingsjüngers. Aber es geht auch um etwas anderes: Für Johannes ist es wichtig, mitzuteilen, dass Leiden und Verurteilung Jesu nicht unerwartet über Jesus gekommen sind. Er wusste darum. Nicht nur das: Mit der Übergabe des Brotes an Judas setzt er sie – mit Blick auf die Heilswirkung – quasi in Gang. Damit zeigt der Evangelist, dass Jesus bereit ist, diesen Weg zu gehen. Jesus ist Mensch – aber einer, der mit besonderem Wissen

---

35 Lk 22,21–23 ist sehr knapp; Lk 22,24ff. steht dem Abschnitt über die Fußwaschung nahe.

ausgezeichnet ist und bewusst seinen Leidensweg geht. Doch um das zu sagen, hätte es des Lieblingsjüngertextes nicht bedurft. Das wird bei Markus und bei Matthäus auch ohne den Lieblingsjünger deutlich.

Lässt sich der Lieblingsjüngertext leicht als Einschub erweisen? In 13,22 heißt es, dass die Jünger ratlos geblickt hätten, weil sie nicht wussten, von wem er rede. Nähme man den Lieblingsjüngerabschnitt heraus, ginge der Text weiter (13,26): »Jesus antwortete: Der ist es ...«. Das heißt, Jesus antwortet, ohne dass er direkt gefragt wurde. Ohne den Lieblingsjüngerabschnitt läge somit ein Bruch vor. Brüche im Text sind nichts Besonderes. Diese und ähnliche Unkorrektheiten können auch sonst vorkommen (vgl. Joh 3,3 oder z. B. Mk 9,33–37). Erst dadurch, dass der Lieblingsjünger als Fragender in dem Text genannt wird, ist der Text flüssiger zu lesen. Das bedeutet freilich nicht automatisch, dass er, um den Bruch zu kitten, später ergänzt worden ist. Das hätte auch einfacher – durch eine Wortänderung – erreicht werden können. Zum anderen geht es unserem Autor nicht um flüssiges Lesen – dafür sind wieder zu viele neue Spannungen in den Text eingebracht worden. Wird der Lieblingsjüngertext herausgezogen, ändert sich das Verständnis des gesamten Textes.

Warum musste der Lieblingsjünger gerade im Kontext des Judasverrates eingeführt werden und zum Beispiel nicht als Konkurrent zu Petrus in der Fußwaschungsszene? Kann es sein, dass der Lieblingsjüngertext zwar sekundär mit einer vorliegenden Tradition verbunden worden ist, aber aus der Erinnerung des Autors heraus doch Begebenheiten wiedergibt? Das in dem Sinn: Markus hat alles auf Petrus konzentriert; unser Autor kannte diese Texte des Markus bzw. dessen Tradition; dann hat er unter Aufnahme von Erinnerungen die Lieblingsjüngertexte hinzugefügt. Deutlich ist, dass der Text einerseits auf das zurückgreift, was wir in den Synoptischen Evangelien finden, gleichzeitig aber zum Teil eigenständigen Charakter hat. Das gilt auch für die anderen Lieblingsjüngertexte.

Diese Spannung muss gedeutet werden. Ich sehe sie als Texte an, die, angestoßen von der Überlieferung, aus der Erinnerung heraus neu konzipiert worden sind. Aus diesem Grund wurden Änderungen nicht pauschal eingefügt, sondern sind, je nach Vorgabe der Situation, in besonderer Weise mit dem Kontext verwoben worden.

Es wird hier von einem Jünger berichtet, der Jesus besonders nahe gestanden hat. Er lag auf der Matte/Liege beim Mahl vor ihm. Die Menschen lagen versetzt beim Mahl. Der Lieblingsjünger lag vor Jesus mit seinem Kopf in etwa auf Bauchhöhe. Er stand Jesus somit so nah, dass er diesen Ehrenplatz einnehmen durfte.[36] Aber dieser nahe Kontakt wird nicht erotisch ausgekostet. Durch die in der Frage ausgesprochene Anrede des Lieblingsjüngers an Jesus ›Herr‹ wird jegliche Doppeldeutigkeit vermieden.[37] Jesus beantwortet die Frage, die ihm der Lieblingsjünger stellt. Allein

36 Bei Plinius, ep. 4,22,4, wird ebenfalls hervorgehoben, wer neben dem Caesar zu Tisch liegt.

37 Es handelt sich um eine alltägliche Lage bei der Mahlzeit, somit ist eine automatische erotische Konnotation ausgeschlossen. Ähnlich verstehe ich die andere immer wieder erotisch interpretierte Stelle im Johannesevagelium. Maria Magdalena begegnet Jesus nach dessen Auferstehung. Jesus sagt ihr: »Berühre mich nicht, ich bin noch nicht aufgefahren zu meinem Vater« (20,17). Man kann die Frage stellen: Kann sie ihn denn nach der Auffahrt berühren? Diese Frage führt im johanneischen Sinn weiter: Jesus Christus kann dann ›berührt‹ werden, weil die Glaubenden, also auch Maria, an ihm hängen wie die Reben am Weinstock. Ebenso ist die erotische Komponente zu verstehen, die mit Essen und Trinken verbunden wird (6,41 ff.). Glaubende zehren von Jesus Christus wie die Rebe vom Weinstock.

der Lieblingsjünger vernimmt die Antwort Jesu: »Der ist es, dem ich den Bissen eintauche und gebe. (Und er nahm den Bissen, tauchte ihn ein und gab ihn Judas, dem Sohn des Simon Iskariot. Und als der den Bissen nahm, fuhr der Satan in ihn.)« Da nur dieser Jünger die Antwort vernimmt, erkennt auch er allein, dass der Satan in Judas fährt. Dass dieser die Antwort Jesu an die anderen weitergibt, wird nicht gesagt. Erst nach der Beantwortung der Frage des Lieblingsjüngers spricht Jesus so, dass alle das laut zu Judas gesprochene Wort vernehmen: »Was du tust, das tue bald« (27). Das wird kommentiert: »Niemand wusste, warum Jesus ihm das sagte«. Der Lieblingsjünger hatte somit gegenüber Petrus einen Informationsüberschuss, was seine Stellung hervorhob. Dadurch, dass der Lieblingsjünger überwiegend in Kontexten genannt wird, in denen auch der Hauptjünger, Petrus, vorkommt, färbt dessen Autorität auf ihn ab. Durch die hervorgehobene Stellung und das Mehr an Informationen hat der Lieblingsjünger jedoch seine ihm eigene Autorität bekommen.

Dieser Jünger, dem die Nähe und die Antwort Jesu gewährt wurden, wurde als ›Jünger, den Jesus liebte‹ bezeichnet. Es zeigt sich, dass durch die Hervorhebung eines Jüngers durch die Aussage ›Jünger, den Jesus liebte‹ andere Aussagen des Evangeliums konterkariert werden: Wenn alle Jünger von Jesus geliebt werden, dann bedarf es keines besonderen Lieblingsjüngers. Durch diese Bezeichnung, die einem ganz bestimmten Jünger zugewiesen wird, wird sie zur Ehrenbezeichnung. Es ist zu vermuten, dass die Anhänger dieses Jüngers diese Ehrenbezeichnung in das Evangelium eingebracht haben (s. u.). Das bedeutet natürlich nicht, dass die Schüler den gesamten Lieblingsjüngertext hier eingefügt haben. Es lässt sich nicht erkennen, warum sie das tun sollten. Es wird keine besondere Lehre mit seiner Einführung verbunden. Plausibler ist, dass eine solche Situationsschilderung vorgelegen hat, die dann sekundär durch die Charakterisierung des verehrten Jüngers als ›Lieblingsjünger‹ ergänzt worden ist.

Wie schon im vorangegangenen Kapitel ansatzweise dargelegt worden ist und unten weiter begründet werden wird, wissen Lesende/Hörende, wer dieser Jünger ist. Doch der Jünger verkündigt sich nicht selbst. Der Jünger zeigt den Rezipienten, dass Menschen an der Brust Jesu liegen können. Das wird später im Kapitel 17 aber auch im Gleichnis vom Weinstock und den Reben (15,1–6) vertieft dargestellt. Im Gleichnis wird es so ausgesprochen:

»Bleibt in mir und ich in euch. Wie die Rebe keine Frucht bringen kann aus sich selbst, wenn sie nicht am Weinstock bleibt, so auch ihr nicht, wenn ihr nicht in mir bleibt. Ich bin der Weinstock und ihr seid die Reben. Wer in mir bleibt und ich in ihm, der bringt viel Frucht, denn ohne mich könnt ihr nichts tun.«

Jesus lässt Menschen nah an sich herankommen, obgleich er der von Gott gesandte Sohn ist. Er ist als der von Gott Gesandte schon derjenige, der von Ostern her interpretiert wird. Dem auferstandenen ›Herrn‹ (so die Anrede Jesu durch den Lieblingsjünger) können Glaubende so nah kommen, wie der Lieblingsjünger. Reale und symbolische Ebene verschwimmen in diesem Text: Was real ist, der an der Brust liegende Jünger, wird zum Symbol. Wie dieser Jünger können auch Glaubende an der Brust Jesu liegen. Dass die Ebenen verschwimmen können, liegt daran, dass der irdische Jesus von Johannes ganz neu – und zwar im Licht des Auferstandenen – gesehen wird. Auf dieses neue Verstehen weist im Text jedoch noch nichts hin. So wird der Lieblingsjünger als eine reale Person vor- und dargestellt. Interessanterweise wurde jedoch gerade dieses Bild im Laufe der Wirkungsgeschichte besonders rezipiert. Das bedeutet, dass es dem Autor durch diese Schilderung gelungen ist, Menschen anzusprechen (auch schon den Redaktor des Evangeliums, der aus dieser Szene die Bezeichnung ›Jünger, den Jesus liebte‹ herleitete): Menschen können diese Darstellung auf sich beziehen. Das ermöglicht freilich nicht allein diese Schilderung, denn das gesamte Evangelium ist daraufhin angelegt. So tragen zum Beispiel auch die Worte, die von der Liebe Gottes sprechen, dazu bei. An Jesus erweist sich die Liebe Gottes zur Welt, in der Nähe zu Jesus wird diese Liebe erfahren.

Die in 13,1 ausgesprochene Liebe Jesu zu allen Jüngern wird in 13,34 hervorgehoben:

»Ein neues Gebot gebe ich euch, dass ihr euch untereinander liebt, wie ich euch geliebt habe, damit auch ihr einander liebt. Daran wird jeder erkennen, dass ihr meine Jünger seid, wenn ihr Liebe untereinander habt.«

Es folgt ein Gespräch Jesu mit seinen Jüngern. Sie stellen Fragen, die Jesus beantwortet. Dann kommt er auf das Gebot zurück – allerdings neu formuliert:

»Liebt ihr mich, so werdet ihr meine Gebote halten« (14,15).

Wer Jesus liebt, hält die Gebote. Und es folgt eine Liebeserklärung Jesu: Er sendet den Tröster/Beistand, den Geist der Wahrheit, der bei den Jüngern bleiben wird und in ihnen. Jesus selbst wird in den Jüngern sein, wie die Jünger in ihm sind.

»Wer meine Gebote hat und hält sie, der wird von meinem Vater geliebt werden, und ich werde ihn lieben und mich ihm offenbaren« (14,21).

Diese Aussagen, die Jesu Liebe zu den Jüngern und die der Jünger zu Jesus betonen und seine Nähe bei den Jüngern aussprechen, werden durch eine Frage des ›anderen‹ Judas unterbrochen. Daran schließt sich eine lange Belehrung an. Das Thema der Belehrung ist die Nähe der Jünger zu Jesus, die Nähe Jesu zu den Jüngern. Sie mündet in das genannte Bildwort vom ›wahren Weinstock‹ ein.

»Wer in mir bleibt und ich in ihm, der bringt viel Frucht« (15,5).

Nach diesem Bildwort finden wir weitere Liebesbekenntnisse Jesu zu seinen Jüngern und in 15,12 das oben genannte Gebot, dass die Jünger einander lieben sollen.

Mit 15,16 beginnt erneut ein Frage- und Antwortabschnitt. Allerdings fragt jetzt nicht mehr ein einzelner Jünger, sondern die Jünger fragen als Gruppe (15,18.29f.). Im 17. Kapitel, dem sogenannten hohepriesterlichen Gebet, bittet Jesus Gott, seine Nähe den Jüngern bzw. den später Glaubenden zu gewähren. Und diesen Worten, die für die Jünger, eingeschlossen ist die Gemeinde, zentrale Aussagen beinhalten, folgt der weitere Passionsbericht.

Es wird deutlich: Der Bericht über den Jünger, den Jesus liebte, wird in einen Text eingebettet, in dem es um die Liebe, die Nähe Jesu zu seinen Jüngern geht, um die Liebe der Jünger zu Jesus und um die Liebe untereinander. Es geht um die Liebe Gottes, die den Vater, Christus, Mensch umfasst.

Der Lieblingsjünger kommt in einem erzählenden Textabschnitt vor – wie auch die Aussage, dass Petrus an Jesus nur teilhaben könne, wenn er Jesu Dienst an sich annimmt. Dieses Teilhaben an Jesus wird im folgenden Abschnitt reflektiert, umschrieben, neu beleuchtet. Und das geschieht auch mit dem Wort ›Liebe‹. Der Lieblingsjünger ist sozusagen Beispiel für die Liebe Jesu zu den Jüngern und Beispiel dafür, welche Nähe Jesus seinen Jüngern gewährt. Der erzählende Text steckt das Terrain ab. An diesem Text wird somit wie in den Kapiteln 5–10, in denen eine Reflexion einem Wunder folgt, die Reflexion angeschlossen.

Abb. 7: Andrea Mantegna:
Christus am Ölberg im Garten Gethsemane (1455)

2.2 Der Lieblingsjünger, ein Bekannter des Hohepriesters (Joh 18,15–27): Konkurrenz und Einheit

Nach diesen Reden geht es mit dem erzählenden Text weiter. Jesus ist mit seinen Jüngern im Garten (Gethsemane), Judas kommt mit den Soldaten, Petrus versucht Jesus mit dem Schwert zu verteidigen. Jesus wird verhaftet und zum Hohepriester geführt. Petrus folgt ihm.

Joh 18,15–18.25–27 (Paraphrase)
Simon Petrus aber folgte Jesus nach und ein anderer Jünger. Dieser Jünger war dem Hohepriester bekannt und ging mit Jesus hinein in den Palast des Hohepriesters. Petrus aber stand draußen vor der Tür. Da kam der andere Jünger, der dem Hohepriester bekannt war, heraus und redete mit der Türhüterin und führte Petrus hinein (18,15–16).

Und es folgt der in 13,38 angekündigte Verrat des Petrus: Eine Magd, Türhüterin am Palast des Hohepriesters, fragt ihn, ob er nicht auch einer von denen um Jesus sei, Knechte und Diener, die sich wärmen, fragen ihn, zuletzt ein Verwandter dessen, dem Petrus ein Ohr abgeschlagen hatte. Jedes Mal verneint Petrus deren Fragen.

Mk 14,66–72 par. Mt 26,69–75 (Paraphrasen)
Als eine Magd des Hohepriesters sieht, dass Petrus sich wärmt, stellt sie fest: »Du warst mit Jesus zusammen«. Wiederum sagt die Magd dieses. Später sagen die Leute: »Du bist ein Galiläer«.

Wörtliche Übereinstimmung des johanneischen Berichts besteht mit: Mk 14,67: *Petrus wärmte sich*; Joh 18,25: Simon *Petrus* stand und *wärmte sich* (vgl. 18,18); Mk 14,70: er aber *verneinte wiederum*; Joh 18,27: *wiederum* nun *verneinte* Petrus; dann eine wörtliche Parallele Mt 26,74/Joh 18,27: und der *Hahn schrie*.

Lk 22,54–62
Lukas spricht von einer Magd und unbestimmten ›anderen‹. Näher steht Lukas zu Johannes in der Feststellung bzw. der Frage: »Auch er war mit ihm«; bei Johannes heißt das: »Warst du nicht auch einer seiner Jünger?«

Während in den Synoptischen Evangelien davon berichtet wird, dass Petrus der Schar, die Jesus gefangen genommen hatte, bis in den Hof des Hohepriesters gefolgt war, wird im Johannesevangelium ein Jünger eingeschaltet, der Petrus den Zutritt zum Hof ermöglichte. Auch hier stellt sich die schon formulierte Frage: Handelt es sich um eine Hinzufügung durch das Johannesevangelium oder um ein Konzentrat der Überlieferung durch die anderen Evangelisten? Hier scheint zunächst erkennbar zu sein, dass Johannes den Text, der vom anderen Jünger spricht, durch die Verse 15b und 16b eingewoben hat. Der ursprüngliche Text könnte so gelautet haben: »Simon Petrus aber folgte Jesus nach [der weitere Text ist spätere Einfügung]. Petrus aber stand draußen vor der Tür [der weitere Text ist wiederum spätere Einfügung]. Da sprach die Magd, die Türhüterin, zu Petrus …«. Doch wenn dem wirklich so sein sollte, dann spielte im ursprünglichen Text das ganze Ereignis vor dem Tor und nicht auf dem Hof des Palastes des Hohepriesters. Auch hier ist wieder sichtbar: Wird ein Abschnitt als spätere Hinzufügung gedeutet, ist der gesamte Text anders zu lesen. Warum sollte Johannes das Interesse haben, hier den ›anderen Jünger‹ einzuführen? Woher kommen diese Details, die doch eigentlich für die Rezipienten nicht relevant sind? Weil er Details kannte, die Markus nicht gekannt bzw. weggelassen hatte? Auch hier geht es wie in der vorangegangenen Stelle darum zu sagen: Jesus ist Mensch – aber er war mit besonderem Wissen ausgezeichnet und konnte Petrus den Verrat vorhersagen. Doch um das zu sagen, hätte Johannes den ›anderen Jünger‹ nicht benötigt. Weiterhin stellt sich im Kontext der Synoptischen Evangelien die Frage, woher wissen sie um die Vorgänge beim Verhör Jesu, da doch alle Jünger geflohen waren? Das wird im Johannesevangelium ausgesprochen: Dieser ›andere Jünger‹ war beim Verhör anwesend. Dass dieser ›andere Jünger‹ vom Autor nur eingeführt worden sei, damit er jemanden habe, der Petrus Zugang zum Hof des Hohepriesters ermöglichte, verkennt die Intention des Autors. Wie die Synoptischen Evangelien zeigen, bedurfte es eines solchen erzählerischen Details nicht.

Eine vorläufige Vermutung sei ausgesprochen: In unserem Text wird über einen ›anderen Jünger‹ geschrieben. Kapitel 20 begegnet ein Text, in dem vom ›Jünger, den Jesus liebte‹ gesprochen wird – und diese Bezeichnung wird an die Bezeichnung ›anderer Jünger‹ angeschlossen (20,2.3.4.8). Es ist denkbar, dass an den Stellen, an denen der Autor vom ›anderen Jünger‹ gesprochen oder diesen unbestimmt gelassen hatte, sein Schüler die Bezeichnung ›den Jesus liebte‹ hinzugefügt hat. Ausgehend von 13,23, dem Text, der davon berichtet, dass der Jünger vor Jesus am Tisch lag, haben sie die Nähe Jesu durch die Bezeichnung ›der Jünger, den Jesus liebte‹ erschlossen – und diese hat die Selbstbezeichnung ›der (andere) Jünger‹ ergänzt bzw. ersetzt.

Ob es sich mit dem ›anderen Jünger‹ – zweimal ausgesprochen! – um den Lieblingsjünger handelt, ist zu vermuten. Manche Indizien sprechen dafür, so das gemeinsame Auftreten mit Petrus, die Hervorhebung dieses Jüngers, der sich dem Hohepriester trotz Gefahr nähert, während Petrus Jesus verleugnet. Auch ist er Augen- und Ohrenzeuge, so intendiert der Text, des Petrusverrats, gleichzeitig ist er Zeuge des Verhörs Jesu durch den Hohepriester.[38] Darüber hinaus steht

38 In Apg 4,6 wird neben Kaiphas ein Johannes genannt, der aus dem Geschlecht der Hohenpriester kommt. Ohne zu spekulie-

er, wie seine Anwesenheit beim Verhör Jesu signalisiert, auch hier Jesus besonders nah.

Aufgefallen ist häufig, dass das Verhalten des Petrus im Vergleich mit der Schilderung der Synoptiker recht sachlich dargestellt wurde. Doch ein Wort verschärft die Aussage massiv: ›auch‹/›kai‹. Die Magd sagte zu Petrus: Bist du nicht *auch* einer der Jünger (und Lesende ergänzen) wie dieser andere Jünger (Johannes)? Auch die Synoptischen Evangelien haben dieses ›*auch* einer der Jünger‹ – doch in unserem Evangelium bedeutet dieses ›auch‹: Der andere Jünger hat eben nicht verleugnet, seine Zugehörigkeit zu Jesus war bekannt, selbst dem Hohepriester. Allein dadurch, dass beide Jünger nebeneinander gestellt werden, muss das Verhalten des Petrus nicht weiter disqualifiziert werden, es ist dadurch genug disqualifiziert.

Warum haben die Schüler des Evangelisten hier nicht den ›anderen Jünger‹ als ›Jünger, den Jesus liebte‹ bezeichnet? Vielleicht darum nicht, weil hier der Artikel fehlte und nicht ›*der* andere Jünger‹ formuliert wird, sondern ›*ein* anderer Jünger‹. Das erscheint aber unwahrscheinlich, da auch hier Rezipienten fragen: Wer ist der?[39] Eher könnte es den Schülern ehrenrührig erschienen sein, wenn der Lieblingsjünger mit

ren, können daraus keine Schlussfolgerungen gezogen werden.

39 Rezipienten kommen auf Grund der eingangs genannten Ähnlichkeit der Themen auf die Antwort: Es muss sich um den Jünger an der Brust Jesu handeln. Insofern ist auch von Kapitel 19 her gesehen nicht relevant, dass hier der Artikel fehlt. Welcher Rezipient meint schon, dass ›*der* andere Jünger‹ nicht identisch ist mit ›ein anderer Jünger‹? Denn wir haben bisher nur einen nicht benamten Jünger (Joh 1 und 13) kennengelernt.

dem bekannt war, der Jesus festnehmen und verhören ließ. Das heißt gleichzeitig, dass die Lieblingsjüngertexte nicht von Sympathisanten eingefügt worden sind.

Die Frage stellt sich: Wie kann es sein, dass ein galiläischer Fischer mit dem Hohepriester Kontakt gehabt hat? Das kann zahlreiche Gründe gehabt haben. Das muss nicht daran liegen, dass ›der andere Jünger‹ aus Jerusalem war, sondern kann an Jerusalemer Verbindungen liegen (Nikodemus? Joseph von Arimathia?). Wir wissen darüber zu wenig, um Schlussfolgerungen ziehen zu können. Deutlich bleibt: Diese betonte Hervorhebung, dass er dem Hohepriester bekannt gewesen sei, soll wohl zeigen, dass der Hohepriester wusste, dass dieser Jünger Anhänger Jesu ist. Dennoch hat er – anders als Petrus – nicht verleugnet, dennoch ist er bis in den Richtraum gefolgt.

2.3 Der Lieblingsjünger unter dem Kreuz

2.3.1 Der Grundstein für die Aussöhnung (Joh 19,25–27)

Joh 19,25–27:
»Es standen aber bei dem Kreuz Jesu seine Mutter und seiner Mutter Schwester, Maria, die Frau des Klopas, und *Maria von Magdala*. Als nun Jesus seine Mutter sah und bei ihr den Jünger stehen, den er liebte, spricht er zu seiner Mutter: ›Frau, siehe, das ist dein Sohn!‹ Danach spricht er zu dem Jünger: ›Siehe, das ist deine Mutter!‹ Und von der Stunde an nahm sie der Jünger zu sich. Danach, als Jesus wusste, dass alles vollbracht war […]«.

Mk 15,40–41:
»Auch einige Frauen sahen von weitem zu, darunter *Maria von Magdala*, Maria, die Mutter von Jakobus dem Kleinen

und Joses, sowie Salome; sie waren Jesus schon in Galiläa nachgefolgt und hatten ihm gedient. Noch viele andere Frauen waren dabei, die mit ihm nach Jerusalem hinaufgezogen waren.« (Vgl. Mk 16,2)

Mt 27,55–56:
»Auch viele Frauen waren dort und sahen von weitem zu; sie waren Jesus seit der Zeit in Galiläa nachgefolgt und hatten ihm gedient. Zu ihnen gehörten *Maria von Magdala,* Maria, die Mutter des Jakobus und des Josef, und die Mutter der Söhne des Zebedäus.«

Lk 23,49
»Alle seine Bekannten aber standen in einiger Entfernung, auch die Frauen, die ihm seit der Zeit in Galiläa nachgefolgt waren und die alles mit ansahen.«

Lk 24,10
(Im Kontext der Auferstehung werden Frauen mit Namen genannt:) *Maria von Magdalena,* Johanna, Maria, die Mutter des Jakobus, und die übrigen Frauen.

Der johanneische Text unterscheidet sich massiv von den Texten der Synoptiker. Gemeinsam ist ihnen nur, dass Frauen in der Nähe des Kreuzes waren. Übereinstimmend nennen die Evangelisten (ausgenommen Lukas) nur Maria Magdalena. Während Markus von Salome spricht, erklärt Matthäus, wer Salome ist: die Mutter der Söhne des Zebedäus, also auch die Mutter des Johannes. Im Johannesevangelium steht mit den Frauen der Lieblingsjünger unter dem Kreuz – obgleich er zunächst nicht mit aufgezählt worden war. Damit wird Johannes der Maria zu- und untergeordnet. Markus und Matthäus wissen von keinem Jünger in der Nähe; allgemein sagt Lukas, dass auch *alle seine Bekannten* in der Nähe gewesen seien.[40] Auch hier könnte man sagen, dass der Lieblingsjüngerabschnitt nachträglich hinzugefügt worden sei. Doch betrifft das nur die Verse 26 und 27 oder auch Vers 25, den Hinweis auf die Frauen bei dem Kreuz? Wenn der Lieblingsjüngerabschnitt hinzugefügt worden sein sollte, dann zusammen mit dem Hinweis auf die Frauen, da die Frauengruppe in den anderen Evangelien erst als Nachtrag erwähnt wird. Unser Evangelist musste den Hinweis auf die Frauen vorziehen, da der sterbende Jesus zu den Anwesenden gesprochen hat.[41] Es ist möglich, dass der Frauen- und Lieblingsjüngertext nachträglich eingefügt worden ist. Als ursprünglich bliebe nur der Satz: »Als aber die Soldaten Jesus gekreuzigt hatten (23a), [...] sprach er: Es ist vollbracht« (30b). Eine solche Schlussfolgerung ist jedoch unangebracht, weil wir in 23–30 wieder ein kunstvolles Schema (A B B' A') vorfinden. Mir stellt sich auch dieser Abschnitt als spannungsreiche Einheit dar.

Die Frauen unter dem Kreuz (Markus) und die Bekannten (Lukas) – sie sind einfach nur da. Jesus steht zwar im Zentrum des Interesses, aber er ist allein. Die Frauen werden nur erwähnt, nachdem Jesus gestorben ist – sozusagen als Nachtrag. Bei Johannes sind sie in das Gesamtereignis eingebunden. Das ist nicht nur flüssiger zu lesen, sondern dadurch wird die reale Ebene wiederum über-

---

40 Der Passionsbericht im Johannesevangelium hat neben vielen Gemeinsamkeiten auch Unterschiede zu der Darstellung der Synoptiker. Laut Markus wurde Jesus um 9 Uhr gekreuzigt, laut Johannes wurde er um 12 Uhr zur Kreuzigung übergeben. Johannes berichtet vom 14. des Monats Nisan (März/April), einem Freitag als Todestag Jesu, die Synoptiker vom 15. Nisan. Das hat Auswirkungen auf die Datierung des Todesjahres Jesu.

41 Die Synoptiker haben den Hinweis auf die anwesenden Frauen an den Schluss gestellt, da dieser Hinweis unmittelbar vor dem Tod Jesu den Erzählduktus unterbrochen hätte.

Abb. 8: Mathis Gothart Grünewald: Die kleine Kreuzigung: Christus am Kreuz, Maria, Maria Magdalena und Heiliger Johannes (um 1502)

stiegen: Jesu letzter Wille besteht in der Zuordnung von Menschen, die ihm nahestehen, zueinander. Der Lieblingsjüngertext gibt dem gesamten Kontext auch hier eine eigene Note.[42]

Hat Johannes mit der Aussage, dass ein Jünger unter dem Kreuz stand, den tatsächlichen Sachverhalt wiedergegeben oder Markus mit seinem Hinweis, dass alle geflohen seien? Es sieht so aus, als habe Markus ein Interesse daran zu berichten, dass alle Jünger Jesus verlassen hätten – selbst Gott habe Jesus verlassen, wie der Verlassenheitsruf Jesu am Kreuz deutlich macht. Jesus trinkt den Kelch des Todes in Einsamkeit. Das Johannesevangelium setzt zu dieser Darstellung ein Gegengewicht. Auch der hervorgehobene Zeuge steht nicht allein unter dem Kreuz. Es stehen weitere Menschen darunter, Frauen, die hören und sehen, und eine von Jesus angesprochene Frau. Der Zeuge steht also inmitten weiterer Zeugen – und das finden wir in allen Lieblingsjüngertexten: Der Jünger liegt nicht an der Brust Jesu, ohne dass andere dabei sind; er steht nicht unter dem Kreuz ohne andere – es gibt also für alles Zeugen, er ist kein geheimnisumwobener Offenbarungsempfänger.

Als der Lieblingsjünger und die Mutter Jesu unter dem Kreuz stehen, richtet Jesus ein Wort an sie. Es ist auch auf den zweiten Blick nicht erkennbar, dass das Wort aus den Bedürfnissen der Gemeinde heraus entstanden ist. Die Vermutung, dass die Geschichte erfunden worden sein soll, um den Lieblingsjünger als Testamentsvollstrecker Jesu aufzuwerten, ist nicht nachzuvollziehen, denn sie ist nicht begründbar. Weil Maria im Evangelium – und in der früh-

42 Interessant ist der eigentlich überflüssige Satz, der das Teilen des Mantels Jesu abschließt: »Das taten die Soldaten« (24). Und der Lieblingsjüngerabschnitt schließt mit dem, was der Jünger im Kontrast dazu tut: »Von der Stunde an nahm sie (sc. die Mutter Jesu) der Jünger zu sich«.

christlichen Gemeinde überhaupt – keine besondere Rolle spielt, stellt sich die Frage, warum gerade mit Bezugnahme auf Maria Johannes aufgewertet werden sollte. Die Zuweisung der eigenen Mutter an den Schüler und umgekehrt widerspricht der gängigen Praxis, laut der die verwitwete Mutter einem Familienmitglied zugewiesen wird. Und Jesus hatte Brüder, so unter anderem den in der frühen Gemeinde bekannten Jakobus. Dass Jesus als Gekreuzigter seine Mutter einem ihm nahestehenden Menschen anvertraut, scheint möglich, ist jedoch ungewöhnlich – abgesehen davon, zeigt das Markusevangelium, dass das Verhältnis zwischen Maria und ihrem Sohn nicht spannungsfrei war (Mk 3,21.31ff.). Freilich bleibt Ungewöhnliches besser in der Erinnerung haften, und so verbietet es sich, davon zu reden, es handle sich mit dieser Zuweisung der beiden zueinander um eine Konstruktion aus Unkenntnis des wahren Sachverhaltes oder um Gleichgültigkeit der Geschichte gegenüber. Wir kennen den Hintergrund nicht, und es gibt Indizien, die dafür sprechen, dass diese Zeilen nicht einfach spekulieren oder phantasieren. Was für diesen Jünger so besonders war, dass er es hervorgehoben hat, muss für die allgemeine Tradition der frühchristlichen Gemeinde, die von Markus widergespiegelt wird, nicht unbedingt erwähnenswert gewesen sein. Bekannt ist, dass in der christlichen Tradition Johannes und Maria eine gemeinsame Rolle in Ephesus spielen. Sie muss also mit dem Lieblingsjünger nach Ephesus gezogen sein.[43] Ist diese Nachricht Folge des johanneischen Textes oder handelt

---

43 Das heißt nicht, dass dieses gemeinsame Leben im Widerspruch zu Apg 1,14 stehen muss: Dieses gemeinsame fürsorgliche Leben ist zumindest in der Anfangszeit der Gemeinde in dem Gesamtleben der Gemeinde eingebettet gewesen. Vielleicht sind Johannes und Maria nach der Ermordung ihres zweiten Sohnes, Jakobus (62 n.Chr.), nach Ephesus gezogen.

es sich um von dieser Überlieferung unabhängige Berichte? Wenn Johannes und Maria gemeinsam gewirkt haben sollten, dann ist auffällig – aber von seinem theologischen Ansatz her erklärbar –, dass das Johannesevangelium bis auf die Kana-Geschichte, keine Ansätze enthält, die Erinnerungen der Maria an Jesus aufgreifen. Dagegen versucht das Lukasevangelium diese Lücke zu schließen. Aber auch Lukas geht es nicht um Maria. Von daher ist es nicht verwunderlich, dass er das Ereignis unter dem Kreuz nicht erwähnt.

Vier (?) Zeuginnen und ein Zeuge erleben das Geschehen unter dem Kreuz mit. Darunter der Lieblingsjünger. Die Nähe dieses Zeugen zu Jesus wird dadurch angezeigt, dass er in der letzten Lebensstunde Jesu anwesend ist. Jesus betont seine Nähe zu dem Jünger dadurch, dass er ihn an seiner Statt zum Sohn seiner Mutter erklärt und dem Jünger seine Mutter zur Mutter gibt.[44] Es handelt sich wohl um einen Akt der Fürsorge: Die beiden Trauernden, die Jesus besonders nahe standen, werden einander zugewiesen, zur Tröstung, zur Stärkung. Freilich geht die Zuweisung weiter, denn der Jünger nimmt die Mutter Jesu zu sich:

---

44 Wir finden auch sonst Berichte darüber, dass Gekreuzigte versuchen, Angelegenheiten vom Kreuz aus zu regeln: Tosefta, Git. 5 vgl. bTGit. 70b; Versuche zu verhandeln vom Kreuz aus: Ps.-Kallisthenes, Vit. Alex. 2,18,21; Gebete am Kreuz: Ovid, ex ponto 1,6,38; Andreasakten p. 351; Scheltreden vom Kreuz aus: M. Iunianus Justin 22,7,8f.; Warnungen vor Verrätern gerufen von Gekreuzigten: Quintilian 7,1,30; vgl. auch Paraleipomena Jeremiou 7,29ff. Gekreuzigte spucken die Umstehenden an: Seneca, De vita beata 19,3; und an Felsen Gefesselte/Geschlagene reden: Lucian, Gespräche mit den Seegöttern 14,3 (323f.); Aischylos, Der gefesselte Prometheus, pass.

Sie helfen sich nicht nur gegenseitig in der Trauer, sondern beginnen ein gemeinsames Leben. Eigenartig ist: Der Grund für die Zuweisung des Jüngers zur Mutter und der Mutter zum Jünger wird nicht genannt. Sie ist schlicht und ergreifend Jesu Wille. Weil der Autor keine Erklärung bietet, werden zahlreiche Vermutungen über eine symbolische Bedeutung dieser Zuweisung geäußert: Maria repräsentiere hier wie in der Kana-Perikope das Gottesvolk und Johannes repräsentiere die Kirche; das Gottesvolk werde somit von der Kirche aufgenommen. Das mag sein. Doch ist unbekannt, welche Bedeutung diese Zuweisung hat. Deutlich wird, dass eine gewisse Kritik an den Brüdern Jesu, eingeschlossen Jakobus, mitschwingen kann, wie sie auch in Joh 7,3–9 ausgesprochen wird. Deutlich wird aber noch etwas: Maria ist die, in der Jesu Menschsein ihren Ursprung hat – während das Johannesevangelium Jesus als Sohn Gottes hervorhebt. Beide gehören zusammen. Aber auch das ist Interpretation eines Sachverhalts, der im Evangelium nicht kommentiert wird.

Dem Bericht von der Anwesenheit des Lieblingsjüngers unter dem Kreuz steht die Ankündigung Jesu entgegen, die Joh 16,32 wiedergegeben wird:

»Siehe, es kommt die Stunde und ist schon gekommen, dass ihr zerstreut werdet, ein jeder in das Seine, und mich allein lasst. Aber ich bin nicht allein, denn der Vater ist bei mir« (vgl. Mk 14,27; Mt 26,31).

Der Autor hat diese traditionelle Ankündigung aufgenommen, da es hier um eine grundsätzliche theologische Aussage geht. Es wäre eigenartig, hätte er an dieser Stelle eingefügt: Ihr werdet mich alle allein lassen, außer ›der andere Jünger‹ (der Lieblingsjünger) und die Frauen. Es geht hier um die Menscheneinsamkeit angesichts des Todes und die gleichzeitige Anwesenheit Gottes, des Vaters.[45] Zum anderen muss der Kontext dieses Satzes beachtet werden. Die Jünger behaupten selbstsicher: »Wir glauben, dass du von Gott ausgegangen bist!« Der johanneische Jesus holt sie – die Zukunft kennend – von diesem Hochmut herunter: Die Nachfolger würden sich wieder um die eigenen Angelegenheiten kümmern, während Jesus mit seinem Sterben die Angelegenheit der Menschen auf sich nehme. Diese Versöhnung durch Jesu Sterben, die auch zur Versöhnung unter den Menschen führt, wird möglicherweise an Johannes und Maria beispielhaft dargestellt.

Wie immer das alles einzuordnen ist: Auch hier verschwimmen die Ebenen. Es mag so gewesen sein, dass der Lieblingsjünger und Maria einander zugewiesen worden sind. Auf der anderen Ebene erschließen Rezipienten: Der Lieblingsjünger steht an Jesu statt. Jünger und Meister, Meister und Jünger sind auf der Erde in gewisser Weise in ihrer Zuordnung zum anderen Menschen auswechselbar.[46]

---

45 Wobei Johannes auch hier Markus korrigiert. Markus berichtet vom Schrei Jesu: »Gott, warum hast du mich verlassen«. Johannes zeigt: Jesus war letztlich weder von Menschen verlassen noch von Gott.

46 Origenes sieht: Jesus wohnt in Glaubenden, somit sind Glaubende Söhne der Maria. Das heißt: Jesus weist die Glaubenden zu Maria (Johanneskommentar I,6).

Abb. 9: Mathis Gothart Grünewald:
Isenheimer Altar (1512–1516)

2.3.2 Gott ist Herr der Geschichte (Joh 19,28–30)

Joh 19,28–30
»Danach, als Jesus wusste, dass schon alles vollendet war, spricht er, damit die Schrift erfüllt würde: ›Mich dürstet.‹ […] Als nun Jesus den Essig genommen hatte, spricht er: ›Es ist vollendet‹ und neigte das Haupt und hauchte seinen Geist aus.«

Mk 15,34–37 / Mt 46–50
»Und in der neunten Stunde rief Jesus mit lauter Stimme: ›Eloi, eloi, lema sabachtani?‹, das heißt übersetzt: ›Mein Gott, mein Gott, warum hast du mich verlassen?‹ (Jesus bekam Essig, dann:) Jesus schrie laut auf, dann hauchte er seinen Geist aus.«

Lk 23,33–46
»Während der Kreuzigung sagte Jesus: ›Vater, vergib ihnen, denn sie wissen nicht, was sie tun.‹ (Jesus bekommt Essig, womit er verspottet wird. Auch ein Mitgekreuzigter verspottet ihn, der andere nicht. Dem Letztgenannten sagt Jesus: ›Amen, ich sage dir: Heute wirst du mit mir im Paradies sein.‹) Um die sechste Stunde rief Jesus laut: ›Vater, ich befehle meinen Geist in deine Hände!‹ Als er das gesagt hatte, verschied er.«

»Mich dürstet« findet sich so nicht in alttestamentlichen Texten, ebenso nicht: »Es ist vollendet«. Der Kontext, der von der Essiggabe spricht, findet sich Ps 69,22. Doch dort geht es nicht um Durst, sondern im Gegenteil, der Klagende spricht seine Not mit den Worten aus: »Gott, hilf mir, das Wasser geht mir bis an die Kehle«. Ps 69 spielt für Johannes auch sonst eine Rolle (2,17; 15,25). Dass die Seele durstig ist, durstig nach Gott, spricht Ps 63 aus. Doch hat dieser Psalm keine weitere Bedeutung für den Evangelisten. Mit dem ›Essig‹ handelt es sich um Weinessig, ein bei Soldaten und Armen verbreitetes Getränk. Im Kontext von Ps 69,22 wird auch von Galle gesprochen, die der Leidende zu essen bekommt. Das findet sich in dem Passionsbericht nicht. Wenn Johannes Synoptische Evangelien oder deren Tradition gekannt haben sollte, dann wird er mit dieser Zitierung der letzten Worte Jesu verdeutlichen: Er hat als Zeuge andere Worte Jesu am Kreuz vernommen als sie die Überlieferung der Synoptiker wiedergibt: ›Mich dürstet!‹. Mit diesem Ruf wird der in den anderen Evangelien rätselhafte Hinweis auf den Essig verständlich. Bei Markus wird die Essiggabe so interpretiert: Jesus habe, so das Missverständnis der Spötter, Elia gerufen – und nun solle sein Leben verlängert werden, damit Elia auch Zeit bekäme, ihm zu helfen. Lukas intendiert mit der Essiggabe durch die Gegner: Jesus bekomme ihn, damit er Kraft gewänne, vom

Kreuz herabzusteigen. Bei Johannes wird deutlich: Jesus hatte gesagt, ihm dürste – und daraufhin wurde ihm, wie im Ps 69 ausgesprochen wurde, von seinen Gegnern Essig gegeben.[47] Es wird hier wie auch an anderen bisher dargestellten Stellen die Situation realitätsnäher geschildert: Johannes erklärt, warum Jesus Essig bekommen hat. Dahinter steckt keine Verspottung durch die Gegner; dahinter steht die Erfüllung dessen, was in alttestamentlichen Schriften ausgesprochen worden ist – angeregt durch Jesus selbst. Jesus hat das von der Schrift und von Johannes dem Täufer Angekündigte erleidend vollbracht: Gegner teilen sein Gewand – und: Jesus hat als Lamm Gottes die Sünde der Welt getragen. Darüber hinaus wurde das von Jesus selbst Vorhergesagte vollbracht: Er wurde erhöht, damit Glaubende das Leben haben. Die Offenbarung Gottes in Jesus Christus wurde ans Ziel gebracht.

Der Lieblingsjünger steht noch mit den Zeuginnen unter dem Kreuz, hört die letzten Worte Jesu – und deutet sie aus seiner Erfahrung des Auferstandenen. Hier wird wieder die Fähigkeit des Johannes sichtbar, alles aus der Perspektive der Auferstehung Jesu zu sehen und mit Hilfe alttestamentlicher Schriften zu interpretieren. Das scheint auf den ersten Blick eine Geschichtsklitterung zu sein. Doch für ihn ist eine geschichtsmächtige Komponente selbstverständlich: Gott wirkte von vornherein in dem Menschen Jesus. Von daher ist jede vorösterliche Darstellung eine, die von der Unkenntnis des Handelns Gottes in Jesus Christus zeugt. Jünger haben vor Ostern den Menschen in seinem Scheitern gesehen. Nach Ostern wird eindeutig erkennbar, dass Gott durch diesen Men-

---

47 Im Babylonischen Talmud wird Wein mit Weihrauch geboten, um die Schmerzen zu lindern (San 43a).

schen gewirkt hat. Damit erscheint alles in einem neuen Licht – selbst die Katastrophe.

2.3.3 Verstummen Worte, schenkt der Erhöhte Zeichen (Joh 19,33-37)

Joh 19,33–37
»Weil es aber Rüsttag war und die Körper nicht am Kreuz bleiben sollten den Sabbat über – denn dieser Sabbat war ein hoher Tag –, baten die Juden Pilatus, dass ihnen die Beine gebrochen und sie abgenommen würden. Da kamen die Soldaten und brachen dem ersten die Beine und auch dem andern, der mit ihm gekreuzigt war. Als die Soldaten zu Jesus kamen und sahen, dass er schon gestorben war, brachen sie ihm die Beine nicht; sondern einer der Soldaten stieß mit dem Speer in seine Seite, und sogleich kam Blut und Wasser heraus. Und der das gesehen hat, der hat es bezeugt, und sein Zeugnis ist wahr, und er weiß, dass er die Wahrheit sagt, damit auch ihr glaubt. Denn das ist geschehen, damit die Schrift erfüllt würde: ›Ihr sollt ihm kein Bein zerbrechen.‹ Und wiederum sagt die Schrift an einer andern Stelle: ›Sie werden den sehen, den sie durchbohrt haben.‹«

Diese Angaben liegen in den Synoptischen Evangelien nicht vor. Dort wird vom Tod Jesu gesprochen und davon, dass Jesus vom Kreuz abgenommen und bestattet worden ist. Freilich wird im Markusevangelium notiert, dass Pilatus sich darüber wundert, dass Jesus gegen Abend des Kreuzigungstages schon gestorben sein soll. Pilatus lässt den Hauptmann herbeikommen, um zu erfahren, ob das stimme. Dieser bestätigt das, und der Leichnam wird freigegeben. Das Johannesevangelium berichtet ebenso, dass Jesus schon gestorben ist, da ihm nicht mehr wie den Mitgekreuzigten die Beine gebrochen wurden, damit er schneller stürbe. Auch hier liegt ein Detail vor, das die

Synoptischen Evangelien nicht nennen. Darüber hinaus wird ein weiteres Detail genannt (bei Markus nur angedeutet): Gekreuzigte müssen vom Kreuz abgenommen werden, da sie den Feiertag verunreinigen würden. Bei Jesus wird, was das Brechen der Beine betrifft, somit eine Ausnahme gemacht – damit die Schrift erfüllt werde. Der zuerst genannte Bibeltext stammt aus Ex 12,10.46 (LXX; vgl. Num 9,12; im übertragenen Sinn s. Ps 33,21 [LXX] bzw. Ps 34,21) aus dem Kontext der Schlachtung der Passalämmer: Den Passalämmern solle kein Knochen gebrochen werden. Das zweite Zitat stammt aus einem rätselhaften Text im Buch des Propheten Sacharja 12,10: Es werde auf den gesehen, den sie durchbohrt haben; hinzuweisen ist auch auf 13,1: Es gebe einen offenen Quell gegen Sünde und Befleckung.

Auch hier ist zu sehen: Jesus starb als Mensch – aber als einer, über dessen Sterben in der Schrift schon gesprochen worden ist. Ob eine Anpassung der Situation an die Schrift vorliegt, muss diskutiert werden, weil hier die Worte variieren. Es wird einmal ein anderes Wort für ›zerbrechen‹ verwendet, dann wird in dem Schriftzitat von ›Knochen‹ und nicht von ›Beinen‹ gesprochen. Im zweiten Zitat wird von ›durchbohren‹ gesprochen, in der johanneischen Situationsschilderung davon, dass mit dem Speer in die Seite gestoßen wurde. Wäre die erzählte Situation dem alttestamentlichen Text entnommen worden, wären wahrscheinlich dieselben Worte verwendet worden. Spannend an diesem zweiten Zitat ist, dass die griechische Übersetzung nicht aus den Versionen der Septuaginta stammt, die uns heute vorliegen. Es ist kaum anzunehmen, dass es sich um eine Übersetzung des Autors handelt, weil die Worte der Übersetzung nicht denen der Schilderung des Ereignisses (durchbohren/in die Seite stoßen) entsprechen. Auch der Apokalyptiker Johannes verwendet in seinem Sacharjazitat ein Wort für ›durchbohren‹ (1,7), das die Septuaginta nicht

Abb. 10: Meister des Pähler Altars: Kreuzigung Christi
(um 1410)

kennt. Der Apokalyptiker entnimmt allerdings mit Sacharja 12,10 dann wieder einen Text, der mit der Septuaginta übereinstimmt. Der Apokalyptiker und der Evangelist hatten wohl eine gemeinsame, uns heute unbekannte Vorlage. Wörtlich findet sich das Sacharjazitat in der Version des Johannes auch bei Justin, Apol. 1,52 sowie Dial. 14 und 32. Dass dem verstorbenen Jesus mit dem Speer in die Seite gestochen worden war, wird übrigens in Kapitel 20 noch von den zwölf Jüngern gesehen bzw. durch Thomas wohl gefühlt – aber andere Evangelisten wissen bzw. berichten davon nichts.

Der Autor weiß Erstaunliches. Weil Jesus schon gestorben war, wurden ihm die Beine nicht gebrochen – aber dennoch stieß ihm einer der Soldaten den Speer in den Leib. Aus der Wunde treten Blut und Wasser aus. Wie ist das zu verstehen? Für die johanneische Gemeinde sind von theologischer Bedeutung: Wasser als Zeichen des Geistes (Joh 7,38f.) und des Lebens (Joh 3,5; 4,14; 7,38) und das Blut als Zeichen der Teilhabe an Jesus und somit am ewigen Leben (zusammen mit dem hier selbstverständlich nicht erwähnten Brot/Fleisch: 6,52–58; vgl. 2,1ff.; vgl. Joh 1 die Verbindung: Lamm Gottes, Taufe, Geist). Im 1. Johannesbrief 1,7 wird vom Blut geredet, das von Sünden reinigt. Wichtiger ist die Kombination von Wasser und Blut in 1Joh 5,6–8:

»Dieser ist es, der gekommen ist durch Wasser und Blut, Jesus Christus; nicht im Wasser allein, sondern im Wasser und im Blut; und der Geist ist es, der das bezeugt, denn der Geist ist die Wahrheit. Denn drei sind, die es bezeugen: der Geist und das Wasser und das Blut; die drei stimmen überein«.

Jesus war wirklich Mensch. Auf Grund dieses wahren Menschseins haben Glaubende Teil an ihm durch den Geist, durch das Leben spendende Wasser (Joh 2–4) und das reinigende Blut (1Joh 1,7; dazu s. auch Joh 6,53–56). In diesen

Zusammenhang gehört auch die Geschichte von der Hochzeit zu Kana, nach der Jesus Wasser zu Wein gemacht habe (Joh 2,1–12). Diese Tat wird mit den großen Worten geschlossen: Er offenbarte seine Herrlichkeit – und seine Jünger glaubten an ihn (2,11). Diese großartigen Worte muten hier eigenartig an, wenn der Text nicht schon auf die Erhöhung (am Kreuz) weisen soll. Das Wort ›Herrlichkeit‹ hat im Evangelium sonst eine andere Dimension als die Kommentierung einer Wundertat (1,14; 11,40; 12,41; 17,5.22.24). Allerdings liegt in der Geschichte das Gewicht darauf, dass aus Wasser Wein/Blut wird, während im Kreuzigungsvorgang das Hervorkommen von Wasser *und* Blut relevant zu sein scheint. Erkennbar ist an diesem Text im Grunde nur die Bedeutung von Blut und Wasser für die johanneische Gemeinde. Aber warum für sie der Austritt von Wasser und Blut wichtig gewesen ist, bleibt ihr Geheimnis. Wenn Taufe und Mahl angesprochen sein sollten, dann könnte der Text darauf hinweisen, dass Taufe und Mahl im Kreuzestod Jesu ihren Ursprung haben.

Alle genannten Lieblingsjüngerstellen lassen nicht deutlich werden, warum die Gemeinde einen Lieblingsjünger kreiert haben sollte. Nur der zuletzt genannte Text könnte ein Indiz dafür sein: Die Gemeinde bedurfte eines Zeugen, um einen Kult zu verankern. Dagegen spricht: Von so einem Kult wissen wir nichts. Somit bleibt diese Annahme nur vage Vermutung. Es stellt sich darüber hinaus die Frage: Warum begegnet der Lieblingsjünger dann nicht auch an anderen für die johanneische Gemeinde zentralen Stellen – so im Kontext der Fußwaschung? Und andersherum gefragt: Warum wird der Jünger dann in Kontexte eingeflochten, die nicht zentral sind? Diese Frage stellt sich auch angesichts der theologischen Darlegungen: Wenn die Gemeinde einen Jünger, auf den sie sich angesichts strittiger theologischer Aussagen berufen musste, gebraucht hätte – warum meldet er sich dann nicht in den theologischen Reflexionen zu Wort, wie andere Jünger (Thomas, der andere Judas, Philippus, Nathanael) auch als Diskutierende eingeflochten werden? Hier hätte man eine Autorität nachträglich brillieren lassen können.

Wer berichtet von dieser Beobachtung? Spricht hier der Autor von sich in der 3. Person – oder ein Redaktor, der dem Autor ein Zeugnis ausstellt? »Und der das gesehen hat, hat es bezeugt, und sein Zeugnis ist wahr.« Doch was soll dann der Hinweis: »Und er weiß, dass er Wahres sagt« – verbunden mit dem Hinweis: »damit auch ihr glaubt«? Der Autor spricht im Grunde im Evangelium von sich in der 3. Person (der [andere] Jünger).[48] Sobald man als Rezipient denkt, man habe einen Text verständlicher gemacht, hier durch die Zuschreibung zu einem Redaktor, sperrt er sich von einer anderen Seite. Entweder handelt es sich mit diesem redaktionellen Zusatz um eine Plattitüde, denn jeder Autor, der eine Begebenheit schildert, schildert, wenn er nicht verfälscht, Wahres – und der Hinweis eines Redaktors darauf macht den Autor erst verdächtig, vor allem dann, wenn noch der Hinweis hinzugefügt wird, das Ziel bestünde darin, ›Glauben‹ zu wecken; oder wenn es keine Plattitüde ist: Woher will der Redaktor wissen, dass der Autor *weiß*, er sage Wahres? Hier bekommt die Sekretärshypothese eine gewisse Plausibilität: Ein Sekretär des Apostels schreibt – was an sich nicht ungewöhnlich wäre – das ihm Diktierte auf, findet das Diktierte eigenartig, spricht mit dem Diktierenden darüber und fügt dann diesen Kommentar hinzu, unterstrichen durch den Zeugen: die Schrift (Ex 12 und Sach 12). Aber auch diese Interpretation ist unverständlich: Weiß der Sekretär nicht, dass es sich um eine wichtige theologische Aussage seines Lehrers handelt? Kann sie ihm so neu sein? Mir scheinen diese Hinweise nur

48 Auch Paulus spricht 2Kor 12 von sich in der 3. Person, um sich nicht zu rühmen.

Sinn zu ergeben, wenn der Autor selbst beteuert, er habe das Geschilderte gesehen und entsprechend bezeugt – und habe damit Wahres ausgesprochen; diese wahre Begebenheit, so der Autor, spreche er darum aus, damit die Gemeinde darauf bauen kann. Der Hinweis darauf, dass es sich um Wahres handelt, kann zweierlei Gründe haben: Entweder klingt das Geschilderte unglaublich oder es gibt andere Überlieferungen, die der Evangelist korrigieren will. Dass es Überlieferungen gibt, die dieses Detail nicht mitteilen, wird an den Synoptischen Evangelien deutlich. Der Hinweis auf den Glauben scheint den ersten Aspekt im Hintergrund zu haben: Der Gekreuzigte/Erhöhte gab den Seinen ein Zeichen, das angesichts des unglaublichen Geschehens Glauben ermöglicht.

Wer ist der Zeuge des Sterbens Jesu? Es werden unterschiedliche Antworten gegeben: Ist es der Geist (vgl. 1Joh 5,6–8) oder der Lieblingsjünger? Der auferstandene Jesus selbst? Wahrscheinlich ist es der Lieblingsjünger, denn er steht, wie der Kontext zeigt, als Zeuge unter dem Kreuz. Er ist auch angesichts dieses wichtigen Ereignisses ein Augenzeuge.

Die Bedeutung der Schrift für den nachösterlichen Glauben wird hier, wie schon häufiger im Johannesevangelium, hervorgehoben. Und so wird deutlich, warum diese Beobachtungen für die Gemeinde so wichtig sind: Sie sind Beweis für das Handeln Gottes hinter all diesen Geschehnissen (20,9). Das (beobachtete) Ereignis, der Beobachter, die Schrift – diese drei Zeugen bilden eine Einheit. Mit ihnen ist der Glaube der johanneischen Gemeinde engstens verbunden. Bestätigt werden durch die alttestamentlichen Zitate die Sachverhalte, dass Jesus nicht die Knochen zerbrochen wurden und dass er durchbohrt worden ist. Interessanterweise wird nicht das wichtigste Ereignis, der

Austritt von Wasser und Blut, durch ein Beleg aus der Schrift bezeugt. Das vermutlich darum, weil hier ein Ereignis vorlag, für das keine alttestamentliche Entsprechung gefunden wurde. Das zweite Schriftzitat weist noch auf weitere Zeugen: auf die Lesenden. Sie sind die Zeugen für die Richtigkeit der Schriftaussagen: Sie sind die Menschen, die auf den sehen, den Menschen durchbohrt haben. Der Berichterstatter steht stellvertretend unter dem Kreuz – und die Gemeinde sagt zu seinen Beobachtungen durch ihren Glauben in gewisser Weise das ›Amen‹: So ist es. Seine Beobachtungen werden zu ihren Beobachtungen, denn sie haben Jesus durch seine Augen hindurch als Durchbohrten gesehen.

Was bedeutet das im Abschnitt 2.3 erarbeitete für unsere Frage nach dem Lieblingsjünger? Der Lieblingsjünger tritt als reale Person vor Augen. Diese Person verhält sich so, wie es einem Nachfolgenden angemessen ist: Sie flieht nicht die Gefahr. Die Bedrohung der Jünger wurde in den letzten Worten Jesu, die er mit seinen Jüngern gewechselt hat (Kapitel 13–17), ausführlich dargestellt – und dieser Jünger hat die Worte verstanden und hält Stand. Weil dieser Zeuge nicht geflohen ist, konnte Jesus ihn seiner Mutter zuweisen, konnte er die letzten Worte Jesu hören und aus der Speerwunde Wasser und Blut austreten sehen. Auch hier stellt sich die Frage nach dem Verhältnis von Realität und Symbol. Sie verschwimmen wie so oft: Wo Worte nicht mehr gesprochen werden können, schenkt der Gekreuzigte/Erhöhte das Zeichen.

Der Zeuge zieht die Lesenden durch das zweite Schriftzitat in die Zeugenschaft hinein: Das wird bezeugt, damit *ihr* glaubt. Darin sieht der Autor die Funktion der Schilderung, deren Wahrheitsgehalt

Abb. 11: Peter Paul Rubens: Kreuzabnahme,
Triptychon/Mitteltafel (um 1611–1614)

sprachlich vielfach abgesichert wird (sein Zeugnis ist wahr; er weiß; er sagt die Wahrheit). Dadurch, dass sie so massiv abgesichert wird, wird die Gemeinde befähigt, im Glauben Zeugin des Durchbohrten und für den Durchbohrten zu werden.

2.4 Der Lieblingsjünger und das leere Grab (Joh 20,1–10): Der erste Glaubende

Während im vorangegangenen Lieblingsjüngerabschnitt der Jünger nicht im Vergleich zu Petrus hervorgehoben wurde, sondern nur der Kontext die Konkurrenz beider deutlich werden ließ (Petrus steht im Gegensatz zum Lieblingsjünger nicht unter dem Kreuz; er wird nicht der Mutter Jesu zugewiesen), ist das im folgenden Text wieder anders. Petrus und der Lieblingsjünger laufen miteinander um die Wette:

Joh 20,1–10
Maria Magdalena sieht, dass der Grabstein weg war.

»Da läuft sie zu Simon Petrus und zu dem anderen Jünger, *den Jesus lieb hatte*, und spricht zu ihnen: ›Sie haben den Herrn weggenommen aus dem Grab, und wir wissen nicht, wo sie ihn hingelegt haben.‹ Da ging Petrus und der andere Jünger hinaus, und sie kamen zum Grab. Es liefen aber die zwei miteinander, und der andere Jünger lief voraus, schneller als Petrus, und kam zuerst zum Grab, schaut hinein und sieht die Leinentücher liegen; er ging aber nicht hinein. Da kam Simon Petrus ihm nach und ging in das Grab hinein und sieht die Leinentücher liegen, aber das Schweißtuch, das Jesus um das Haupt gebunden war, nicht bei den Leinentüchern liegen, sondern daneben, zusammengewickelt an einem besonderen Ort. Da ging auch der andere Jünger hinein, der zuerst zum Grab gekommen war, und sah und glaubte.

Denn sie verstanden die Schrift noch nicht, dass er von den Toten auferstehen müsste. Da gingen die Jünger wieder heim.« (20,1–9) Im weiteren Text wird erzählt, dass Maria am Grab geblieben und dem Auferstandenen begegnet ist (20,11 ff.).

Mk 16,1–8 / Mt 28,1–10 (Paraphrasen)
Frauen (unter anderen Maria Magdalena) kommen zum Grab, sehen, dass der Stein weg ist, gehen hinein. Sie bekommen von einem Engel den Auftrag, den Jüngern von der Auferstehung zu berichten, und dass sie den Auferstandenen in Galiläa sehen würden.
Mk: Sie flohen vom Grab und sagten niemandem etwas.
Mt: Sie eilten zu den Jüngern voll Furcht und Freude und sagten ihnen das. Die Jünger gehen nach Galiläa (28,16).

Lk 24,1–12:
Frauen (unter anderen Maria Magdalena) kommen zum Grab, sehen, dass der Stein weg getan war, gehen hinein.
Sie gehen zu den elf Jüngern und berichten davon.
Petrus steht auf und läuft zum Grab. Er beugt sich vor, sieht nur Leinentücher. Dann geht er nach Hause voll Verwunderung über das Geschehene.

Am nächsten kommt der johanneische Bericht dem des Lukasevangeliums. Gemeinsam ist allen Evangelisten, dass Frauen das leere Grab bzw. den weggerollten Stein zuerst gesehen haben. Sie berichten das den Jüngern (nicht so bei Markus). Die Jünger reagieren: Laut Matthäus gehen sie, wie der Engel und Jesus befohlen hatten, nach Galiläa, bei Lukas rennt Petrus zum Grab und sieht Leinentücher. Bei Johannes rennen ›der andere Jünger‹ / der Lieblingsjünger und Petrus zum Grab. Dann wird gesagt, dass der Lieblingsjünger Leinentücher gesehen habe, und es wird ausführlich geschildert, was Petrus (!) gesehen hat: Leinentücher *und* das zusammengewickelte Schweißtuch.[49] Was sah der Lieblingsjünger? Neben den vorher genannten Leinentüchern auch das Schweißtuch? Es steht dort nur: Er sah und glaubte. Und – sie gingen wieder weg.

Auch hier werden wir mit Besonderheiten vertraut gemacht, die über die Synoptischen Evangelien hinausgehen – und nicht so spektakulär sind: statt Engel werden Tücher gefunden.[50] Bei Lukas bekommen die Jünger nicht den Auftrag, nach Galiläa zu gehen, weil sie sich in Jerusalem treffen, denn dort begann die Mission. Darum geht Petrus in seinem Evangelium statt nach Galiläa zum leeren Grab und bleibt in Jerusalem. Johannes steigert dann, so scheint es auf den ersten Blick, diese Überlieferung: Er macht aus einem Jünger zwei und lässt den Konkurrenten des Petrus, den Lieblingsjünger, mitlaufen. Doch so einfach ist eine bloße Steigerung nicht zu behaupten, weil es dieses Detail mit dem zusammengelegten Schweißtuch gibt – statt der Engel. Zum anderen geht es nicht um Steigerung der Zeugen, sondern um das Verhältnis von Petrus und Lieblingsjünger.

In den Passionsgeschichten liegen unterschiedliche Quellen vor. Zwar hat Markus alte Berichte verarbeitet,

---

49 Lukas berichtet davon, dass allein Petrus die Leinentücher liegen gesehen habe. Korrigiert Johannes diese Tradition? Nicht nur Petrus, sondern auch er hat die Leinentücher gesehen; und: Petrus hat nicht allein Leinentücher liegen sehen, sondern auch das zusammengelegte Schweißtuch daneben?

50 Das zusammengelegte Tuch mag erwähnt sein, um zu belegen, dass nicht Grabräuber hastig den Leib Jesu geraubt haben, sondern dass hier alles in seiner Ordnung vor sich gegangen sei (Ruckstuhl 385f.). Hastige Grabräuber hätten den Leichnam in den Tüchern gelassen. Von daher wäre die Erwähnung dieser Leinentücher schon Beleg genug. Wir wissen nicht, ob dieses zusammengelegte Tuch real war oder symbolischer Hinweis sein soll.

doch heißt das, wie gesehen, nicht, dass seine Schilderung tendenzfreier sein muss als die Berichte des Lukas und des Johannes. In diesem johanneischen Text ist der Lieblingsjünger engstens mit Petrus verwoben. Beide bilden eine Einheit und können nur mit massiven Eingriffen im Text voneinander getrennt werden.

Deutlicher kann die Konkurrenzsituation nicht dargestellt werden. Der Lieblingsjünger ist zwar schneller als Petrus, er sieht auch schon vor diesem etwas, doch er lässt dem Ranghöheren den Vortritt. Es wird wiederholt gesagt, dass er es gewesen sei, der zuerst am Grab angekommen ist. Und er ist der erste, der ›glaubte‹, obgleich er noch nicht verstanden hatte, dass das Ereignis um Jesus so hat kommen müssen: Er glaubte auf Grund dessen, was er sah – die Begründung dieses Glaubens folgte erst später durch die Schrift. Ich kann in der Aussage, dass der Jünger glaubte – doch verstanden sie die Schrift noch nicht (20,8f.), keine theologische Spannung entdecken: Man kann vieles sehen und glauben. Doch, so die Sicht des Johannes (aber auch verbreitet in der frühen Gemeinde), es muss durch die Schrift legitimiert sein. Insofern ist Johannes trotz Gesetzeskritik ein Schrifttheologe, freilich nur, was die Interpretation des Jesusereignisses betrifft.

An dieser Stelle laufen einige Fäden zusammen, die im Evangelium eingeflochten waren: Dass die Jünger erst verstehen, nachdem Jesus auferstanden ist, dass sie die Schriftaussagen verstehen und, was für unser Thema besonders wichtig ist, dass hier ›der andere Jünger‹ eindeutig als der Lieblingsjünger gekennzeichnet wird. In 18,15 war nur zu vermuten, dass es sich mit dem ›anderen Jünger‹ um den später so genannten Lieblingsjünger handeln würde, hier werden beide Bezeichnungen miteinander verbunden.[51]

Was in diesem Text zunächst nicht so deutlich wird, ist die andere Aussageebene, die Ebene, auf der Aussagen zum Lieblingsjünger auf die Hörenden/Lesenden überspringen. Diese Ebene wird in dem der Szene folgenden Text über Maria Magdalena erreicht: Sie sieht den Auferstandenen. Der Lieblingsjünger ist der erste, der das leere Grab vom Eingang aus gesehen hat. Er ist aber nicht der erste Augenzeuge des Auferstandenen. Dass der ›Lieblingsjünger‹ sich hier nicht auch einspielt, zeigt mir, dass ein realer Hintergrund hinter den oben genannten Texten mit dem Lieblingsjünger als Akteur steht und dass es sich nicht um Phantasien handelt. Wie leicht hätte er sich auch als erster Augenzeuge vor Maria hervortun können. Er ist dafür jedoch der erste, der glaubte. Und diese Aussage wird von Bedeutung sein.

Jesus zeigte sich dann über Maria Magdalena hinaus seinen Jüngern. Der Jünger Thomas war nicht anwesend. Er wollte den Berichten der Jünger nicht glauben. Jesus kommt und fordert auf, seine Wunden (auch die Seitenwunde, aus der Wasser und Blut austraten) zu berühren und sagt dem Thomas:

»Weil du mich gesehen hast, Thomas, darum glaubst du. Selig sind, die nicht sehen und doch glauben!« (20,29)

Hier geschieht das, was wir oben vermisst hatten: Das Wörtchen ›glauben‹ weist auf die andere Ebene: Der Lieblingsjünger ist der Erste, der – am Grab –

---

51 Allerdings wird in dem Hinweis: ›der Jünger, den Jesus liebte‹, das Wort ›lieben‹ hier mit einem anderen Wort ausgesprochen; statt agapạō: philẹō.

nicht gesehen hatte und doch glaubte. Er wird somit selig gepriesen. Und dass mit dem Lieblingsjünger die glaubende Gemeinde im Blick ist, wird an den Abschlussversen deutlich:

»Noch viele andere Zeichen tat Jesus vor seinen Jüngern, die nicht geschrieben sind in diesem Buch. Diese aber sind geschrieben, damit ihr glaubt, dass Jesus der Christus ist, der Sohn Gottes, und damit ihr durch den Glauben das Leben habt in seinem Namen.« (Joh 20,30 f.)

2.5 Der Tod des Lieblingsjüngers und sein Werk (Joh 21): Der Lieblingsjünger, Metapher und wirklicher Mensch

Joh 21,1–2
»Danach offenbarte sich Jesus wiederum den Jüngern am Meer von Tiberias. Er offenbarte sich so: Es waren zusammen Simon Petrus und Thomas, der Zwilling genannt wird, und Nathanael aus Kana in Galiläa und die Zebedäiden und zwei andere von seinen Jüngern.«

Die Aufzählung der Jünger in 21,2 enthält eine Überraschung. Es werden Simon Petrus, Thomas und Nathanael genannt. Über diese hinaus die Söhne des Zebedäus und zwei andere seiner Jünger. Der Lieblingsjünger begegnet noch nicht ausdrücklich, sondern ist wohl einer der Zebedäussöhne – wenn es sich mit ihm denn um Johannes handelt. Das wissen freilich die Rezipienten nur, wenn sie mit der Evangelientradition bzw. mit der Tradition johanneischer Gemeinden vertraut sind.

Es besteht auch die Möglichkeit, dass sich der ›Lieblingsjünger‹ unter einem der beiden ›anderen Jünger‹ verbirgt (vgl. 18,15) – das scheint mir jedoch unwahrscheinlich zu sein. Dass hier die Formulierung ›andere Jünger‹ begegnet, heißt noch nicht, dass der Lieblingsjünger einer dieser beiden sein muss und nicht der Zebedäide sein kann. Im Unterschied zu den bisherigen Stellen liegt hier die verallgemeinernde Pluralformulierung vor und nicht wie sonst der Singular. Wäre hier nicht der Lieblingsjünger den Zebedäiden subsumiert worden, hätte er einen der anderen Jünger – wie in der Mehrzahl der vorangegangenen Lieblingsjüngertexte – als Lieblingsjünger gekennzeichnet. Das vor allem auch deshalb, weil der Lieblingsjünger im folgenden Abschnitt eine Hauptrolle spielen wird. Die Benennung ›Zebedäide‹ ist mit in den Text hineingenommen worden, weil auch die parallelen Fischfanggeschichten der Synoptiker von den Zebedäiden sprechen (Lk 5,1–11; vgl. Mk 1,16–20; Mt 4,18–22). Dadurch, dass diese Aussage übernommen wurde, ist für die Insider der Autor des Evangeliums geoutet. Dass die Erstrezipienten des Evangeliums diesen Bezug zur Tradition herstellen, ist wahrscheinlich, da sie ja mit dem Redaktor in einem gemeinsamen Traditionszusammenhang stehen.

Warum werden die zwei anderen Jünger ohne Namen genannt? Das ist unbekannt. Mit diesen zwei Jüngern haben wir 5 + 2 = 7 Jünger vor uns. Ist die Zahl symbolisch gemeint? Sieben Zeugen? (Vgl. auch die Speisungsgeschichte Mk 8,1–10: 7 Brote werden den [7?] Jüngern gegeben; 7 Körbe blieben übrig; in Apg 6,1 ff. werden 7 Jünger als Diakone verpflichtet; eine große Bedeutung hat die Zahl 7 in der Apokalypse des Johannes.) Zu Beginn des Evangeliums werden 5 Jünger genannt: Andreas, Petrus, Philippus, Nathanael und ein Ungenannter, vermutlich Johannes. In Kapitel 21 verdrängen die in Kapitel 1 nicht genannten Jünger Thomas und der Zebedäide Jakobus die beiden Jünger Andreas und Philippus, was auffällig ist, da beide im Evangelium häufiger genannt wurden. Sind diese beiden ›die anderen Jünger‹? Doch warum werden sie nicht mehr namentlich genannt? Durch das Verschweigen der Namen können Rezipienten die Namen ›Andreas‹, ›Philippus‹ – aber auch alle anderen übrig gebliebenen Jüngernamen einfügen.

Joh 21,3–8 (Paraphrase)
Die Jünger gingen fischen, doch blieb das Netz leer. Einer stand am Ufer und empfahl, die Netze an der rechten Bootsseite auszuwerfen. Die Netze füllten sich. »Da spricht der Jünger, den Jesus lieb hatte, zu Petrus: ›Es ist der Herr!‹« Daraufhin sprang Petrus ins Wasser und schwamm zu Jesus.

Das 21. Kapitel bringt wieder bekannte Elemente: Der Lieblingsjünger steht in Konkurrenz zu Petrus: Er ist der erste, der den auferstandenen und auf der Erde wirkenden Jesus erkennt und teilt das dem Petrus mit (21,7). Petrus wird aktiv, während der Lieblingsjünger verharrt. Und dann wird Petrus offiziell rehabilitiert: Er hatte Jesus verraten, und Jesus fragt ihn dreimal, so oft wie Petrus ihn verraten hatte, ob er ihn liebe. Und er gibt danach dem Petrus den Auftrag: »Weide meine Schafe« (21,17) und: »Folge mir nach« (21,19). In Kapitel 18 blieb die Frage offen: War die Leugnung, Jesus zu kennen, das Ende der Bedeutung des Petrus? – Das wird hier beantwortet: Jesus hat Petrus wieder angenommen. Der Lieblingsjünger musste nicht rehabilitiert werden, weil er selbst unter dem Kreuz ausgeharrt und seine Zugehörigkeit zu Jesus nicht geleugnet hatte. Aber dennoch: Wo Petrus ist, ist auch der Lieblingsjünger. Petrus fragt Jesus über den Tod des Lieblingsjüngers aus.

Joh 21,20–23
»Petrus aber wandte sich um und sah den Jünger folgen, den Jesus liebte, der auch beim Abendessen an seiner Brust (stäthos) gelegen und gesagt hatte: ›Herr, wer ist es, der dich verrät?‹ Als Petrus diesen sah, spricht er zu Jesus: ›Herr, was wird mit diesem?‹ Jesus spricht zu ihm: ›Wenn ich will, dass er bleibt, bis ich komme, was geht es dich an? Folge du mir nach!‹

Da kam unter den Brüdern die Rede auf: ›Dieser Jünger stirbt nicht.‹ Aber Jesus hatte nicht zu ihm gesagt: ›Er stirbt nicht‹, sondern: ›Wenn ich will, dass er bleibt, bis ich komme, was geht es dich an?‹«

Diese Stelle ist nicht die einzige, die vom Tod des Johannes spricht. Mk 10,35 ff. erwähnt den Märtyrertod der Zebedäiden. Ist es plausibel, dass Jesus vom Märtyrertod zweier Jünger spricht (Mk 10,35 ff.)? Ja. Es kommt auf die Situation an, in der der Redende und der Adressat sich befinden. Zum anderen scheint sich dieses Wort zumindest an Johannes (anders als an seinem Bruder Jakobus) nicht erfüllt zu haben – von hier aus gesehen, spricht viel dafür, dass Jesus dieses Wort zumindest zum Teil wirklich ausgesprochen hat.[52] Doch wie ist das Wort zu verstehen, das als Gerücht umläuft: »Der Jünger werde nie sterben?« (Joh 21,23)

»Jesus spricht zu ihm: ›Wenn ich will, dass er bleibt, bis ich komme, was geht es dich an?‹«

Der Kontext zeigt, dass es sich um ein Wort des auferstandenen Jesus Christus handelt, während das soeben genannte Wort vom Märtyrertod in den Synoptischen Evangelien vom vorösterlichen Jesus ge-

52 Die christliche Gemeinde würde Jesus wohl kaum ein Wort in den Mund gelegt haben, das so nicht eingetreten ist.

sprochen wird. Und dieses Wort des Auferstandenen wird, so intendiert der Text, von vielen Zeugen gehört und auch in eine bestimmte Richtung hin interpretiert – und es wird wohl nach dem Tod des Jüngers von einem Redaktor neu interpretiert:

»Jesus habe nicht gesagt, der Jünger werde nicht sterben, sondern: ›Wenn ich will, dass er bleibt, bis ich komme, was geht es dich an?‹«

Freilich liegt in den Synoptischen Evangelien ein Wort vor, das ähnliches ausspricht, allerdings nicht auf einen bestimmten Jünger bezogen:

»Amen, ich sage euch: Es stehen einige hier, die werden den Tod nicht schmecken, bis sie sehen das Reich Gottes kommen mit Kraft« (Mk 9,1).

Das wird in johanneischer Sprache so ausgesprochen:

»Amen, amen, ich sage euch: Wer mein Wort hält, der wird den Tod nicht sehen in Ewigkeit« (8,51).

Der Satz wird also vom Evangelisten konsequent entgrenzt und auf alle Glaubenden weitergeführt. Das heißt: Ein Wort des irdischen Jesus sagt: nicht alle Jünger würden sterben – ein Wort des auferstandenen Jesus Christus wird gerüchteweise so interpretiert, als würde der Jünger Johannes nicht sterben. Johannes stirbt und dazu wird gesagt, Jesus habe nicht gesagt, Johannes sterbe nicht, sondern wenn ich will, dass er bleibt – was geht es dich an. Das ist die einzige Stelle, die eine in der Gemeinde umlaufende Aussage des auferstandenen (!) Jesus Christus auf Grund der Situation neu interpretiert. Die Aussage wird vom Redaktor dem auferstandenen Jesus Christus nicht abgesprochen, sie wird auch nicht auf den vorösterlichen Jesus bezogen. Der Interpret geht also mit seiner Gemeinde davon aus, dass Jesus dieses Wort als Auferstandener gesagt hat.

Mit dem Text wird der Bogen geschlossen. Er führt zu Kapitel 13 und nicht zu Kapitel 1. Damit deutlich wird, dass diese Stelle besonders wichtig ist.[53] Sie wurde vermutlich zum Ausgangspunkt für die Bezeichnung ›Jünger, den Jesus liebte‹, die die Selbstbezeichnung ›der andere Jünger‹ ersetzt. Petrus und der Lieblingsjünger bleiben Konkurrenten; der Lieblingsjünger hat länger als der dominante Apostel gelebt, und in der Gemeinde kam ein Gerücht auf, er werde Jesus wiederkommen sehen.

In der Besprechung der Lieblingsjüngertexte wurde immer wieder darauf hingewiesen, dass es in ihnen nicht allein um den Lieblingsjünger geht, sondern um die Lesenden: Der Lieblingsjünger ist Platzhalter für die Nähe der Glaubenden zu Jesus. Das wird hier nicht mehr deutlich. Das Johannesevangelium, das die unterschiedlichen Ebenen, die reale und die symbolische, miteinander verquickt, zeigt an, dass Rezipienten die Ebenen ebenfalls miteinander verquicken sollen. Hier wird die reale Ebene betont, so dass erkennbar wird, dass der ›Lieblingsjünger‹ nicht in der symbolischen Ebene aufgehen kann. Der Gemeinde bzw. diesem Redaktor war ein Lieblingsjünger bekannt, wie der folgende Vers zeigt:

»Dies ist der Jünger, der dies alles bezeugt und aufgeschrieben hat, und wir wissen, dass sein Zeugnis wahr ist.« (Joh 21,24)

---

53 Es wird hier ein erweitertes Zitat wiedergegeben! 13,25 steht nur: »Herr, wer ist es?« und nicht: »Herr, wer ist es, der dich verrät?«

Der Lieblingsjünger war nicht allein Metapher: Er war Person, die bezeugen und schreiben kann. Vermutlich ist sie vor nicht langer Zeit gestorben, so dass ein Redaktor dem Evangelium diese Notizen beigefügt hat. Und diese Person bezeugt, so der Schüler, nicht allein, wie in den Lieblingsjüngertexten das unmittelbar beschriebene Geschehen, sondern, so verstehe ich diese Aussage, das gesamte Evangelium. Anders als im Kontext der Kreuzigungsszene, in der der Autor bezeugt hat, dass das, was er sagt, wahr ist, erfahren wir hier, dass auch die Schüler wissen, dass die vom Lieblingsjünger dargestellte Botschaft des Evangeliums wahr ist.

2.6 Die Begegnung des Lieblingsjüngers mit Jesus (Joh 1,35–40): Der erste Jünger

Mit den bisher besprochenen Texten wurden diejenigen herangezogen, die den Lieblingsjünger ausdrücklich erwähnen (außer 18,12ff.). Strittig ist, ob der Lieblingsjünger auch im ersten Kapitel erwähnt wird, in dem es um die Berufung der ersten Jünger geht:

Joh 1,35–40:
»Am nächsten Tag stand Johannes abermals da und zwei seiner Jünger; und als er Jesus vorübergehen sah, sprach er: ›Siehe, das ist Gottes Lamm!‹ Und die zwei Jünger hörten ihn reden und folgten Jesus nach [...] Einer von den zweien, die Johannes gehört hatten und Jesus gefolgt waren, war Andreas, der Bruder des Simon Petrus. Dieser führte ihn zu Jesus.«

Mk 1,16–25 / Mt 4,18–22
»Als Jesus am See von Galiläa entlangging, sah er Simon und Andreas, den Bruder des Simon, die auf dem See ihr Netz auswarfen [...] Als er ein Stück weiterging, sah er

Jakobus, den Sohn des Zebedäus, und seinen Bruder Johannes; sie waren im Boot und richteten die Netze her. Sofort rief er sie, und sie ließen ihren Vater Zebedäus mit seinen Tagelöhnern im Boot zurück und folgten Jesus nach.«

Lk 5,1–11 (Paraphrase)
Lukas berichtet erst von einem wunderbaren Fischfang. Petrus fängt auf Grund einer Angabe Jesu so viele Fische, dass er seine Kollegen dazuholen muss, um sie einbringen zu können. Simon Petrus war erstaunt und erschrocken – ebenso erging es Jakobus und Johannes, den Söhnen des Zebedäus, die gemeinsam mit Simon arbeiteten.

Während in der Tradition der Synoptischen Evangelien Petrus der erste der Berufenen war, weiß das Johannesevangelium von Andreas, dem Bruder des Petrus, als Erstberufenen, und von einem unbekannten Jünger. Die Berufung der Söhne des Zebedäus, Jakobus und Johannes, die den Synoptischen Evangelien wichtig ist, wird vom Johannesevangelium nicht erwähnt. Es könnte sich mit dem nicht genannten zuerst Berufenen um einen der beiden Zebedäiden gehandelt haben.

Im ersten Kapitel wird der Jünger noch nicht als der bezeichnet, den Jesus liebte. Das zu Recht: Der Jünger hat Jesus gerade erst kennen gelernt. Die Aussage ›Jünger, den Jesus liebte‹ setzt eine gemeinsame Geschichte beider, Jesu und Johannes, voraus. Brown (1982) gibt zu bedenken, dass der Lieblingsjünger in Kapitel 1 noch nicht so bezeichnet worden sei, da er »am Beginn des Evangelienberichtes [...] noch nicht zur vollen Erkenntnis gelangt« sei. »Diese christologische Entwicklung hätte zwischen ihm und den anderen in Kapitel 1 genannten Jüngern eine Kluft aufgerissen und ihn unverhältnismäßig nahe an Jesus herangerückt« (28).

Nur einer der beiden ersten Jünger wird mit Namen genannt: Andreas. Wer ist der ungenannte Jünger? Das Geheimnis lässt sich nicht eindeutig lüften. Es lässt sich freilich mit dem oben genannten Wissen im Hintergrund die Vermutung äußern, dass es der später so genannte ›Jünger, den Jesus liebte‹ gewesen sein kann. Auch hier ist er Petrus voraus: Er ist es, der das Zeugnis des Täufers gehört hat: »Siehe, das ist Gottes Lamm!« Simon Petrus reagiert nur auf das Bekenntnis des Andreas und nicht auf die Aussagen der in diesem Zusammenhang einzigen von Gott eingesetzten Autorität: auf Johannes den Täufer. Das ist nur Andreas und dem unbenannten Jünger vorbehalten.

Und ein rhetorischer Aspekt sei wiederholt: Nachdem gesagt wurde, dass zwei Jünger zu Jesus gekommen sind, wird gesagt, dass der *eine* von den zweien Andreas gewesen sei. Und Lesende fragen sofort: Und wer war der *andere* Jünger? Darüber hinaus wird ausdrücklich gesagt, dass Andreas *zuerst* seinen Bruder gefunden habe. Und Glaubende der frühen Gemeinde wissen um das zweite berühmte Brüderpaar: Johannes und Jakobus. Demnach wird durch die Formulierungen eine Ergänzung der Angaben durch die Rezipienten erzwungen: *Danach* fand Johannes seinen Bruder Jakobus[54]. Selbstverständlich kann der Autor auch einen anderen Jünger meinen. Doch die Frage stellt sich: Auf welche Fährte setzt er die Adressaten seines Textes? Diese kennen die Brüderpaare, diese kennen die Erstberufenen – denn der Autor steht im Traditionszusammenhang der frühen Gemeinde. Und weil auch die Adressaten diese Tradition kennen, wäre

54 Freilich kann es auch beinhalten: »Danach fand Jakobus seinen Bruder Johannes«. Dass aber Jakobus das Evangelium geschrieben haben soll, ist nicht zu begründen.

es eigenartig, auf sie anzuspielen, aber ganz andere Personen zu meinen.

Und mit ›der (andere) Jünger‹ wird die Jüngerbezeichnung intendiert, die wir in Kapitel 20,2.3.4.8 und 18,(15.)16 finden und die, wie oben vermutet wurde, später durch den Hinweis ›Jünger, den Jesus liebte‹ ergänzt worden ist. Dadurch, dass der Redaktor nicht alle Stellen, die von einem unbenamten Jünger sprechen, konsequent zum ›Jünger, den Jesus liebte‹ geändert hat, ist für Rezipienten die Verbindung dieser Stellen verloren gegangen, so dass eher unklar bleibt, wer sich eigentlich hinter dem Autor verbirgt. Werden sie hingegen zusammengeführt, ergibt sich ein eindeutiges Bild.

3. Angedeutete Spuren des Lieblingsjüngers im Johannesevangelium

3.1 Der Lieblingsjünger Johannes – ein Jünger unter anderen Jüngern

3.1.1 Jünger im Johannesevangelium

Die Bezeichnung ›Jünger‹ wird im Johannesevangelium nicht einheitlich verwendet. In den ersten zwölf Kapiteln werden sechs namentlich genannte (Andreas, Simon Petrus, Philippus, Nathanael, Thomas, Judas Iskariot) und ein namentlich ungenannter als Jünger bezeichnet. Dann hören wir unvermittelt von ›zwölf Jüngern‹, ohne dass sie namentlich genannt werden, und wir hören von ›vielen Jüngern‹. Daneben werden weitere Sympathisanten genannt, sowohl Nikodemus und weitere Glaubende: Menschen aus Samaria, Menschen im Umfeld der Lazarusperikope, darüber hinaus weitere im Kapitel 12,37ff.;

Menschen, die Jesus nahe stehen, werden ebenfalls genannt, so Maria und Martha, die Schwestern des Lazarus. Wenn von den Jüngern allgemein gesprochen wird, dann heißt es wohl in Abgrenzung zu den Täuferjüngern ›seine Jünger‹ bzw. ›deine Jünger‹. Das Evangelium ist in dieser Hinsicht nicht stringent aufgebaut und hinterlässt Lesende rätselnd. Der Evangelist legt kein Gewicht auf die ›zwölf Jünger‹.

Abb. 12: Tizian: Heiliger Johannes Evangelist und der Almosen (um 1545)

In Joh 13–17 kommt ein engerer Jüngerkreis in den Blick. Auch hier werden weit gehend die bekannten Namen genannt, doch wird überwiegend nicht mehr von ›seinen‹ Jüngern gesprochen, sondern von ›den‹ Jüngern. Anders als in den Kapiteln 1–12 wird der Sprung auf die Ebene der aktuellen Gemeinde deutlicher: Neben dem engen Kern der Jünger werden im ›hohepriesterlichen Gebet‹ auch die Hörenden des Evangeliums angesprochen (Joh 17).

In diesem Gebet dankt Jesus seinem Vater für die, die er ihm gegeben hat. Es werden alle Jünger aller Zeiten zusammengefasst: die mit Jesus ziehenden Jünger, die aktuellen – die Gemeinde – und die kommenden. Diese umfassende Sicht wird dadurch ermöglicht, dass nicht mehr von den ›Jüngern‹ geredet wird, sondern von denen, die Gott Jesus gegeben hat, von den Glaubenden. Es wird in diesem Text auch vom ›Sohn des Verderbens‹ gesprochen. Das heißt: Judas wird nicht wie sonst im Evangelium mit Namen genannt, wohl damit auch die weiteren ›Söhne des Verderbens‹, die in der johanneischen Gemeinde gegenwärtig aktiv sind, mit Hilfe dieses Textes verortet werden können (17,12).[55]

Es gab einen engeren Jünger-Kreis, und dieser ist auch dem Autor des Johannesevangeliums als einer bekannt, der zwölf Jünger umfasst hat (vgl. 20,24).

---

55 Die Formulierung ›Sohn des Verderbens‹ begegnet auch 2Thess 2,3. Dort wird von einem kommenden Sohn des Verderbens gesprochen, der vor dem Ende der Welt kommen und sich als Gott ausgeben wird. In der auch in Qumran gefundenen Schrift CD kommen ›Söhne des Verderbens‹ zweimal vor. Hier handelt es sich um die Zeitgenossen derer, die nicht der Gruppe, die die Schrift geschrieben hat, zugehören. ›Söhne des Verderbens‹ sind in der Offenbarung des Petrus 14 (Gr. 1) die falschen Christen.

Zu diesen Jüngern wird ausdrücklich gesagt: »Ihr seid meine Zeugen, denn ihr seid von Anfang an bei mir gewesen« (15,27). Auch der ›Lieblingsjünger‹ gehört zum engeren Kreis der Jünger, denen Jesus die Füße wäscht und die mit ihm die letzte Mahlzeit einnehmen, darum wird er nicht einer der allgemein mit Jesus umherziehenden Jünger gewesen sein.

In den Kapiteln 18–19 werden schon bekannte Jünger genannt; es wird von ›seinen‹ Jüngern geredet wie in den Kapiteln 1–12. Ein weiterer Jünger kommt hinzu: Josef von Arimathia. Damit hat dieser Abschnitt auch Teil an den undeutlichen Zuweisungen der Jüngerbezeichnung der Kapitel 1–12. Von hier aus gesehen könnte der Lieblingsjünger einer unter vielen Jüngern gewesen sein, muss also nicht dem engeren Kreis zugehört haben. Das würde auch die Aussage von 16,32 unterstützen. Dieser Vers spricht davon, dass Jesus den (zwölf) Jüngern gesagt habe, sie würden zerstreut werden und ihn verlassen. Das würde heißen, dass diese (zwölf) Jünger ihn verlassen, nicht aber der unbekannte mitziehende Lieblingsjünger. Doch die Verbindung der Kapitel 13–17 und 18–21 zeigt: Der Lieblingsjünger wird als einer gesehen, der beim Mahl anwesend war, somit zum engeren Kreis gehörte.

Die Auferstehungskapitel 20–21 haben Teil an der unsicheren Bezeichnung der Jünger. Die Jünger, die in den vorangegangenen Kapiteln mit Namen vorkamen, werden auch hier namentlich erwähnt; es ist unvermittelt von den zwölf Jüngern die Rede, dann stehen sieben Jünger im Blick, einige werden mit Namen genannt, einige bleiben ungenannt.

3.1.2 Wahre Jüngerschaft

Wahre Jüngerschaft wird in diesem Evangelium durch bestimmte Formulierungen gekennzeichnet.[56] Kennzeichen wahrer Jüngerschaft sind unter anderem: Glauben (vielfach genannt), das Zeugnis Jesu annehmen, ihn ehren, zu Jesus kommen, ihm nachfolgen, in seinem Wort bleiben, das Wort hören und bewahren, Jesu Gebote halten, ihn lieben. Mit diesen Zuordnungen zu Jesus sind Verheißungen verbunden: Wer das tut, wird nicht gerichtet, sondern hat ewiges Leben; er wird lebendiges Wasser haben; von ihm wird lebendiges Wasser fließen; er hat das Licht des Lebens, geht nicht in der Finsternis; er kann größere Werke wirken als Jesus, wird Wohnung des Vaters und des Sohnes sein. An diesen Verheißungen haben die Jünger durch ihre engste Verbundenheit mit Christus Anteil – aber nicht allein die zwölf Jünger, sondern allen Hörenden der Worte Jesu bzw. den Rezipienten des Evangeliums werden diese Verheißungen zugesprochen.

3.1.3 Die Namen der Jünger

Auffällig ist Lesenden, die von Matthäus, Markus und Lukas herkommen, dass Johannes Namen der Jünger erwähnt, die von den Erstgenannten abweichen.

Aus dem Johannesevangelium sind bekannt: Andreas[57], Simon Petrus[58], Philippus[59], Judas Iskariot[60],

---

56 Übersetzt wird formuliert: ›Wer XY tut, der …‹ – angefügt werden häufig Begründungen (3,18. 20f. 33f. 36; 4,13f.; 5,23; 6,35ff.; 7,38 usw.). Vgl. B 3.11.

57 ›Andreas, der Bruder des Simon Petrus‹, heißt es in den Kapiteln 1 und 6; in Kapitel 12 wird nur von ›Andreas‹ gesprochen. Es dürfte aber immer derselbe Andreas gemeint sein.

58 ›Simon Petrus‹ (Kapitel 1; 6; 13; 18; 20; 21) lautet es meist zu Beginn einer Perikope, dann wird überwiegend nur von Petrus gesprochen. In Kapitel 1 und 21 wird ›Sohn des Johannes‹ hinzugefügt. In Kapitel 21 ist die Verwendung der Bezeich-

Thomas[61], Judas[62], Nathanael[63], der Lieblingsjünger[64] (eingeschlossen: ein anderer Jünger), verschiedene Ungenannte[65] und Söhne des Zebedäus[66]. Aus dem Markusevangelium (6,7–13; vgl. Mt 10,1–4; Lk 6, 14–16) kennen wir: Andreas*; Simon*, dem Jesus den Namen Petrus gegeben hat; Philippus*; Judas Iskariot*; Thomas*; die Söhne des Zebedäus: Jakobus* und Johannes*, von Jesus die Donnersöhne genannt.[67] Die Folgenden werden im Johannesevangelium nicht mit Namen erwähnt: Bartolomäus*; Matthäus*; Jakobus, Sohn des Alphäus*; Taddäus (Lukas weist an dieser Stelle auf Judas); Simon Kananäus*. Diese fünf Jünger werden im Johannesevangelium zwar nicht mit Namen genannt, dafür nennt es Namen, die im Markusevangelium nicht vorkommen: Nathanael und den anderen Judas. Der markinische Taddäus wird in der Apostelgeschichte und Lk 6,16 durch Judas ersetzt.

---

nungen für Petrus besonders auffällig. Was hier aber nicht weiter dargelegt werden soll.

59 Philippus von Bethsaida aus Galiläa (Kapitel 12); Philippus aus Bethsaida, der Stadt des Andreas und Petrus (Kapitel 1); in den Kapiteln 6 und 14 wird nur von ›Philippus‹ gesprochen.

60 Judas, Sohn des Simon Iskariot, heißt es in 6,71; 13,2.26; als Verräter wird er in 18,2 (vgl. 6,71) bezeichnet; 13,29.31; 18,3 wird nur ›Judas‹ gesagt.

61 Überwiegend heißt es: ›Thomas, genannt der Zwilling‹ (11; 13; 21); 14,5 wird nur von ›Thomas‹ gesprochen.

62 Dieser Judas (Joh 14) wird als einer bezeichnet, der nicht der Judas Iskariot ist.

63 Dass Nathanael (Kapitel 1) aus Kana sei, wird in Kapitel 21 hinzugefügt.

64 Joh 13; 19; 20; 21.

65 Joh 1 und 21.

66 Joh 21.

67 Die mit * gekennzeichneten Jünger finden wir auch Apg 1,12–14.

Vielleicht kennt auch Johannes diesen Taddäus unter dem Namen Judas.

Kann ein Jünger Jesu die Namen des engeren Zwölferkreises vergessen haben? Zu dieser Schlussfolgerung kann man zumindest kommen, wenn man die oben genannten Jüngerlisten miteinander vergleicht. Diese Frage stellt sich bei näherem Hinsehen jedoch nicht mehr, da acht Jünger (einschließlich die von Kapitel 21) mit Namen genannt werden, die auch in den Synoptischen Evangelien begegnen (wenn Taddäus mit Judas identisch ist), auf zwei wird hingewiesen, ohne dass deren Name genannt wird, zwei begegnen nur im Kontext der Nennung der Zwölf. Der einzige wesentliche Unterschied zur synoptischen Jüngerliste ist Nathanael. Aber mit Nathanael hat es, wie Kapitel 1 zeigt, eine Besonderheit auf sich: In der Berufungsgeschichte ist Nathanael exemplarischer jüdischer Leser, somit Repräsentant von Adressaten des Johannesevangeliums. Zunächst fragt er: »Was kann aus Nazaret Gutes kommen?« – und dann erkennt er Jesus und bekennt: »Rabbi, du bist der Sohn Gottes, du bist der König von Israel«. Dadurch, dass sein Name von den bekannten Jüngern abweicht, wird diese Schlussfolgerung vom Autor provoziert. Im 21. Kapitel wird aus dieser Berufungsgeschichte, der die Kanageschichte folgt, geschlossen, dass Nathanael aus Kana, somit tatsächlich ein Jünger gewesen sei. Aber für den Autor gilt: Dieser exemplarische jüdische Leser findet sich unter dem Feigenbaum das Johannesevangelium studierend und bekommt das genannte Bekenntnis in den Mund gelegt.[68] Das bedeutet, dass

68 Das kann hier nicht im Detail dargestellt werden. Dazu s. Fenske 1998. Hinzuweisen ist noch darauf, dass der Name Nathanael bedeutet: ›Gott gibt‹/›Gott hat gegeben‹, womit

von der Erwähnung des Nathanael aus gesehen, Johannes keine mangelnde Kenntnis der Jüngernamen vorgeworfen werden kann. Und diese Verschränkung der Ebene der ›Realität‹ mit der der Adressaten passt zum Vorgehen unseres Autors, wie wir schon häufig gesehen haben und auch noch sehen werden.[69]

3.1.4 Johannes, Jakobus und Petrus

Jakobus und Johannes sind Geschwister, sind Fischer aus Galiläa. Söhne des Zebedäus und – wenn Matthäus richtige Informationen vorliegen[70] – der Salome. Sie gehören mit zu den Erstberufenen durch Jesus (Mk 1,19). Jesus nannte sie die Donnersöhne (Mk 3,17). Wenig einfühlsam führen sie sich auch als Donnersöhne auf. Von Johannes wird gesagt, dass er Jesus berichtet habe, dass sie einem fremden Exorzisten (einem Konkurrenten[71]) verboten hätten, im Namen Jesu Dämonen auszutreiben (Mk 9,38–41); er und sein Bruder wünschten Feuer auf die Samaritaner herab, weil diese Jesus nicht aufnehmen wollten (Lk 9,54)[72];

---

auch ein Aspekt johanneischer Theologie wiedergegeben wird: Gott ist es, der Jesus die ihm Nachfolgenden zuweist.

69 Warum werden nicht alle Jünger von Johannes erwähnt, wenn er sie doch kannte? Die Antwort kann nur spekulativ gegeben werden. Spielten sie in der nachösterlichen Gemeinde keine weitere Rolle? Lag ihm persönlich nichts an diesen Jüngern? Oder begegnen sie nicht, weil sie in dem, was er aufschreiben wollte, eben nicht wichtig waren? Hätte Markus keine Jüngerliste, würden auch viele Jünger nicht genannt worden sein. Nur wenige spielen in diesem Evangelium wirklich eine Rolle.

70 Er ersetzt den Namen Salome, den Mk 15,40 nennt, durch: Mutter der Söhne des Zebedäus (Mt 27,56).

71 ›Konkurrenz‹ scheint mit dem Namen Johannes verbunden zu sein: Im Johannesevangelium ist Petrus der Konkurrent.

72 Ist das lange Samaritanerkapitel (Joh 4) Korrektur dieser Überlieferung oder Entschuldigung für dieses Verhalten?

Abb. 13: Masolino: Heilung eines Lahmen durch Petrus und Johannes (Szene aus einem Freskenzyklus, 1425)

auch baten die Brüder (mit deren Mutter: Mt 20,20–28) Jesus darum, während der Gottesherrschaft zu seiner Rechten und Linken, das heißt in Machtposition, sitzen zu dürfen (Mk 10,35–45).[73] Jedes Mal funkte Jesus da-

73 Es geht nicht allein um die Sitzordnung beim irdischen Mahl (Joh 13,23), sondern um die Sitzordnung im Reich Gottes. Die Johannes-Brüder wollen herausgehoben sein.

zwischen. Die kindliche Sanftheit, die häufig mit Johannes verbunden wird, dürfte ihm, von diesen Texten aus gesehen, nicht zugeschrieben werden.

Johannes ist weiterhin gemeinsam mit seinem Bruder Jakobus und Petrus und Andreas, dem Bruder des Petrus, Adressat der Endzeitrede (Mk 13). Johannes und Petrus werden von Jesus gesandt, um das letzte Mahl bei dem geheimnisvollen Mann mit dem Wasserkrug vorzubereiten (Lk 22,8). Auch in der Apostelgeschichte spielen Petrus und Johannes eine wichtige Rolle. Petrus ist zwar der Hauptakteur, aber Johannes ist als zweiter Jünger anwesend (Apg 3). Interessant ist hier, wie Johannes und Petrus zusammengeflochten werden.

»Petrus blickte den Gelähmten an mit Johannes und sprach […]« (3,4).

»Petrus sprach zum Volk […] (3,12) – »[…]während Petrus und Johannes zum Volk redeten […]« (4,1).

»Und die Priester und der Hauptmann des Tempels legten Hand an Petrus und Johannes und nahmen sie gefangen« (4,3).

»Petrus redete vom heiligen Geist erfüllt […] Sie sahen aber den Freimut des Petrus und des Johannes und wunderten sich; denn sie merkten, dass sie ungelehrte und einfache Leute waren, und wussten auch von ihnen, dass sie mit Jesus gewesen waren« (4,8.13).

»Sie geboten ihnen, nicht mehr zu reden oder zu lehren im Namen Jesu. Petrus aber und Johannes antworteten und sprachen zu ihnen […]« (4,18 f.).

»Sie wurden entlassen und berichteten der Gemeinde davon […]« (4,23).

Wie im Johannesevangelium wird die Priorität des Petrus gewahrt aber Johannes ist bei diesem für die Apostelgeschichte wichtigen Wunder (Kapitel 3) dabei. Wichtig ist es insofern, weil hier nicht mehr nur allgemein von dem Reden der Jünger vor der Öffentlichkeit gesprochen wird, sondern sie wirken auch. Sie führen im Namen Jesu fort, was dieser begonnen hatte: Heilung und Verkündigung. Und diese Taten führten zur Verfolgung. Johannes ist also mit Petrus der Jünger, der die erste Verhaftung erlebt und diese ›Prüfung‹ bestanden hat. Denn sie sagten den Gegnern: »Urteilt selbst, ob es vor Gott recht ist, dass wir euch mehr gehorchen als Gott. Wir können's ja nicht lassen, von dem zu reden, was wir gesehen und gehört haben« (4,19f.). Damit geben sie als Augen- und Ohrenzeugen die Richtung für die Gemeinde in entsprechenden Situationen vor.

Johannes und Petrus konnten wohl laut Apostelgeschichte gut miteinander wirken. Und in dieser Hinsicht wird auch der folgende Text interessant. Philippus verkündigte in Samaria. Samaritaner kamen zum Glauben. Die Gemeinde in Jerusalem, die sozusagen die Glaubenshoheit hatte, sandte Petrus und Johannes nach Samaria. Sie beteten, und die neuen Glaubenden bekamen den Geist Gottes (8,4–25). Auch hier ist Petrus der Leitende. Doch beide agieren: Sie legen die Hände auf. Beide werden auch von einem Menschen um einen Gefallen gebeten (8,14). Danach predigten sie in Samarien auf ihrem Weg nach Jerusalem. Somit wird auch in der Apostelgeschichte und nicht nur im Johannesevangelium über das Miteinander beider führender Apostel berichtet. Die Darstellung ist keine Erfindung des Evangelisten, sondern eine frühchristliche Tradition, die weiter verbreitet ist. Sie hat nicht erst nach Ostern begonnen, sondern wie Lukas und Johannes überliefern schon vorher.

Johannes begegnete Paulus neben Jakobus, dem Bruder Jesu, und Petrus als Säule der Gemeinde in Jerusalem, im Jahr 48/49 (Gal 2). Danach hören wir in neutestamentlichen Schriften nichts mehr von ihm. Allerdings sind drei Briefe und die neutestamentliche Apokalypse unter dem Namen ›Johannes‹ überliefert worden (dazu unten mehr).

Petrus, Jakobus und Johannes sind in der Verklärungsgeschichte Zeugen der Offenbarung Jesu als Sohn Gottes. Sie sind anwesend bei der Auferweckung der Jairustochter.[74] Johannes ist auch Zeuge der Argumentation gegen die Hierarchisierungsversuche innerhalb der Jüngergemeinde (Mk 9). Im Johannesevangelium wird das hervorgehoben: Er ist der, der in manchem entscheidenden Moment der Augen- und Ohrenzeuge ist – doch tritt er in der Hierarchie freiwillig gegenüber Petrus zurück. Johannes hat damit den an ihn gerichteten Tadel Jesu angenommen.

Durch diese Verbindung von Aussagen über den Lieblingsjünger im Johannesevangelium mit den Aussagen der Synoptiker bzw. deren Tradition, in denen von Johannes die Rede ist, ist es denkbar, dass der Lieblingsjünger mit dem Jünger Johannes zu identifizieren ist.

Durch Apostelgeschichte 3, 4 und 8 scheint das gemeinsame Wirken von Petrus und Johannes noch hindurch: Wunder tun, verkündigen. Allerdings hat Lukas Johannes zurückgedrängt. Petrus ist der Wortführer, Johannes steht nur im Hintergrund. Ähnliches begegnet uns auch im Passions- und Auferstehungsbericht der Synoptischen Evangelien. Petrus steht im

74 Das passt zum Duktus des Evangelisten, Texte, die in anderen Evangelien vorkommen, nicht zu übernehmen oder wenn er sie übernimmt, dann zu korrigieren. Somit erwähnt er auch Berichte aus Mk 5 und 9 nicht. Ebenso übernimmt er Wunder nicht, oder korrigiert sie.

Fokus, Johannes und die anderen Jünger spielen keine Rolle. Johannes muss sich erst, so lassen die Lieblingsjüngertexte erkennen, wieder durch Korrekturen an der synoptischen Überlieferung ins Bewusstsein bringen. Und er bringt sich nur an den Stellen ins Spiel, an denen er auch beteiligt war. Und darum begegnet er z. B. nicht an anderen wichtigen Stellen, so in der Fußwaschungsszene, in der Begegnung des auferstandenen Jesus Christus mit Maria Magdalena. Auch ist er es nicht, der das Bekenntnis spricht: »Mein Herr und mein Gott«.

3.2 Johannes und seine Erinnerungen an den Bruder Jakobus

Auffällig ist, dass Johannes im Johannesevangelium nicht genannt wird. Das Verschweigen dieses wichtigen Jüngers kann zweierlei bedeuten: Entweder will man ihn verschweigen, weil er der Gemeinde unangenehm war – was nicht zu belegen ist –, oder aber: Er wird verschwiegen, weil er selbst im Evangelium als Verfasser wiederzufinden ist bzw. wiedergefunden werden will/soll. Jeder Glaubende, der mit der Jesusgeschichte vertraut ist, wird nach ihm fragen. Wirkungsvoller als hier kann der Autor gar nicht eingebracht werden. Über den bekannten Namen würde man weglesen. Über den verschwiegenen Namen ›stolpert‹ man ständig.

Entsprechend wird der Leser auch nach Jakobus fragen. Vermutlich begegnet uns Jakobus im Evangelium indirekt. Das Johannesevangelium verschweigt uns, dass Jakobus um 44 n. Chr. hingerichtet worden ist. Die Hinrichtung des Petrus wird zweimal angekündigt: einmal im Kontext der Passionsgeschichte (Joh 13,36–38) und im Nachtragskapitel (21,19). Jakobus war einer der ersten, die von den Gegnern der christlichen Gemeinde hingerichtet worden sind. Möglicherweise findet diese Erfahrung ihren Ausdruck in der Schilderung der aggressiven Haltung der Gegner, die als ›die Juden‹ bezeichnet werden. Und immer wieder wird darauf hingewiesen, dass sie Jesus töten wollten (5,18; 7,1.25–52; 8,37.40; 11,53). Auch ist vom Hass die Rede, dem die Jünger ausgesetzt sein werden, davon, dass Menschen die Jünger verfolgen werden wie sie Jesus verfolgt haben (15,20), und:

»Sie werden euch aus der Synagoge ausstoßen. Es kommt die Zeit, dass, wer euch tötet, meinen wird, er tue Gott einen Dienst damit. Und das werden sie darum tun, weil sie weder meinen Vater noch mich kennen. Aber dies habe ich zu euch geredet, damit, wenn ihre Stunde kommen wird, ihr daran denkt, dass ich's euch gesagt habe.«

Möglicherweise spricht hier das Erlebnis, dass der eigene Bruder, mit dem er in der frühen Gemeinde immer in einem Atemzug genannt worden ist, hingerichtet wurde. Und so können die Worte von 16,20ff. eine Verschränkung der Erfahrung des Todes Jesu mit der frischeren Erfahrung der Hinrichtung des Bruders zeigen. Es sind ergreifende Worte, die von der Traurigkeit sprechen, die Menschen angesichts des Todes eines geliebten Menschen befällt. Jesus ist inzwischen auferstanden, die Trauer über seine Hinrichtung ist überwunden. Vielleicht wird die vorösterliche Situation so intensiv rekapituliert, weil neue Erfahrungen solche Worte prägen. Eine unmittelbare Verbindung zwischen dem Tod Jesu und dem Hass, den Jünger erfahren werden, finden wir im Gebet 17,13f. In Joh 15,13 wird vom Sterben Jesu für die Freunde gesprochen. Jesus gibt sein Leben für sie hin. Diese Aussage findet ihr Echo im ersten Johannesbrief. Dort heißt es:

»Daran haben wir die Liebe erkannt,
dass er (Jesus) sein Leben für uns gelassen hat;
und wir sollen auch das Leben für die Brüder lassen« (3,16).

Hier wird der Tod Jesu mit dem Sterben der Jünger verbunden. Die Aussagen Jesu, dass die Menschen der Gemeinde getötet werden würden, die wir Mt 24,9 und Lk 21,16 finden, mögen hier als Vorlage gedient haben. Doch ist Johannes ein Autor, der die eigenen Erfahrungen intensiv einflicht.[75]

3.3 Der Jude Johannes und der Glaube an den Messias Jesus

Johannes spricht also nicht direkt von seinem Bruder – dennoch scheint er mir im Evangelium anwesend: in den Worten, mit denen Johannes von den jüdischen Gegnern und von deren Verfolgung spricht. Johannes schreibt schematisiert von der Auseinandersetzung mit Juden.[76] Doch heißt das nicht, er habe keine

---

75 Die Kinder von Tätern können Johannes Antisemitismus vorwerfen, um für die Taten ihrer Väter einen Schuldigen zu finden. Doch wenn Johannes in seine Situation eingeordnet wird, dann muss gesehen werden, dass er mit der frühen Gemeinde der Bedrängte war. Wird das unberücksichtigt gelassen, werden die Opfer erneut zu Opfern, dieses Mal durch die Nachgeborenen. Ob Johannes vorgeworfen werden kann, dass er nicht zwischen Volk und Einzelnen differenzierte, mag dahingestellt sein: Er kannte unsere Fragestellungen genauso wenig wie z. B. der jüdische Historiker Josephus.

76 Juden wird zugetraut, dass sie Jesus verfolgen, weil er am Sabbat geheilt hat, bzw. dass sie danach trachten, Jesus zu töten, weil er sich selbst Gott gleich gemacht habe. Während der erstgenannte Aspekt auch in den Synoptischen Evangelien begegnet, mag der zweite die Situation der Gemeinde widerspiegeln; vor allem wird auch hier die Auferstehungserfahrung auf das Verhältnis der Menschen zu Jesus übertragen:

Kenntnis der wirklichen Auseinandersetzung gehabt. Ihm geht es nicht um Wiedergabe der konkreten Auseinandersetzung; ihm geht es darum, die Stellung der Mehrheit seines Volkes zu Jesus als Sohn Gottes darzustellen. Alles andere interessiert ihn nicht. Und darum fällt es manchmal schwer, Johannes als Juden anzusehen, der sich als Kind seines Volkes weiß. Er polemisiert gegen Menschen seines Volkes – vor allem gegen die Oberen des Volkes, die keimenden Glauben an Jesus argumentativ, drohend ersticken. Er distanziert sich auch von den Zeitgenossen, indem er von ›ihrem‹ Gesetz spricht. Gleichzeitig sucht er sie zu gewinnen, wenn an Nathanael oder wenn an das 12. Kapitel gedacht wird, in dem er über den Glauben der Menschen des Volkes reflektiert. Doch macht er es seinem Volk nicht leicht, wenn er seine Sympathien für die Samaritaner andeutet – aber hier macht er genau das, was auch Jesus gemacht hat: Er versucht sein Volk in prophetischer Tradition anzuregen, sich Gott zuzuwenden, indem er Heiden als Vorbild vor Augen stellt (vgl. Lk 11,29ff.). Die Menschen beschimpfen Jesus, so Johannes, als Samaritaner, somit als Unreinen, und sie werden selbst wiederum als Kinder des Teufels bezeichnet. Das zeigt die Schärfe der Auseinandersetzung zwischen der größer werdenden judenchristlichen Gemeinde und den etablierten Zeitgenossen – und gleichzeitig die emotionale Beteiligung an dieser Auseinandersetzung.

Es wird gesagt, dass die Angeredeten den Teufel zum Vater hätten (8,44). Dem geht voran: »Ich weiß wohl, dass ihr Kinder Abrahams seid« (8,37), und es folgt: »Abraham, euer

---

Wer den Menschen Jesus verfolgte, verfolgte ihn wegen seiner Nähe zu Gott.

Vater, […]« (8,56). Das heißt, dass an dieser Stelle die Aussage, der Teufel sei Vater der Adressaten, nicht die Aussage aufhebt, Abraham sei ihr Vater. Diese Formulierungen lassen einen typischen johanneischen Formulierungsstil (vgl. das im Kontext zu ›Logos‹ Gesagte) erkennen. Natürlich sind die Adressaten Abrahams Kinder, aber sie selbst stören diese Aussage dadurch, dass sie nicht Abrahams Werke tun (8,39), dass sie Jesus nicht verstehen und anerkennen. Das heißt, sie handeln nicht als Abrahams Kinder, sondern als Kinder des Teufels. Johannes nennt keine Exorzismen Jesu. Von daher steht er dieser ganzen Diskussion etwas fern. In alttestamentlichen Texten können Menschen als Teufel bezeichnet werden, die andere von Gottes Weg abbringen wollen: 2Sam 19,23 (vgl. 1Chron 21,1). Es ist also die mittelalterliche Vorstellung, die in unseren Köpfen spukt, nicht automatisch in die Texte hinein zu interpretieren. (Dazu s. auch die Testamente der XII Patriarchen, Dan 5,6: »Ich las in der Schrift Henochs des Gerechten, dass euer Herrscher der Satan ist …«.)

Ihm ist sein Volk nicht gleichgültig. In keinem Evangelium wird Jesus so tempelnah geschildert oder als einer angesehen, der jüdische Feste so intensiv beachtet wie im Johannesevangelium. Wie überhaupt in der frühchristlichen Tradition spielen auch für Johannes zum Verständnis des Jesus-Ereignisses alttestamentliche Schriften eine Schlüsselrolle. Es ist eine jüdische Tradition in Umbruch. Alttestamentliche Schriften werden von der Auferstehungserfahrung her interpretiert, die Feste und der Tempel dienen der Verkündigung. Der Jude Nathanael bekennt Jesus als König, die jüdischen Jünger bekennen mit Petrus Jesus zunächst noch im traditionellen Rahmen als den ›Heiligen Gottes‹. Doch bekennen sie mit Thomas nach der Auferstehung weiter gehend – sie müssen angesichts dieser Erfahrung weiter gehen –: »Mein Herr und mein Gott«. Trotz dieses weit reichenden Bekenntnisses wird doch alles mit Bezug auf die jüdische Tradition dargestellt. Jesus wird aus der Perspektive des alttestamentlichen Gottes gesehen, dieser scheint durch ihn hindurch – von einem paganen, heidnischen Hintergrund aus gesehen, könnte Jesus zwar auch als Gott angesprochen werden, doch wäre die Färbung dieses Wortes anders: Das Bekenntnis »mein Herr und mein Gott« kann nicht losgelöst von anderen Aussagen gelesen werden: Jesus ist Mensch gewordener Logos, er ist der Eingeborene, der im Schoß des Vaters/Gottes ist (1,18); er ist Gottes Sohn, weil der Geist Gottes auf ihn herabgekommen ist (1,33f.).

Johannes verankert Jesus im jüdischen Volk. Nicht umsonst zieht er die lokalen Größen, Pharisäer, Leviten, heran, um das Bild mit jüdischen Konturen zu zeichnen (1,19ff.), oder er verwendet jüdische Terminologie in den Bezeichnungen Jesu: Rabbi (»das heißt übersetzt: Lehrer« [1,38])[77], Messias (»das heißt übersetzt: der Gesalbte« [1,41]). Ein Jünger sagt: »Wir haben den gefunden, von dem Mose im Gesetz und die Propheten geschrieben haben« (1,45); und falls einem Leser der Hinweis auf Israel durch Johannes dem Täufer entgangen sein sollte, wird noch einmal ausdrücklich gesagt: Nathanael sei ein Israelit! Nathanael bekennt: »Rabbi, du bist der Sohn Gottes, der König von Israel!« – und es folgt eine Anspielung auf ein Schriftwort, das die ›Israeliten‹ zu orten wissen (1,51). Und so geht es weiter. Das Vorzeichen ist gesetzt. Alle Le-

77 Vgl. auch die Anrede Jesu an Petrus: Du sollst Kephas heißen, das heißt übersetzt: Fels (1,42). Johannes übersetzt aramäische Wörter: 1,38 (Rabbi; vgl. 20,16). 41 (Messias). 42 (Kephas); 9,7 (Siloa); 19,17 (Golgatha).

senden wissen: Es handelt sich um ein Ereignis in dem kleinen jüdischen Land, bei einem Volk an den Grenzen des römischen Reiches.

Es geht dem Autor nicht in erster Linie darum, Heiden verständlich zu werden. Er verwendet z. B. das Wort ›Pharisäer‹ (3,1), ohne es zu erklären. Mit dieser Bezeichnung handelt es sich um ein hebräisches Wort in griechischer Transkription: Pharisaioi. Genauso wenig wird die Übersetzung von Messias, Gesalbter, erklärt. Das Wort ›Gesalbter‹ hat für Juden einen Klang, nicht aber für heidnische Leser.[78] Der Wille Gottes, von dem der johanneische Jesus spricht, ist nicht mit den alttestamentlichen Geboten in der Interpretation der Zeitgenossen zu identifizieren. Diese neue, von Jesus Christus gebotene Interpretation jüdischer Tradition wird als die eigentliche Interpretation angesehen. Das dürfte Heiden nicht unbedingt verständlich gewesen sein. Nikodemus wird als ein Lehrer Israels bezeichnet, der nicht weiß, wie ein Sachverhalt zu interpretieren ist (3,10), sondern nur mit Hilfe des Lehrers Jesus lernt er verstehen. Um diese Gesprächspartner geht es, nicht um heidnische Lehrer. Die angesprochenen Themen drehen sich um jüdische Fragen, die mit Jesus zu tun haben, und nicht um heidnische. Sein Volk steht im Blick des johanneischen Jesus, doch wird über die Grenzen hinausgeschaut zu dem Volk, das mit seinen jüdischen Zeitgenossen auf einer alten gemeinsamen Tradition beruht: er blickt auch auf die Samaritaner[79]. Sie werden in das Boot

---

78 Ein Hinweis auf heidnische Leser finden wir 6,4. Dort wird vom Passafest, dem Fest der Juden, gesprochen. Juden muss das nicht gesagt werden.

79 Auf diese gemeinsame Tradition rekurriert Johannes: Hinweis auf den Vater Jakob (und Joseph) (4,5.12), Hinweis auf das gemeinsame Erwarten des Messias (4,25).

hereingeholt – und ganz am Rand auch die Menschen aus den Völkern. Die Menschen aus den Völkern stehen so sehr am Rand, dass an der jüdischen Herkunft des Johannes nicht gezweifelt werden kann.[80] Dass Johannes über das eigene Volk hinausschauen kann, ist dadurch möglich, dass er mit der jüdischen Tradition ernst macht, die Gott als Herrn der Welt weiß. Gott in Geist und Wahrheit anbeten, sprengt alle Tempelmauern. Dass damit nicht die jüdische Tradition gesprengt wird, lässt unter anderem das so genannte Tempelweihgebet aus dem ersten Buch der Könige erkennen. Dort heißt es:

»Aber sollte Gott wirklich auf Erden wohnen? Siehe, der Himmel und aller Himmel Himmel können dich nicht fassen – wie sollte es dann dies Haus tun, das ich gebaut habe? [...] Lass deine Augen offen stehen über diesem Hause Nacht und Tag, über der Stätte, von der du gesagt hast: da soll mein Name sein« (8,27ff.).

Beides wird in der jüdischen Tradition ausgesprochen: Gott ist vom Tempel nicht zu fassen – gleichzeitig ist er dort anwesend; er ist im Tempel anwesend – aber er lässt sich nicht in ihm einsperren. Und diesen Ansatz greift Johannes auf. Jesus stirbt, um es mit dem alttestamentlichen Zitat zu sagen, das Johannes nennt, auf Grund des Eifers um das Haus Gottes (2,17). Dennoch wird gleich in den nächsten Zeilen, der Tempel aus einer anderen Perspektive gesehen: Jesu Leib ist der

80 Darum wird in das Johannesevangelium sehr viel hinein interpretiert, um die Hinwendung des Autors zu den Völkern hervorzuheben. Sie sind ihm jedoch eigentlich fremd. Dennoch geht er theologisch auf sie zu. In Joh 1,1ff.; Joh 12,20–26 heißt es: Griechen wollen Jesus sehen. Doch Jesus spricht davon, dass das Weizenkorn nach seinem ›Tod‹ Frucht bringen wird, d.h. unter den Völkern.

Tempel. Und sollte das Evangelium nach 70, nach der Zerstörung des Tempelbaus, geschrieben worden sein, dann bietet es gerade auch seinem Volk mit dem Satz von der Anbetung Gottes in Geist und Wahrheit einen Anknüpfungspunkt, mit dem es, von seiner Tradition her gesehen, übereinstimmen kann. Indem Johannes die Auseinandersetzung der älteren Generation mit Jesus aufzeigt, bietet er in dieser neuen Zeit der Umorientierung seines Volkes durch die Eroberung und Schleifung Jerusalems einen Weg: den des Glaubens an den in Jesus handelnden Gott. Die Adressaten begehen denselben Fehler wie ihre Eltern, wenn sie ihre Ohren den Oberen des Volkes leihen und die Ohren dem Evangelium verschließen. Aber sogar unter den Oberen des Volkes gab es, so Johannes, Jünger Jesu. Drohend und werbend versucht er die Nathanaels zu überzeugen. Dazu gehört auch die Betonung, dass der im Volk angesehene Täufer Johannes sich für Jesus ausgesprochen hat. Durch ihn wurde Jesus Israel (!) offenbar (1,31).

Es kann sich mit Johannes nicht um einen Heiden gehandelt haben, dazu ist seine Terminologie zu sehr mit der seines Volkes verwoben. Und es wird umgekehrt nicht ersichtlich, dass er als Heide versucht, jüdische Tradition in seinem Sinn umzufunktionieren – im Gegenteil. Im Logoshymnus, mit dem er sein Evangelium beginnt, ist der ›Logos‹ so sehr in jüdisches Licht getaucht worden, dass es für Johannes ein Leichtes gewesen ist, diesen Begriff mit Jesus Christus zu füllen.

3.4 Der Lieblingsjünger als der wahre Schüler des Täufers

Der Verfasser verbindet sich eng mit seinem Namensvetter Johannes (dem Täufer). Nach Joh 1,6–8 und 3,28.36 soll der Täufer von dem Licht zeugen, damit alle zum Glauben kämen (Bestätigung der Botschaft des Johannes: 10,41). Er sei aber nicht das Licht gewesen, sondern dass er vom Licht zeugen solle. Dieser Hinweis, dass das Evangelium die Aufgabe habe, Glauben zu wecken, wird am Ende, in 20,31, als Ziel des Verfassers ausgesprochen. Der Redaktor von Kapitel 21,24 bekennt, dass der Verfasser ein Zeugnis ablegt. Gleiches wurde in 1,32 vom Täufer gesagt.

Zweifellos ist Johannes der Täufer wichtig für den Verfasser des Evangeliums.[81] Er wird nicht nur als brennendes und leuchtendes Licht gesehen, in dem die Menschen fröhlich waren (5,35); bedeutsam ist vor allem: Das Zeugnis des Täufers von Jesus ist zentral. Allein der Täufer wird in dem Logoshymnus als Zeuge des ›Logos-Lichtes‹ eingeflochten (1,6f.15). Er bezeugt, dass Jesus bei der Taufe den Geist Gottes bekommen hat; er allein kann zunächst bezeugen, dass

81 Der Evangelist lässt Jesus nicht erst nach der Verhaftung des Täufers auftreten wie Mk 1,14, sondern schon vorher (Joh 3,24). Dass Jesus noch während der Wirksamkeit des Täufers gewirkt hat, wird ausdrücklich – somit andere Traditionen korrigierend – gesagt. Die Differenz mag damit zusammenhängen, dass Markus Jesus in Galiläa mit seiner Wirksamkeit beginnen lässt, während Jesus laut Johannes schon am Jordan gewirkt hat. Johannes zeichnet insgesamt ein nicht so stringentes Bild wie Markus. Während Markus den Täufer auftreten lässt – dann Jesus in Galiläa – dann Jesus auf dem Weg nach und in Jerusalem, finden wir bei Johannes ein realistischeres Durcheinander: So trat Jesus noch zur Zeit des Täufers auf, Jesus geht mehrmals nach Jerusalem.

dieser Geistbegabte der Sohn Gottes ist (1,29–34), er bezeugt die Schriftgemäßheit seines (damit auch Jesu) Auftreten (1,23) und interpretiert vorausschauend den Tod Jesu: Er stirbt als Lamm Gottes. Der Täufer selbst wird jedoch nicht allein als Vorläufer Jesu angesehen, sondern verkündet Jesus mit Worten, die dieser selbst verwendet. Er ist Zeuge der Herkunft Jesu – und seine Worte sind im Grunde ›Vorhall‹ der Worte Jesu (Joh 3,31–36). Das Johannesevangelium wiederum ist Nachhall beider Zeugnisse. Laut Evangelist beruft sich Jesus auf den Zeugen Johannes, wobei Jesus freilich darüber hinausgeht und auch seine Werke, die Stimme Gottes wie auch Mose und dessen Schriften einbezieht (5,31–47). Die Schilderung des Vorläufers bietet auch eine Rechtfertigung dafür, warum Jünger – Andreas und der namenlose Jünger aus 1,35ff. – vom Täufer zu Jesus wechseln konnten. Abgesehen davon, dass beide Jünger die Worte des Täufers so verstehen, dass sie durch ihn aufgefordert werden, zu Jesus zu gehen, sagt der Täufer selbst laut Joh 3,30: Jesus »muss wachsen, ich aber muss abnehmen.« Damit ist der Wechsel der Jünger legitimiert – nicht nur das: Dem Bleiben anderer Jünger des Täufers wird der Boden entzogen. Wenn der Täufer sich selbst als Vorläufer Jesu ansieht und seine Rolle nun ›zweitrangig‹ wird, dann müssen sie sich Jesus zuwenden. Entsprechend wird um die Täuferjünger mit den Worten aus Joh 3,31–36 (drohend) geworben. Aus diesem Grund übergeht der Evangelist die gesamte Gerichtspredigt des Täufers und konzentriert dessen Wirken auf das Bekenntnis zu Jesus. Das allein ist ihm wichtig geworden – und könnte auch das Leben anderer Täuferjünger prägen. Warum liegen ihm die Täuferjünger am Herzen? Nur aus Gründen der Konkurrenz? Nicht auch darum, weil er ihnen nahe steht?

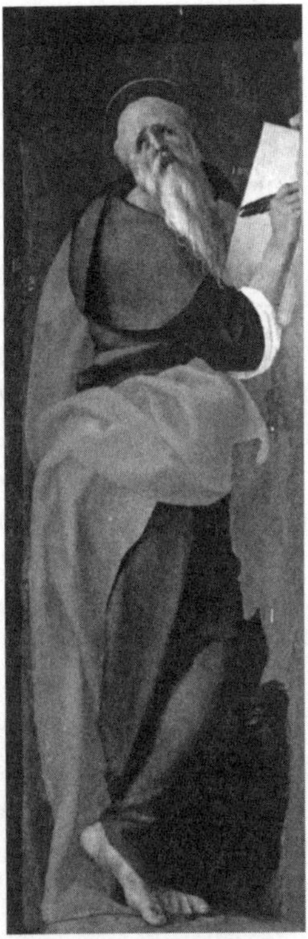

Abb. 14: Jacopo Pontormo:
Heiliger Johannes der Evangelist, Tondo (1525)

3.5 Der Lieblingsjünger kennt die Orte und weiß um die Zeit

Der Autor hat Quellentexte aufgenommen, wie in 1.3.1 gezeigt wurde, und eigenständig Erinnerungen wiedergegeben. Die genauen Angaben und Details, die er bietet, wurden in Ephesus (oder Ägypten) wohl kaum mit dem Text mitgeliefert – denn einem Autor in Ephesus (oder in Ägypten) dürfte wenig interessiert haben, dass ein Wunder in »Kana, in Galiläa« gewirkt worden war.

Dafür, dass der Autor aus Ägypten kommt, gibt es, soweit ich sehe, keinen nennenswerten Beleg (außer das ägyptische Wort für Palmzweig; und das älteste Papyrus, das das Johannesevangelium nachweist, kommt aus Ägypten). Gelegentlich wird eine Nähe zur Theologie des in Alexandria lebenden Juden Philo hergestellt. Der judenchristliche Ägypter Apollos, der möglicherweise in der Tradition Philos gestanden hat, lehrte zur Zeit des Paulus in Ephesus. So ist es nicht unwahrscheinlich, dass seine Theologie seit den Tagen des Paulus in Ephesus weiterentwickelt worden ist. Selbst Paulus ließ sich von Apollos ein wenig beeinflussen, intensiver schon die Paulusschule, wie der Epheserbrief erkennen lässt.

Die geographisch genauen Ortsangaben (»er geht von Kafarnaum *hinauf* nach Kana«/»von Kana *hinab* nach Kafarnaum« [4,46ff.]) oder die lokalen Details (»Es ist aber in Jerusalem beim Schaftor ein Teich, der heißt auf hebräisch Betesda. Dort sind fünf Hallen [...]« [5,2]) mit der Bemerkung, dass Jesus nach Ephraim geht und sich dorthin zurückzieht (11,54), sind Hinweise darauf, dass hier ein Mensch bestrebt ist, genaue Angaben zu machen – aber auch machen zu können. Es scheint mir, dass die Texte von einem Augenzeugen stammen, der genaue Kenntnis des Landes gehabt hat.[82] Vor allem ist bemerkenswert, dass der Autor sich so vehement gegen die Kafarnaumer wendet. Ihnen wird alles Schlimme zugewiesen.

---

82 Die zahlreichen Zeitangaben (z. B.: 1,29.35.39; 12,1.12) im Evangelium könnten auch fiktiv sein und sollen eine besondere Nähe, d. h. einen Zeitzeugen, suggerieren. Aber verbunden mit den geographischen Angaben sind sie stimmig.

An der Platzierung der Brotrede (6,22ff.) in Kafarnaum wird deutlich, dass Johannes einen massiven Affront gegen das Städtchen startet. Anders als in den Geschichten um Nazaret wird in der Brotrede nicht die Familie negativ gezeichnet (Mk 3,20f.), anders als im Zusammenhang des Petrusbekenntnisses (Mk 8,27ff.) werden nicht Gegner negativ dargestellt, sondern die Worte Jesu sind für die Jünger von Kafarnaum eine harte Rede (Joh 6,60); und die Leute von Kafarnaum lehnen Jesus mit den Worten ab, mit denen die Menschen aus Nazaret, so die synoptische Überlieferung, ihn abgelehnt haben: Ist dieser nicht Josefs Sohn (6,42)? – D.h. Johannes hat die Auseinandersetzung von Nazaret mit Kafarnaum verbunden. Zudem hat er noch den Kafarnaumern die Forderung der Zeichen, die nach Q möglicherweise vom ›bösen Geschlecht‹ in Magadan bzw. in Dalmanutha gefordert werden (6,30; Mt 16,4; Lk 11,29; Mk 8,11), zugeschrieben.

Daran kann nur einer Interesse haben, der persönliche Aversionen gegen die Bewohner dieses Städtchens hegte.[83] Und diese durchzieht große Teile des Evangeliums. Auch der Hinweis in 8,48: »Sagen wir nicht mit Recht, dass du ein Samaritaner bist und einen bösen Geist hast?« – weist auf Palästina, denn an anderen Orten weiß kaum einer um die Auseinandersetzung zwischen Juden und Samaritanern. Dem Autor ist es wichtig, ein umfangreiches Samaritaner-Kapitel einzufügen, wohl weil er an dieser Fragestellung interessiert ist. Dass der Autor den Apostel Petrus

83 Auch von hier aus gesehen kann nicht gegen den Jünger Johannes als Autor argumentiert werden, weil er kein positives Interesse an Galiläa habe. Er hat auch keins – aber wie zu erkennen ist: Er hat es nicht mehr.

auch ›Kephas‹ nennt (1,42), weist darauf hin, dass ihm alte Traditionen in die Feder fließen, die palästinischen Ursprung haben.[84] Ebenso nennt nur er den ›See von Galiläa‹/›See Gennesaret‹ das ›Meer von Tiberias‹ bzw. das ›Galiläische Meer‹ (6,1). Das weist ebenso auf Insiderwissen hin.

Es begegnen auch Aussagen, die einem intimen Kenner zugehören, so der Hinweis: Wie kann dieser (sc. Jesus) die Schrift verstehen, wenn er es doch nicht gelernt hat? (7,15) – und diese Aussage begegnet nicht eingeflochten in einem kompakten Quellentext, sondern in einer typisch johanneischen Reflexion. Interessant ist die Angabe der Bauzeit für den Tempel: 46 Jahre (2,20). Der Baubeginn des Tempels war wohl ca. 20/19 v. Chr. Werden 46 Jahre hinzugezählt, kommen wir auf den Zeitraum der Wirksamkeit Jesu: Dieses Wort wurde, zumindest in der Vorstellung des Autors, im Jahr 27 n. Chr. ausgesprochen – ist also mit den Angaben der Wirksamkeit Jesu Ende der 20er kompatibel. Das lässt erkennen, dass der Autor Kenntnis dieser Dinge hatte.[85] Während in den Synoptischen Evangelien Jesus nach seiner Taufe bei Johannes nur einmal nach Judäa/Jerusalem geht, geht er laut Jo-

---

84 Sonst finden wir den Namen ›Kephas‹ für Petrus nur noch bei Paulus (1Kor und Gal jeweils viermal).

85 Freilich stellt sich hier und da die Frage, ob das wirklich alles so geschehen ist, so z. B.: Was geschah bei der Austreibung der Händler aus dem Tempel wirklich? Richtiger hat Jesus wohl Händler vom Vorhof vertrieben. Wieviele von dem großen Areal? Wo blieb die Tempelwache? Wahrscheinlich handelte es sich jedoch um eine Zeichenhandlung und wurde von den Maßgeblichen auch als eine solche angesehen, so dass sie die Tempelwache nicht bemühten. In 1,19 hören wir von Menschen, die aus Jerusalem gesandt worden waren, um den Täufer zu inspizieren. Dass Jerusalemer Autoritäten um das Sorge tragen, was in Galiläa geschieht, erfahren wir bei Josephus, vita 39.

hannesevangelium häufig von Galiläa in den Süden. Und das ist auch wahrscheinlicher. Denn woher kennt Jesus bei seinem Gang nach Jerusalem die Bewohner Betaniens, die dort wohnenden Maria und Marta? Mk 11 lässt diese Frage offen. Mir scheinen in dieser Hinsicht auch die synoptischen Texte Indizien für die Richtigkeit johanneischer Darstellung zu liefern, so z. B. auch Mt 23,37/Lk 13,34.

3.6 Der frühe Tod oder das hohe Alter des Lieblingsjüngers

In Mk 10,35–45 heißt es, dass die Zebedäussöhne von Jesus verlangen, im Reich Gottes zu seiner Rechten und Linken sitzen zu dürfen. Jesus sagt ihnen: »Könnt ihr den Kelch trinken, den ich trinke, oder die Taufe auf euch nehmen, mit der ich getauft werde? Da antworteten sie: Ja«. Und Jesus sagt ihnen dann, sie würden diesen Kelch zu trinken bekommen und mit der Taufe getauft werden, aber Gott verteile die Plätze. Diese Stelle könnte bedeuten, dass die frühe Gemeinde meint, dass die Zebedäussöhne hingerichtet worden seien. Im Jahr 44 wurde Jakobus umgebracht. Doch wird von Johannes noch im Jahr 48/49 als eine der Säulen der Gemeinde gesprochen (Gal 2,9). Zum anderen schreibt Lukas, der Johannes in den ersten Kapiteln seiner Apostelgeschichte (geschrieben bis 90 n. Chr.) einführt, nichts über den Tod des Apostels. Vermutlich wird dieser von Markus überlieferte Text, der oben zitiert wurde, mit Blick auf den Tod des Jakobus überliefert worden sein. Doch konnte Johannes in dem Text nicht ausgenommen werden, da er sonst sein ›Gleichgewicht‹ verloren hätte: Jakobus muss ›den Kelch trinken‹ und ›getauft‹ werden – Johannes nicht, obgleich er dieselbe Forderung gestellt hatte. Das wäre sonderbar. Zum anderen wusste die Gemeinde noch nicht, welches Sterben Johannes erwarten würde. Denn es ist im genannten Text nicht von einem gleichzeitigen Tod beider die Rede. Erst in der Zeit der Formulierung von Joh 21 wusste die Gemeinde mehr.

Auch die Apostelgeschichte des Johannes (2. Hälfte des 2. Jh.s/1. Hälfte des 3. Jh.s) weiß nichts von einem gewaltsamen Tod des Johannes. Sicher entspringt diese Apostelgeschichte überwiegend der Phantasie, doch weiß sie z. B. auch, dass der Hauptwirkungsbereich des Johannes Ephesus und Umgebung war.[86] Philipp von Side (5. Jh.) schrieb: »Papias sagt in seinem zweiten Buch, dass Johannes, der Theologe, und Jakobus, sein Bruder, von den Juden ums Leben gebracht worden seien«. Hat Papias (1./2. Jh.) das gesagt? Wenn ja, dann wurde schon in dieser frühen Zeit von Johannes als ›Theologen‹ gesprochen. Und diesen Titel hat er wohl auf Grund seines Evangeliums bekommen – und das hieße, dass Papias von Johannes als Schreiber des Evangeliums gewusst hat. Johannes mag umgebracht worden sein, aber es wird nicht gesagt, dass er und Jakobus zur gleichen Zeit umgebracht worden sind.[87] Dass der Notiz jedoch nicht ganz zu trauen ist, zeigt der Text aus der Chronik des Georgius Monachus, Cod. Coislinianus 305:

---

86 Diese Apostelgeschichte ist wohl in Syrien entstanden. Sie beginnt mit der Reise von Milet nach Ephesus. Leider wurde der erste Teil nicht überliefert.

87 Papiasfragment 10.17. Diese Aussage verdient nicht schon darum Vertrauen, weil sie von der Tradition, die Johannes als Verfasser des Evangeliums behauptet, zurückgedrängt worden sei. Denn dieser Hinweis auf das Martyrium kann darin seinen Grund haben, dass man in kirchlicher Tradition Jakobus und Johannes häufig zusammen nennt.

»Nach Domitian regierte Nerva ein Jahr: er rief Johannes von der Insel zurück und ließ ihn Aufenthalt nehmen in Ephesus. Als einziger war dieser damals von den zwölf Jüngern noch am Leben und wurde nach Verfassen des nach ihm benannten Evangeliums des Martyriums gewürdigt. Papias [...], der ihn noch persönlich gesehen hatte, berichtete im zweiten Buch der Worte über den Herrn, dass er von Juden umgebracht worden sei. Er erfüllte so offenkundig mit seinem Bruder die Voraussage Christi über sie [...]« (Hengel).

Dieser Text spricht von Nerva, der 97/98 regierte – und er setzt den Evangelisten mit dem Apokalyptiker Johannes gleich. Zum anderen spricht er mit Berufung auf Papias vom Martyrium des Johannes, weil dadurch Jesu Prophezeiung erfüllt worden sei. Dieser Hinweis auf das Martyriumswort Jesu macht es schwerer nachvollziehbar, dass Johannes wirklich den Märtyrertod gestorben ist. Es adelt einen Christen, wenn er Märtyrer geworden ist. Und einen Widerspruch gegen Jesu Prophezeiung konnte/wollte man nicht stehen lassen. Das bedeutet, dass in der Überlieferung der Gemeinde Johannes den Märtyrertod gestorben sein muss (aber erst Ende des 1. Jh.s!), damit sich das Wort Jesu bewahrheiten konnte.

Es gibt keinen eindeutigen Beleg für einen frühen Tod des Johannes. Die Synoptiker (Markus und Matthäus – nicht aber Lukas!) haben diese Prophezeiung Jesu also weiter überliefert, obwohl Johannes höchstwahrscheinlich noch am Leben war. Das spricht dafür, dass Jesus dieses Wort – zumindest im Kern, denn die eine oder andere Formulierung spricht für Erweiterung – wirklich gesagt hat. Und die spätere Gemeinde hat die Wirklichkeit an das Wort Jesu angeglichen.

Auch im ersten Jahrhundert konnten Menschen recht alt werden. Wenn Johannes um das Jahr 30 mit Jesus wirkte und um 70 aus Jerusalem weggezogen ist, muss er mindestens 40 Jahre alt gewesen sein. Da er nicht als Säugling mit Jesus gewirkt haben dürfte, ist sein Alter um das Jahr 30 n. Chr. um 20 Jahre einzuschätzen, somit kann er um 70 n. Chr. ca. 60 Jahre alt gewesen sein. Wenn ihm die anderen Evangelien vorgelegen haben sollten, die nach heutiger Sicht zwischen 70 und 90 n. Chr. entstanden sind, wird zumindest die Endfassung des Evangeliums kurz nach 90 zu datieren sein. So kommen wir auf ein Alter des Autors von ca. 80 Jahren[88], wobei freilich die Datierung des Lukasevangeliums auf 90 und die Verwendung des Evangeliums durch Johannes unsicher ist. Ebenso ist auch nicht sicher, dass Johannes das Evangelium erst um 90 geschrieben hat.[89]

Es sei noch angemerkt, dass das Evangelium im Grunde wie ein Traktat zum Thema: ›Ewiges Leben‹[90]

---

88 Isidor (6./7. Jh.) weiß laut Legenda aurea (78), dass Johannes 99 Jahre alt geworden sei. Er habe noch 67 Jahre nach dem Tod Jesu gelebt. Er sei also zum Zeitpunkt der Kreuzigung Jesu 32 Jahre alt gewesen.

89 Exegeten sind sich über die Datierung des Johannesevangeliums uneinig. Während z. B. Berger eine Frühdatierung (68/69) vertritt, vertritt Theißen eine Spätdatierung (100/120). Während Paulus mit seinen jüdischen und judenchristlichen Gegnern um die Bedeutung des Gesetzes ringt, ringt Johannes um das Verhältnis Gott-Jesus. Aber das muss nicht heißen, dass die Theologie sich weiter entwickelt hat bzw. die Streitthemen sich verlagert hätten. Unterschiedliche theologische Strömungen konnten nebeneinander herlaufen, damit auch unterschiedliche Auseinandersetzungen.

90 Das spricht er auch mit variierenden Wörtern aus: neu geboren werden (3); nicht gerichtet werden (3; 5); lebendiges Wasser (4; 7,38); Brot des Lebens (6); Licht des Lebens (8,12); Tod nicht sehen/schmecken (erfahren) (8,51 f.); ich bin gekommen,

erscheint. Dieses Thema wird immer wieder variiert. Vielleicht lässt das auch auf ein bestimmtes Alter des Verfassers schließen – wenn es denn kein Thema ist, das seine Zeitgenossen bewegte, wie der Zulauf zu Mysterienreligionen auch im 1. Jh. n. Chr. anzudeuten scheint; oder handelt es sich um Texte, die in einer Zeit, in der Tod und Sterben die Menschen in Palästina beherrschten (um 70 n. Chr.), einen Kontrapunkt gesetzt haben? Freilich bleibt zu beachten, dass ›ewiges Leben‹ nicht allein die Zukunft im Blick hat, sondern schon gegenwärtig in der Annahme des Boten Jesus beginnt – wie unter anderem Joh 17,3 die unterschiedlichen eschatologischen Aussagen zusammenführt.

Abb. 15: Corregio: Heiliger Johannes der Evangelist (1520–1521)

---

damit sie das Leben haben (10,10; 20,31); ich bin die Auferstehung und das Leben (11,25), ich bereite euch die Stätte (14,3) usw.

3.7 Der Lieblingsjünger will Glauben wecken und korrigiert Traditionen

Der Evangelist stellt Jesus aus der Perspektive der Auferstehung dar, er zeigt ihn als den Logos, als der er in die Welt gekommen ist, gekommen vom Schoß des Vaters. Diese vor- und nachösterliche Perspektive wird auf Grund der Erfahrung des Parakleten/Beistandes kultiviert – mit ihr soll Glauben geweckt werden. Dass er das Jesusereignis nachösterlich interpretiert, das ist nicht nur herauszulesen, sondern wird von ihm ausdrücklich durch den Prolog (Joh 1), aber dann auch einfacher im Kontext der Tempelaustreibung (Joh 2,21) ausgesprochen.

Das 20. Kapitel schließt mit den Worten:

»Noch viele andere Zeichen tat Jesus vor seinen Jüngern, die nicht geschrieben sind in diesem Buch. Diese aber sind geschrieben, damit ihr glaubt, dass Jesus der Christus ist, der Sohn Gottes, und damit durch den Glauben das Leben habt in seinem Namen« (20,30f.).

Das Thema ›Glaube‹ durchzieht das gesamte Evangelium. Es ist eines der Hauptthemen. Möglicherweise wird hier das Interesse unseres Lieblingsjüngers erkennbar: Glauben wecken. Aber nicht einfach so an Jesus als Wundertäter, sondern Glauben wecken an den Menschen Jesus, der von Gott gekommen ist und erhöht wurde. Weil er ›Glauben‹ wecken wollte, stellte er nicht ein eigenes Evangelium den anderen Evangelien gegenüber, sondern korrigierte die vorhandenen Evangelien bzw. Evangelientraditionen.[91] Ihm kam es

91 Das heißt auch, dass die Jesustradition, auf die er zurückgreift, mit seiner Erinnerung zusammenstimmen kann. Zur Korrektur anderer Evangelien s. B 1.2.6 und B 1.3.1–4 pass.

nicht mehr darauf an, das Leben Jesu als ein irdisches Leben darzustellen. Ihm kam es darauf an, mitzuteilen, dass erst nach Tod und Auferstehung die Ereignisse um Jesus Christus und Jesus selbst richtig (gemäß der Schrift) verstanden werden können: Tod und Auferstehung durchdringen schon das Leben des irdischen Jesus. Darum geht es ihm nicht mehr um die kommende Gottesherrschaft, sondern es geht um Jesus selbst. Und so schreibt der Evangelist schon zu Beginn vom Wort/Logos, das Fleisch geworden ist. Es geht auch nicht um die Wunder als solche[92], nicht darum, dass an ihnen Jesu Macht erkannt werden könne, oder es geht nicht um die Bewunderung seiner Kenntnisse und seine Diskussionsfähigkeit über bestimmte Themen, sondern es geht darum, Größeres als das zu sehen:

»Wahrlich, wahrlich, ich sage euch, ihr werdet den Himmel offen sehen und die Engel Gottes hinauf- und herabfahren über dem Menschensohn« (1,51).

Der Lieblingsjünger wird nicht müde, dieses Größere immer wieder zu reflektieren, von allen Seiten zu durchleuchten und zu bekennen. Er möchte im Grunde nicht mehr den Fehler machen, den die Jünger vor Ostern gemacht haben: Sie haben Jesus nicht richtig verstanden. Es geht um den wahren Jesus, den menschgewordenen Sohn des Vaters bzw. um mit dem Prolog zu sprechen: dem Logos der bei Gott war und Gott ist, der Mensch geworden ist.

---

92 Freilich haben die Wunder unterstreichende Bedeutung: 11,42; 10,38.

3.8 Der Auferstandene erhellt die Erfahrungen des Lieblingsjüngers

Es gab, wie gesehen, ein Ereignis, das die gesamten Erfahrungskategorien des Lieblingsjüngers gesprengt hat: die Auferstehung des Hingerichteten. Und nach diesem Ereignis wurde der Tod am Kreuz nicht mehr als ein solcher verstanden, sondern als Erhöhung. Alles, was mit Jesus erlebt wurde, wurde transparent – es schien, so die Erinnerung, schon das hindurch, was nun ist. Das Weinwunder wurde transparent für die Hinrichtung (2,4), die Tempelaustreibung wurde transparent für Tod und Auferstehung (2,21 f.).[93] Auch Worte, die der Evangelist in den Synoptischen Evangelien/deren Tradition gefunden hat, können transparent werden für etwas, das über sie hinausweist. So kann das Wort: »Lasst die Kinder zu mir kommen, denn solchen ist das Reich Gottes« (Mk 10,14) neu verstanden werden: »Wenn jemand nicht neu geboren wird, kann er das Reich Gottes nicht sehen« (Joh 3,3). Der Rabbi blieb nicht nur Rabbi, sondern wird aus dieser neuen Perspektive als Sohn Gottes, als König von Israel angesehen (Joh 1,49); die Bezeichnung ›Menschensohn‹ ist nicht mehr vieldeutig, sondern bezeichnet den vom Himmel gekommenen/von Gott Gesandten, den Erhöhten, zum ewigen Leben Führenden (3,13–16). Johannes der Täufer war nicht mehr allein ein Täufer, sondern wie in den anderen Evangelien der Wegbereiter, der Zeuge für die himmlische Her-

93 Die Tempelreinigungserzählung wird einfacher dargestellt als in den Synoptischen Evangelien: es wird kein alttestamentliches Zitat angeführt, es ist nicht davon die Rede, dass der Tempel zu einer Räuberhöhle gemacht worden ist, es wird keine allgemeine Lehre angeschlossen, sondern die Worte richten sich nur an die Taubenverkäufer.

kunft Jesu (1,19–36; 3,22–36 vgl. 5,31–46). Der Mensch Jesus ist nicht mehr allein der Mensch aus Nazaret, sondern Zeichen der Liebe Gottes (3,16), er war der, der von Gott die Gerichtsvollmacht übertragen bekommen hat (Joh 5,19–30). Weil Jesus der Auferstandene ist, sind seine Worte Worte des Auferstandenen, sind seine menschlichen Worte transparent für den Auferstandenen. Somit sind es nicht einfach Worte, sondern Worte, an denen sich Tod und Leben entscheiden (Joh 8,21–59). Da Jesus als Auferweckter erfahren wird, ist Jesu irdisches Tun nicht irgendein Tun, sondern eines, das ganz und gar im Willen Gottes begründet liegt. Von hier aus betrachtet, kann auch die Einheit des Menschen Jesus mit seinem Vater gesehen werden (Joh 10,30). Jesus ist Mensch, aber der wissende Mensch: Er weiß, was im Menschen ist (Joh 2,24f.), er weiß um das, was in Zukunft geschieht (Joh 6,64 pass.). Weil diese Sicht herrscht, ist ein und derselbe Mensch Tür und Hirte (Joh 10), Weinstock, Licht, Weg, Wahrheit – dieser Mensch Jesus wird transparent, besser: Die Erfahrung des Auferstandenen ermöglicht es, durch den Menschen Jesus die Gotteswelt hindurchscheinen zu sehen. Jede Wiedergabe von Erlebtem ist Interpretation. Hier finden wir, das erlebte Jesusereignis wird von der Auferstehungserfahrung her gesehen, es wird von hier aus interpretiert. In diesem göttlichen Licht allein kann der Mensch Jesus gesehen werden. Anders geht es für Johannes nicht mehr.[94] Die historische Wahrheit ermisst

94 Ähnliches haben wir bei Paulus: Er weiß um den Menschen Jesus – aber die Erfahrung des Auferstandenen in seinem Leben hat so massiven Eindruck hinterlassen, dass bei Paulus der Mensch Jesus keine große Rolle spielt. Während für Paulus der auferstandene Christus wesentlich ist, ist es bei Johannes der vom Christusereignis durchleuchtete Mensch Jesus. Aber

sich nicht an einer abstrakten Widergabe eines Erlebnisses, sondern im Licht der Erfahrung des Auferstandenen wird der Mensch Jesus gesehen. Wir erkennen in diesem Evangelium nicht so sehr die Kontinuität vom Menschen Jesus zum Auferstandenen, sondern umgekehrt: Die Kontinuität vom Auferstandenen Christus zum Menschen Jesus und den Versuch, beide miteinander zu verweben. Freilich kann der Evangelist auch nicht den Menschen Jesus übergehen, denn dieser prägt die Christologie (vgl. 19,5).

Wenn wirklich ein Augenzeuge hinter den Texten steht, dann wird erkennbar, wie es Jüngern nach der Auferstehungserfahrung gegangen sein kann. Freilich schon reflektierter – wie es die dreißig bis sechzig Jahre nach dem Ereignis mit sich bringen – aber interessanterweise nach einem recht einfachen Strickmuster gestaltet. Das Evangelium des Johannes kreist um wenige Sachverhalte, die immer wieder umrundet werden:

- Jesus ist der Gesandte Gottes zur Rettung,
- die Menschen, die Gott zu ihm geführt hat, wissen/glauben das,
- diese Menschen werden neu geboren und haben das ewige Leben
- und werden angefeindet.

Diese Aussagen werden umrundet und umrundet. Mit neuen Worten, mit vielen Leerstellen, so dass Lesende/Hörende sie selbst füllen können. Das Christusereignis wird auf bestimmte elementare Aspekte reduziert und im Licht der Auferstehung gesehen.

---

auch bei Paulus werden bestimmte Aussagen des irdischen Jesus auf seine Gegenwart übertragen: Jesus hat Jünger erwählt – für Paulus heißt das: die Gemeinde.

Wird die Auferstehung als Maßstab abgelehnt, kann nicht verstanden werden, wie es kommt, dass ein Jünger Jesu ganz neue Maßstäbe, ganz neue Interpretationsansätze verwendet.

Kann all das von einem einfachen Fischer aus Galiläa geschrieben worden sein? Es handelt sich um einen Fischer, der ca. fünfzig Jahre mit dem Menschen Jesus und dem auferstandenen Jesus Christus gelebt hat. Er hat in ihm gelebt, in Jesu Namen verkündigt und Gemeinden gegründet. Er hat in Jesus Christus gelebt – auch im Gebet. Er hat den Tröster erfahren, in Christus den Weg, das Licht, das Brot. Er hat erfahren, dass im Glauben Ströme lebendigen Wassers fließen, in ihm ist Christus die Freude geworden, er ist geheiligt in der Wahrheit. All das, was er vom Jüngersein im Evangelium schreibt, wird er selbst erfahren haben. Und aus diesen Erfahrungen heraus wird er sein Evangelium geschrieben haben. Und das kann auch ein Fischer.

3.9 Der Lieblingsjünger Jesu und die Einheit der Gemeinde

Beschworen wird die Einheit der Gemeinde – in den Jüngern. Es geht jedoch nicht nur um die Einheit einer Gemeinde, die sich johanneisch herleitet und die nun in eine Krise geraten ist. Wenn wir Joh 17 recht lesen, geht die Frage der Einheit tiefer. Die Jünger und ihre Gemeinden haben sich auseinander entwickelt. Petrus geht einen anderen Weg als der Herrenbruder Jakobus, diese gehen einen anderen Weg als der ›Nachkömmling‹ Paulus. Diese wiederum einen anderen Weg als die johanneische Gemeinde. Die johanneischen Gemeinde lebte (wie noch zu sehen sein wird) nicht isoliert vor sich hin. Die Spannungen auch zu anderen Gemeinden und Strömungen sind vielfältig. Das ist daran erkennbar, dass im Evangelium Petrus und Johannes zusammengeführt werden. Ihre Einheit steht pars pro toto.

Indem Johannes Jesus das Gebet Joh 17 sprechen lässt, lässt er die Lesenden die Einheit quasi inhalieren: Wer das Gebet mitbetet, der sieht sich selbst in diese Einheit hineingestellt – und wer anders handelt, handelt gegen sein Gebet. Dieses Streben nach Einheit wird auch daran ersichtlich, dass er – wie häufig gesehen – unterschiedliche Positionen in einem Rede- bzw. Diskussionszusammenhang wiedergeben kann; und: Je größer der Interpretationsfreiraum ist, desto geringer ist der Zusammenhalt der Adressaten, der nun dadurch gefördert wird, dass die unterschiedlichen Positionen auf eine neue Ebene geführt werden. Dieses Streben nach Einheit führt dazu, dass er die ihm bekannten Synoptischen Evangelien bzw. deren Traditionen aufgreift, korrigiert und kommentiert. Trotz Aufnahme unterschiedlicher Positionen, trotz Interpretationsfreiraum wird vielfach deutlich, welche Positionen er vertritt: Wichtig ist dem Verfasser die Einheit Jesu mit Gott. In diese Einheit werden die Nachfolger Jesu mit hineingenommen. Indem Johannes viele Positionen aufgreift, kann er Menschen, die die jeweiligen Positionen vertreten, für sich vereinnahmen und diese auf eine neue Ebene heben.

3.10 Der Lieblingsjünger – der Bevorzugte, der sich zurücknimmt

Die Gemeinde überliefert Texte, die von der Selbsterhöhung des Zebedäiden Johannes sprechen (Mk 10,35–37). Im Johannesevangelium wird diese Selbsterhöhung noch sichtbar – in einer bis an die Grenzen ausgereizten Form: Er ist der erste Nachfolger (mit Andreas), er steht Jesus näher als Petrus, er sieht vor Petrus das leere Grab. Doch immer nimmt er sein ›Erstersein‹ wieder zurück. Er hat somit von Jesus gelernt, der sich gegen Selbsterhöhung gewandt hat.

Wir hören vom Jünger, den Jesus liebte, erst nach einer ereignisreichen Zeit. Urplötzlich finden wir diesen Jünger vor der Brust Jesu liegen. Damit er diese Stellung bekommen konnte, muss zwischen zwei Menschen vorher viel geschehen sein. Wir erfahren davon jedoch so gut wie nichts. Eine Begegnung beider wird angedeutet (Joh 1). Der Grund für diese Begegnung ist der, dass der geliebte Jünger sich Jesus zuwendet, wohl weil sein Lehrer Johannes (der Täufer) ihn auf Jesus hingewiesen hat, und er in ihm den verheißenen Messias erkennt. Warum hat er diese Stellung bekommen, die ihn dem Messias so nahe führte? Wir wissen es nicht, weil er uns immer nur im Pulk der anderen Jünger begegnet.

Die Geschichte endet nicht mit der Lage an der Brust Jesu. Sie geht weiter. Seit diesem Ereignis wird dieser Jünger jedoch aus dem Pulk herausgehoben. Es zeigt sich, dass er auf Grund seiner Anhänglichkeit an Jesus selbstständig wird. Er begleitet den Verhafteten bis zum Verhör; er ist bei ihm während der Hinrichtung; er rennt zu dessen Grab, als er erfährt, dass sich dort etwas ereignet hat – und er hebt sich dadurch heraus, dass er das Erlebte aufschreibt. Er schreibt es freilich nicht tagebuchmäßig auf, sondern in Auseinandersetzung mit anderen Traditionen, die von den Ereignissen um Jesus berichten. Die Initialzündung zu seiner Selbstständigkeit wird durch Petrus gegeben. Seit Petrus ihn mit einer Frage beauftragt hat, wächst der Jünger über sich in dem, was seine Selbstständigkeit betrifft, hinaus und konkurriert sogar mit dem

Jünger, der als der Selbstständige schlechthin in die Annalen der frühen Christen eingegangen ist. Doch bleibt er dem ›Wir‹, dem Pulk der Jünger verbunden. Im ersten Johannesbrief schrieb er nicht: ›Ich‹ habe gesehen, sondern ›wir‹. Und das bleibt sein Charakterzug: Er wird herausgehoben, er hebt sich heraus (indem er das Evangelium bzw. den Brief schreibt), gleichzeitig bettet er sich in dem ›wir‹ ein. Das auch in der Aussage: »Aus seiner (sc. Jesu) Fülle haben wir alle genommen/bekommen Gnade um Gnade« (1,18).

3.11 Der Lieblingsjünger als Theologe und Vorbild

Jesus erzählt im Johannesevangelium keine Gleichnisse, zumindest nicht in der Form, wie wir sie aus den anderen Evangelien kennen. Er wird selbst zum Gleichnis: Er wird zum Brot, Wasser, Weinstock, Licht, zur Quelle – damit wird er transparent für die Welt Gottes. Dass Jesus Brot, Wasser, Weinstock, Licht, Quelle ist, ist Gegenwart; das liegt nicht in der Ferne, in der Zukunft. Es hat konkret etwas mit den Rezipienten zu tun:

- *Wer* an den Sohn glaubt, der wird nicht gerichtet (3,18).
- *Wer* den Sohn hat, der hat das Leben (1Joh 5,12).
- *Wer* von dem Wasser trinkt, das ich ihm geben werde, den wird in Ewigkeit nicht dürsten (Joh 4,13f.).
- Ich bin das lebendige Brot ... *Wer* von diesem Brot isst, der wird leben in Ewigkeit (6,51).

Essen, trinken des Gott Transzendierenden, an ihn glauben, bedeutet, mit ihm eins zu werden: An ihm bleiben wie die Reben am Weinstock, heißt, teilzuhaben an der Kraftquelle Gottes, die ihn durchströmt. Die Theologie des Lieblingsjüngers besteht darin zu verkünden: Gott sandte den, der ihn sichtbar werden lässt, damit Menschen an Gott teilhaben können. Was heißt das konkret?:

- *Wer* in mir bleibt und ich in ihm, der bringt viel Frucht (15,5).
- *Wer* mich liebt, der wird von meinem Vater geliebt werden, und ich werde mich ihm offenbaren (14,21).

In die innige Verbundenheit Jesu mit dem Vater werden die Glaubenden hineingezogen. Jede der ›Wer-Aussagen‹ (im Griechischen wird das mit Partizipien formuliert) ist ein Mosaiksteinchen eines Gesamtbildes derer, die an ihm hängen, die mit ihm eins sind. Jedes Jesus-Bild im Johannesevangelium ist ein Mosaiksteinchen des Bildes Gottes. Der Lieblingsjünger, der an der Kraftquelle ruht, spricht nur noch gebrochen vom irdischen Jesus.

Und so ist der Jünger ein Mensch, in dem Jesus Christus bzw. Gott Wohnung nehmen. Er ist somit selbst transparent für die Anwesenheit Gottes/Christi in der Welt. Vom Jünger wird lebendiges Wasser fließen – also von allen, die glauben, wird lebendiges Wasser fließen. Dieser Jünger ist von anderen Glaubenden nicht zu unterscheiden. Unterschieden ist er von ihnen nur dadurch, dass er als Vorbild dargestellt wird – aber nicht als allgemeines Vorbild, das Jesus besser versteht als andere; auch nicht als Vorbild, weil er mit Jesus in den Diskussionen mithalten oder Jesu Lehre besonders verkündigen kann; es wird auch nicht deutlich, dass er das, was Jesus fordert, besonders tatkräftig umzusetzen vermag – darin unterscheidet er sich nicht von anderen, im Gegenteil, er steht im Pulk der anderen Jünger. Doch Vorbild wird er da, wenn es um das Leiden Jesu geht. An sich selbst zeigt er, dass es Menschen möglich ist, diesem Menschen Jesus, der Gott durchscheinen lässt, der im Evangelium eigentlich eher als einer gezeichnet wird, der eine gewisse Unnahbarkeit ausstrahlt, nahe zu sein. Das aber nicht, weil man sich ihm nähert, sondern: weil Jesus Menschen seine Nähe gewährt. Nicht der Jünger liebt Jesus, sondern Jesus liebt den Jünger. Und diese Liebe nimmt Menschen in ihre Nähe.

4. Spurensuche in weiteren Johannes zugeschriebenen Schriften: Johannesbriefe und Johannesapokalypse

4.1 Ein Überblick über die johanneischen Schriften

Im Neuen Testament werden drei Briefe einem Johannes zugeordnet[95] und eine Offenbarung/Apokalypse.

Der erste Johannesbrief zeigt große Nähe zum Evangelium. Er hat einen Prolog, der den Eindruck hinterlässt, als kenne der Verfasser des Briefes Jesus Christus selbst. Auch hier nennt der Verfasser seinen Namen nicht. Weiterhin verrät sein Sprach- und Argumentationsstil Nähe zum Evangelium. Während es dem Evangelium jedoch hauptsächlich darauf ankommt, Jesu Wesen darzustellen und in den Kapiteln 13–17 die Grundlage der Jüngergemeinschaft – auch mit Christus – darzulegen, dreht sich der größte

95 Ein Zitat aus einem uns unbekannten und wohl pseudepigraphischen Johannesbrief begegnet bei Ps.-Cyprian, De montibus Sina et Sion (vor 240; Afrika): Christus »unterweist und ermahnt uns in dem Briefe seines Jüngers Johannes an das Volk: ›Ihr seht mich so in euch, wie sich einer von euch im Wasser oder in einem Spiegel sieht‹« (Zitat nach Schneemelcher [Hg.] II, 33; vgl. auch 139).

Teil des ersten Briefes um das Verhalten der Gemeinde und um die Aussage: Jesus, der Gottessohn, war Mensch.

Der zweite und dritte Brief nennen einen Absender: »Der Älteste an [...]«. Diese Briefe werden an Gleichgesinnte gerichtet und wenden sich gegen Christen in der Gemeinde, die eine andere Intention vertreten als der Älteste. Auch hier wird im eigentlichen Briefkorpus der Name nicht genannt. Anders geht der Verfasser der Apokalypse vor.

4.2. Der Lieblingsjünger als Apokalyptiker?

Die Apokalypse des Johannes beginnt mit der Nennung des Verfassers:

> »Offenbarung Jesu Christi,
> die ihm Gott gegeben hat,
> seinen Knechten zu zeigen,
> was in Kürze geschehen soll;
> und er hat sie durch seinen Engel gesandt
> und seinem Knecht *Johannes* gezeigt,
> der bezeugt hat das Wort Gottes
> und das Zeugnis von Jesus Christus,
> alles, was er gesehen hat.
> Selig ist, der da liest
> und die da hören die Worte der Weissagung
> und behalten, was darin geschrieben ist;
> denn die Zeit ist nahe.«

Auch weiterhin spart der Verfasser nicht mit seinem Namen:

1,4: »*Johannes* an die sieben Gemeinden [...]«.

1,9: »Ich, *Johannes*, euer Bruder und Mitgenosse an der Bedrängnis und am Reich und an der Geduld in Jesus, war auf der Insel, die Patmos heißt, um des Wortes Gottes willen und des Zeugnisses von Jesus. Ich wurde vom Geist ergriffen am Tag des Herrn und hörte eine große Stimme wie von einer Posaune.«

22,8: »Und ich, *Johannes*, bin es, der dies gehört und gesehen hat [...]«.

Der Apokalyptiker nennt seinen Namen so häufig, so dass der Leser den Eindruck hat, er möchte in Lesenden Assoziationen mit einem bekannteren Johannes wecken. Auch durch die Art der Formulierung, wie es zwei der oben genannten Zitate erkennen lassen, kann man den Eindruck haben: Der Apokalyptiker schreibt, dass er der Johannes sei, der das Wort (Logos) Gottes bezeugt habe und das Zeugnis von Jesus Christus – was an den Evangelisten denken lässt, doch klärt er dann den Sachverhalt, indem er sagt, dass es mit diesem Wort und dem Zeugnis um die ihm gegebene Offenbarung gehe.

Während die Johannesbriefe eine gewisse Nähe zum Johannesevangelium erkennen lassen, ist die Johannesapokalypse ein Werk, das von einem anderen Johannes stammen wird. Die Johannesapokalypse und der erste Johannesbrief stehen in Spannung zueinander: Der erste Johannesbrief spricht von Zuversicht am Tag des Gerichts – der Apokalyptiker ist da vorsichtiger. Der erste Johannesbrief verkündet, dass Gott in seinem Sohn das ewige Leben gegeben hat – der Apokalyptiker betont die Werke. Der erste Johannesbrief spricht vom ewigen Leben – der Apokalyptiker betont das neue Jerusalem. Der erste Johannesbrief spricht von Sühne für die Sünden der ganzen Welt – der Apokalyptiker spricht vom Gericht. Der erste Johannesbrief spricht davon, dass der Verfasser den Menschen Jesus gekannt habe – das überbietet der

Apokalyptiker damit, dass er betont, den herrschenden Christus gesehen und gehört zu haben. Weiterhin scheint der Apokalyptiker seine Autorität erst noch dadurch legitimieren zu müssen, dass er seine Verbannung nach Patmos und die ihm gewährten Visionen/Auditionen anspricht; der Schreiber des Evangeliums und des Briefes bezieht sich darauf, dass er Jesus kennt.

Im 2. Jh. verschmolz in der Erinnerung der Gemeinde der Apokalypse-Johannes mit dem Ältesten, dem Presbyter-Johannes, und mit dem Evangeliums-Johannes. Das bedeutet, dass der Evangelist auch der nach Patmos Verbannte wird.[96] Das sagen zum Beispiel Clemens von Alexandrien[97] und Tertullian[98]. Auch wenn diese Sicht verbreitet war, so lässt sie sich doch aus den Schriften selbst heraus nicht begründen.[99] Die Apokalypse ist freilich nicht ganz vom Evangelium

96 Justin, Dial. 81: »Ferner hat einer, der bei uns war, Johannes hieß und zu den Aposteln Christi gehörte, in einer Offenbarung prophezeit [...]«.

97 »Welcher Reiche wird gerettet werden« (42,2): »Als der Apostel Johannes nach dem Tod des Tyrannen (Domitian) von der Insel Patmos nach Ephesus gekommen war, pflegte er auch [...] in die benachbarten Gegenden des Heidenlandes zu gehen, um an dem einen Ort Bischöfe einzusetzen, anderswo ganzen Gemeinden ihre Ordnung zu geben [...]«.

98 Tertullian (praescr. 36,3) berichtet, dass der Apostel Johannes gefoltert und ins Exil gebracht worden sei. Aufgenommen wurde das z. B. von der Legenda aurea.

99 Ca. 100 Jahre später hat Bischof Dionysios von Alexandria († 265) durch eine Untersuchung der johanneischen Schriften begründet dargelegt, dass die Apokalypse einen anderen Verfasser haben muss als das Evangelium (s. Euseb, h. e. 7,25,1 ff.). Damit greift er die Aussagen eines Theologen Gaius (Ende 2./Anfang 3. Jh.) auf, der zu entsprechendem Schluss gekommen ist. Dionysios akzeptierte allerdings die Apokalypse, während Gaius sie verworfen hatte.

zu trennen – und dass der Apokalyptiker das Evangelium gekannt hat, wurde oben schon angedeutet, wenn er auf sich als den Zeugen des Logos hinweist. Die Offenbarung ist ähnlich aufgebaut wie das Johannesevangelium. Während im Johannesevangelium Ereignisse aus dem Leben Jesu bzw. in Kapitel 10 ein Bildwort zu Beginn der Redebeiträge stehen, verwendet die Apokalypse Hymnen zu Beginn ihrer jeweiligen Darstellungen. Darüber hinaus zeigen sich zahlreiche sprachliche Parallelen (zum Beispiel ›Lamm Gottes‹) – doch daneben überwiegen die sprachlichen und vor allem auch die theologischen Unterschiede. So lässt sich im Johannesevangelium nicht erkennen, dass der Verfasser so massiv apokalyptisches Gedankengut vertreten könnte.[100] Vermutlich ist der Apokalyptiker aus Berührungen mit einer Johannesgemeinde hervorgegangen. Er tendierte allerdings in eine andere – eben eine apokalyptische Richtung. Der Apokalyptiker mag Berührungen mit der Johannestradition haben, er ist jedoch sehr eigenständig – er hat ja selbst noch Kontakte zu Palästina gehabt, zumindest palästinische Tradition aufgegriffen.[101]

4.3 Der Lieblingsjünger als Briefschreiber

Der Apokalyptiker ist also höchst wahrscheinlich vom Evangelisten zu unterscheiden. Dagegen kann vermutet werden, dass der Evangelist Johannes und der Verfasser des ersten Johannesbriefes der Zebedäide ist.

---

100 Sicher machen Menschen oft erstaunliche Entwicklungen durch, doch wenn es sich mit dem Evangelium und dem ersten Johannesbrief, wie in dieser Untersuchung herausgearbeitet wird, tatsächlich um das Alterswerk des Zebedäiden Johannes handelt, dann ist solch ein Bruch kaum verständlich.

101 S. Fenske 1999.

Abb. 16: Diego Velázquez:
Der Heilige Evangelist auf Patmos (1619–1620)

Vielleicht – aber eher unwahrscheinlich – trifft das auch auf den zweiten und dritten Johannesbrief zu.

Der erste Johannesbrief steht dem Evangelium sehr nah. Am Beispiel ›Sünde‹ sei das dargestellt, da wir hier die Argumentationsform wiederfinden, die auch im Johannesevangelium vor Augen tritt: Man ist rein durch das Blut Christi – und hat somit keine Sünde; und: Man ist nicht rein und hat Sünde; und: Jesus ist die Versöhnung für unsere Sünden – und er ist Fürsprecher beim Vater. In 1,7–2,2 werden also unterschiedliche Statements wiedergegeben. Obwohl man durch Christi Blut rein ist von Sünde, soll man sagen, man habe gesündigt, da man sonst Christus zum Lügner machen würde – und wenn man seine Sünde bekennt, führt das dazu, dass Jesus Fürsprecher[102] beim Vater ist, und gleichzeitig ist er die Versöhnung. Dieses Wirrwarr an Positionen wird 1Joh 3 in johanneischer Weise aufgelöst; hier finden wir die eigentliche Position des Johannes: Wer aus Gott geboren ist, tut keine Sünde – das heißt: wer Sünde tut, ist nicht aus Gott geboren.[103] In 4,10 wird dann gesagt, wie ›Versöhnung‹, die in 2,2 angesprochen wurde, zu verstehen ist: Menschen hören von Gott – hören sie von Gott und kehren sich zum Wort, dann erweisen sie sich als solche, die von Gott sind. Und Jesus ist die Versöhnung für ihre (vergangenen) Sünden. Ihr weiteres Leben in der Sündlosigkeit zeigt nun, dass sie aus Gott geboren sind.

---

102 Hier wird das Wort ›Paraklet‹ in einem Sinn verwendet, der im Evangelium so direkt nicht vorkommt. In Joh 14,16 spricht Jesus vom ›anderen‹ Parakleten, das heißt indirekt, dass er sich selbst auch als solchen ansieht. Nur wird Jesus dort als Beistand-Paraklet angesehen, hier als Fürbittender-Paraklet. Der erste Johannesbrief spricht vom Heiligen Geist – verwendet für ihn nicht das Wort ›Paraklet‹. Das hängt damit zusammen, dass es sich mit dem Brief nicht um Abschiedsreden Jesu handelt. Dafür ist die Bezeichnung ›Paraklet‹ (Beistand) passender.

103 Dieser Parallelismus zeigt wieder das Besondere am johanneischen Stil: (A) Jeder, der aus Gott geboren ist, / (B) der tut keine Sünde, / (A) denn Gottes Kind (sein Same) bleibt in ihm/(B) und nicht vermag er zu sündigen,/(A) denn er ist aus Gott geboren. Der Aufbau ist deutlich: A/B/A/B/A. Jede Aussage von A erläutert die Aussage der jeweils anderen Glieder. Und dadurch, dass sie zueinander in Spannung stehen, differenzieren sie einander.

Wie passt 5,16–18 zu diesen Stellungnahmen? Es geschieht nämlich, dass einer aus Gott geboren ist und sündigt. Für den darf man bitten. Aber dann gibt es den, der in der Gemeinde ist, aber nicht aus Gott geboren ist, der sündigt – und da darf man nicht bitten, da dieser ja nicht zu Gott gehört, somit auch nicht von der Sünde befreit werden kann. Die Wirklichkeit fordert, so scheint es, ihren Tribut vom Glauben an die Sündlosigkeit der von Gott Geborenen. Doch weiter heißt es: Wer von Gott geboren ist, der sündigt nicht – aber wenn doch? Bin ich dann nicht von Gott geboren? Gibt es Brüder erster Klasse und zweiter und dritter Klasse?

1. Klasse: die von Gott Geborenen, die keine Sünde tun[104];

2. Klasse: Brüder, die dazugehören, aber Sünde tun, somit nicht von Gott geboren sind, aber durch Gebet bewahrt werden können; und Brüder

3. Klasse, die nicht von Gott sind, und deren Sünde nicht mehr vor Gott gebracht werden darf?

Oder sehen wir hier die Spannung zwischen Glauben und Wirklichkeit angesprochen? Glaubende tun keine Sünde – die Realität sieht anders aus – darum sage ich: Wer von Gott geboren ist, tut keine Sünde, damit die Glaubenden vom Sündetun abgeschreckt werden? Also eine soziopsychologische Antwort?

---

104 S. auch die typisch johanneische Fortschreibung: 3,9: wer aus Gott geboren ist, sündigt nicht; 4,7: wer aus Gott geboren ist, liebt und kennt Gott (nicht sündigen heißt also: lieben/Gott kennen); 5,1: wer aus Gott geboren wurde, glaubt, dass Jesus der Christus ist (nicht sündigen heißt also: glauben an Jesu Messianität); 5,4: wer von Gott geboren ist, überwindet die Welt (dito) – was dann 5,18ff. zugespitzt wird. Vgl. auch die Aussagen zu Gott/Jesus in 1Joh 5,20.

Diese Antwort mag herausgelesen werden – aber sie ist nur eine Möglichkeit. Es geht in diesem neuen Abschnitt ab 5,13 wieder um etwas anderes: Das Thema ›Sünde‹ läuft hier auf die letzten Zeilen des Briefes zu: Es geht um die Frage: Wer ist Jesus? – Wer seine Gottheit leugnet, dessen Sünde ist zum Tode. Und wer aus Gott geboren ist, der kann eben diese nicht leugnen. Das bedeutet, dass das Thema ›Sünde‹ in 1Joh 5 nicht allgemein angesprochen wird, sondern nur in Bezug auf die Frage des Wesens Jesu. Und von hier aus gibt es nicht Brüder unterschiedlicher Klassen, sondern nur Menschen, die Jesus als Mensch Gottes bekennen, und solche, die das nicht tun. Diese Aussage zur Gottheit Jesu ist wiederum nur eine Aussage des Briefes. Denn in 1Joh 4 geht es darum zu bekennen, dass Jesus Christus Mensch geworden ist (4,2), dass er von Gott gesandt worden ist (4,10). Das heißt, wir haben hier eine typische johanneische Argumentation vor uns: assoziativ aber gleichzeitig weiterführend, indem unterschiedliche Positionen aufgegriffen und auf eine neue Ebene gehoben werden.

Während das Evangelium nur andeutend den Verfasser einbringt, weil es um Jesus Christus selbst geht, bleibt der Verfasser des Briefes zwar ebenso anonym, er spricht jedoch deutlicher:

»Was von Anfang an war,
was wir gehört haben,
was wir gesehen haben mit unseren Augen,
was wir betrachtet haben
und unsere Hände berührt haben vom Wort des Lebens,
und das Leben ist erschienen,
und wir haben gesehen und bezeugen
und verkündigen euch das ewige Leben,
das beim Vater war und uns erschienen ist,

was wir gesehen und gehört haben,
das verkündigen wir auch euch,
damit auch ihr mit uns Gemeinschaft habt,
und unsere Gemeinschaft ist mit dem Vater
und mit seinem Sohn Jesus Christus.« (1Joh 1,1–3)

Gehört – gesehen – betrachtet – berührt hat der Verfasser das Wort/den Logos des Lebens. Er war unmittelbar dabei, beim Jesusereignis, so deutet der Verfasser an. Der Verfasser schreibt nicht plump, ›wir haben Jesus Christus berührt‹, sondern das ›Wort des Lebens‹. Wie im Evangelium geht es ihm um diesen Menschen, der Sohn Gottes ist. Dieser Mensch ist als Sohn Gottes transparent für Gott. Und vor allem: Dieser Mensch ist das Wort des Lebens, das göttliche Leben schlechthin. Mit der Berührung dieses Menschen berührt man die Dimension Gottes. Und dieses Schwebende zeigt auch sein Evangelium. Die Erfahrung des Auferstandenen legt sich über die Erfahrung, die der Jünger Jesu mit dem Menschen Jesus gemacht hat. Von hier aus kann er vom Hören, Sehen, Betrachten und Fühlen reden. Anders als Paulus, der die Glaubenden direkt an Jesus Christus bindet, schaltet sich der Jünger stärker zwischen Jesus Christus und die Glaubenden, denn er hat das ›Wort des Lebens‹ selbst gehört. Er ist Zeuge, von seinem Zeugnis leben sie.

Im Logosprolog Joh 1,14.16.18 klingt es ähnlich:

»Und das Wort ist Fleisch geworden
und wohnte unter uns,
und wir haben seine Herrlichkeit gesehen,
eine Herrlichkeit vom Eingeborenen (Sohn) vom Vater,
voller Gnade und Wahrheit […].
Und von seiner Fülle haben wir empfangen Gnade über Gnade […].
Niemand hat Gott je gesehen.

> Der Eingeborene, der Gott ist an der Brust des Vaters,
> der hat berichtet (– ausgelegt, gedeutet).«

Hier ist auch das ›wir‹ des Zeugen zu vernehmen. Freilich hat es in Joh 1 einen anderen Klang als im ersten Johannesbrief. Im Brief bezieht es sich eindeutiger auf die Zeugen, während es im Evangelium die Adressaten einbezieht: Der Logos wohnte unter uns (der Gemeinde?), wir (als solche, die sich auf das Wort des Evangeliums eingelassen haben?) haben die Herrlichkeit des Logos gesehen; dass von seiner Fülle auch die nachkommenden Gemeindegenerationen empfangen haben, wird von Menschen der johanneischen Gemeinde erfahren worden sein.

Es ist denkbar, dass der Zebedäide der Verfasser des Evangeliums wie des ersten Briefes ist. Das Evangelium ist die Reaktion auf andere Evangelien bzw. deren Traditionen – aus der Perspektive dessen, der das Menschsein und die Auferstehung Jesu miterlebt hat.

Warum der Brief geschrieben worden ist, begründet der Autor viele Male:

- Wir schreiben euch, damit unsere Freude vollkommen sei (1,4); … damit ihr nicht sündigt (2,1), … damit ihr wisst, dass ihr das ewige Leben habt (5,13); und detailiert wird bestimmten Altersgruppen gesagt, warum das alles geschrieben worden ist: 2,12–14.
- Wir schreiben euch, was wir gehört haben, damit ihr mit uns Gemeinschaft habt; und, wie man weiter sehen kann: Gemeinschaft habt mit dem Vater und mit dem Sohn Jesus Christus (1,3); wir haben die Botschaft gehört und verkündigen sie euch: Gott ist Licht … (1,5), wir verkündigen euch das Leben, das ewig ist, das beim Vater war und uns erschienen ist … (1,2).

- Zu diesen Hinweisen gehören auch die Bemerkungen, die aussprechen, dass es Merkmale gibt, woran Glaubende erkennbar sind: daran, dass sie Gebote halten (2,3; 3,23), Gottes Wort halten (2,5), an der Geistgabe (4,13), an der Liebe (5,2) bzw. es wird gesagt, woran der Geist Gottes erkennbar ist (4,2.6) und die Liebe Christi (3,16).
- Es wird daran erinnert, was die Adressaten von Anfang an *gehört* haben: dass Jesus der Christus ist (2,24), dass sie einander lieben sollen (3,11).
- Sehr häufig erinnert er die Adressaten an das, was sie wissen: Ich habe euch nicht geschrieben, als wüsstet ihr die Wahrheit nicht, ihr wisst sie und wisst, dass keine Lüge aus der Wahrheit kommt. Folge: Ihr wisst, dass Jesus der Christus ist (2,21 ff.), dass Christus gerecht ist – und darum sollen sie erkennen, dass man auch recht handelt (2,29), dass Christus erschienen ist, die Sünde zu nehmen (3,5), dass Glaubende aus dem Tod in das Leben gekommen sind (3,14), dass Gott hört, worum Glaubende bitten (5,15) – und es läuft aus in einem Furioso des »Wir wissen« 5,18–20.

Mit dem ersten Johannesbrief handelt es sich um einen Rechenschaftsbericht, um ein Testament, verbunden mit Warnungen. Der Verfasser möchte seine Gemeinde noch einmal auf die wesentlichsten Aspekte aufmerksam machen. Er erinnert sie an das, was ihr verkündigt worden ist, an das, was sie weiß, und dass sie daran festhalten möge.

»Daran haben wir die Liebe (Jesu Christi) erkannt,
dass er sein Leben für uns gelassen hat.
Und wir sollen auch das Leben für die Brüder lassen« (3,16).

Handelt es sich mit diesem Einsprengsel um eine allgemeine frühchristliche Weisheit – oder spielt das auf die Situation des Absenders an? Beachten wir folgende Aussage:

> »Daran erkennen wir, dass wir aus der Wahrheit sind
> und können unser Herz vor ihm damit zum Schweigen bringen,
> dass wenn uns unser Herz verdammt,
> Gott größer ist als unser Herz und erkennt alle Dinge« (3,19 f.).

So etwas reflektiert verstärkt der, der sein Leben Revue passieren lässt. Doch kann diese Vermutung nicht erhärtet werden, weil auch dieses Thema nicht bei dem reflektierenden Individuum stehen bleibt, sondern für die Gemeinde fruchtbar gemacht wird.

Deutlich wird: Dem Absender geht es um die Einheit der Gemeinde, die in der Liebe zu erfüllen ist. Es geht ihm um die Frage nach dem ewigen Leben. Und wieder geht es nicht mehr allein um den Menschen Jesus, sondern es geht darum, dass er Gott sichtbar werden lässt – gar mit dem Fazit, dass Jesus Gott ist.[105] Damit schließt der Verfasser diesen Brief. Wir erkennen Sachverhalte wieder, die auch im Evangelium von herausragender Bedeutung gewesen sind. Und so mag es sein, dass dieser Rechenschaftsbericht, das Testament nach dem Evangelium verfasst worden ist. Hier geht es nicht um das Leben und das Testament

105 Freilich muss die johanneische Intention beachtet werden, die wir auch im Johannesevangelium gefunden haben. Wir finden im ersten Johannesbrief die Aussagen: Jesus zeigt uns Gott – Wir sind in Gott – Wir sind in Jesus Christus – Jesus Christus ist Gott. Es handelt sich nicht um einfache Identifikation. S. das unter B 1.5 zum ›Logos‹ Gesagte.

Jesu (wie Joh 13–17), sondern um letzte Worte des Jüngers Jesu angesichts seines erwarteten Todes.[106]

Einige Anmerkungen seien dem zweiten und dritten Johannesbrief gewidmet. Er wird von einem Menschen geschrieben, der sich als der ›Älteste‹ bezeichnet. In ihm finden wir Sprache, Stil und Begriffe wieder, die auch die anderen johanneischen Schriften prägt. Es wird auch aus ihnen zitiert (vgl. 2Joh 5 mit 1Joh 2,7). Der Älteste greift im zweiten Johannesbrief knapp Themen des ersten Briefes auf: Ihm geht es darum, die Gemeinde zu ermahnen, das Gebot der Liebe zu leben, und zu betonen, dass Jesus Christus Mensch gewesen ist. Er folgert daraus, dass umherziehende Prediger, die anderes lehren, nicht aufgenommen werden sollen. Was im ersten Johannesbrief lehrend angesprochen wird, finden wir hier umgesetzt.

Der dritte Brief zeigt eine Spannung innerhalb einer kleineren Gemeinde an: Der Leiter einer Gemeinde nimmt den Ältesten und die Seinen nicht auf (– handelt damit so, wie der Älteste des 2Joh im Umgang mit falschen Lehrern gefordert hatte). Daraufhin schreibt der Älteste einem anderen wohl einflussreichen Glied der Gemeinde, mit der intendierten Bitte, ihn aufzunehmen. Das bedeutet, dass eine Spannung in dieser Gemeinde vorhanden ist – aber es wird nicht gesagt, warum der Leiter den Ältesten nicht aufnehmen will. Eine theologische Auseinandersetzung kann, muss

---

106 Das Evangelium muss nicht in Nordsyrien entstanden sein, weil auch Markus und Matthäus dort geschrieben haben, und der Brief muss nicht später von der nach Ephesus ausgewanderten Johannesschule verfasst worden sein, weil dort das Schreiben von Briefen – in der Tradition des Paulus – vorherrschend gewesen sei. Ein Mensch kann seine Tradition mitbringen und woanders ausführen, zum anderen hat auch Lukas in diesem Bereich sein Evangelium geschrieben.

aber nicht angenommen werden. Im ersten Brief werden ebenfalls Spannungen innerhalb der Gemeinde angesprochen. Dort geht es darum, dass Menschen der Gemeinde nicht bekennen, dass Jesus Mensch gewesen ist. Es kann hier nicht alles diskutiert werden. Es führt aber zu weit, aus diesen Auseinandersetzungen eine Isolation der johanneischen Gemeinde von anderen frühchristlichen Gemeinden zu schließen.

Abb. 17: Albrecht Dürer: Die vier Apostel, linker Teil: Die Heiligen Johannes und Petrus (1526)

C. WIRKUNG

1. Der Lieblingsjünger Johannes und sein Evangelium im 2. Jahrhundert

1.1 Spuren des Evangeliums und des Lieblingsjüngers im 2. Jahrhundert

1.1.1 Handschriften und Schriften des 1./2. Jahrhunderts, die auf Johannes verweisen und das Evangelium überliefern

Alle Evangelien scheinen erst spät mit einem Namen verbunden worden zu sein. So stellt sich die Frage, ob der Name, der mit dem jeweiligen Evangelium verbunden vorliegt, auch wirklich der Name des Verfassers ist. Zunächst sollen die Gründe genannt werden, die vermuten lassen, dass die vorliegenden Namen eine sekundäre Hinzufügung seien:

- Die uns bekannten Evangelien tragen die Namen ihrer Verfasser nachweislich erst seit Ende des 2. Jh.s. Das bedeutet, dass sie erst später aus den Schriften selbst (›Matthäus‹ aus Mt 9,9ff.) bzw. aus anderen frühchristlichen Schriften erschlossen worden sind (z.B. ›Lukas‹ aus Kol 4,14; 2Tim 4,11).
- Es sieht so aus, als seien die Überschriften (Evangelium nach XY) erst entstanden, nachdem die Evangelien zusammengestellt worden sind, also im Rahmen der Kanonisierung. Erst dann hat das Bedürfnis bestanden, die vorhandenen Evangelien voneinander zu unterscheiden. Wenn eine Gemeinde nur ein Evangelium kennt, dann muss man es nicht näher kennzeichnen. Kennt eine Gemeinde zwei, dann muss das eine Evangelium vom anderen

unterschieden werden. Darum wurden die uns bekannten Namen eingeführt.

- Markus konnte sein Evangelium nicht ›Evangelium nach Markus‹ oder ähnlich genannt haben, da es die Gattung Evangelium noch gar nicht gegeben hat. Solche Überschriften gibt es für unsere Evangelien aus dem 1. Jh. nicht.

Damit liegen Argumente für die Erschließungsthese vor, laut der die Namen der Evangelien erst nachträglich erschlossen worden sind. Dagegen sieht die Ursprungsthese die Namen der Evangelisten von vornherein mit den Evangelien verbunden:

- Selbst wenn die Namen nicht direkt mit dem Textkörper der Evangelien schriftlich verbunden gewesen sein sollten, so musste doch eine Gemeindetradition vorgelegen haben, die diese Zuweisungen ermöglichte. So könnten die Namen der Verfasser außen an den Papyrusrollen angebracht gewesen sein.[107] Vielleicht wurde das Wort ›Evangelium‹ erst später zu dem Namen hinzugefügt – und zwar dann, als die Texte der Rollen in Bücher übertragen worden sind.[108]

---

107 Die Namen einiger Evangelisten begegnen ausdrücklich zuerst bei Papias (um 130) (nach Euseb 3,39,15f.). Er beruft sich auf den Presbyter Johannes, der gemeint habe, Matthäus habe hebräische Reden Jesu zusammengestellt und Markus habe Reden des Petrus aufgeschrieben.

108 Die Zuordnung des Wortes ›Evangelium‹ zu Schriften, die Jesus Christus zum Inhalt haben: Markus nennt seinen Text Evangelium (um 70 n. Chr.; Syrien; nur in unserer vorliegenden Fassung?). Die Didache (Beginn 2. Jh.; Syrien) nennt das Matthäusevangelium ›Evangelium‹, obgleich Matthäus (ebenfalls Syrien um 80) selbst seine Schrift nicht so genannt hat. Der 2. Clemensbrief (130–150; Ägypten) nennt ein uns unbekanntes Evangelium in lukanischer Tradition ›Evangelium‹. Ignatius (um 117) kannte eine Gruppe aus Kleinasien, die gesammelte Worte Jesu ›Evangelium‹ nennt.

- Der frühen Gemeinde kam es nicht auf die Evangelisten an, sondern nur auf die Worte Jesu in den Evangelien, und darum haben sie in ihren Schriften die Namen der Evangelisten nicht erwähnt (s. u.).
- Die Evangelien wären eher wie die ersten fünf Bücher Mose auch durch die Anfangsworte unterschieden worden. Die fünf Bücher Mose heißen: Bereschit (Am Anfang), Schamut (Die Namen) usw. Entsprechend wäre es wahrscheinlicher gewesen, wenn die frühe Kirche die Evangelien mit den Worten: Biblos (Buch) (Matthäus); Archä (Anfang) (Markus); En Archä (Am/Im Anfang) (Johannes) gekennzeichnet hätte.
- In der Bezeichnung der Evangelien waren die Gemeinden unabhängig voneinander. Hätte jede Gemeinde ihre Evangelien selbst namentlich gekennzeichnet, so lägen uns weitere Zuordnungen bzw. Titel für ein und dasselbe Evangelium vor. Da das aber nicht der Fall ist, werden sie von vornherein mit den Namen verbunden gewesen sein, die uns heute bekannt sind.

Das bedeutet: Erst sekundär scheint versucht worden zu sein, die Namen der *Evangelisten* mit bekannten Frühchristen gleichen Namens zu verbinden. Das Evangelium hieß ›nach Lukas‹ oder ähnlich – und dann hat man einen bekannten Menschen dieses Namens in der frühen Gemeinde gesucht und mit dem Evangelium verbunden.

Die folgenden Texte zeigen, ab wann das Johannesevangelium zitiert und ab wann es einem Johannes zugeschrieben worden ist:

Basilides (um 138) zitierte Joh 1,9 mit der Einleitung: »Hiervon reden die Evangelien«, so überliefert Hippolyt, Haer. 7,22. Die frühesten Schriften, die höchst wahrscheinlich das

Johannesevangelium kannten, sind weiterhin: der 2. Clemensbrief (130–150) und das Nazaräerevangelium (1. Hälfte 2. Jh.). Im 2. Clemensbrief wird in 4,5 ein Wort Jesu aus dem Lukasevangelium (13,25) mit Joh 13,23 verbunden:

»*Wenn ihr mit mir an meiner Brust (kolpos) vereint seid* und nicht meine Gebote ausführt, werde ich euch hinauswerfen und euch sagen: Weicht von mir, ich weiß nicht, woher ihr seid, ihr Übeltäter.« (Übersetzung: Wengst)

Obgleich hier ein Anklang an Johannes vorliegt, wird dieses Evangelium vom 2. Clemensbrief nicht genannt und auch sonst nicht weiter zitiert. Diesen genannten Hinweis auf ›die Brust Jesu‹ finden wir auch in einem Fragment aus dem Nazaräerevangelium allerdings mit Mt 7,21 ff. verbunden:

»*Wenn ihr an meiner Brust seid* und den Willen meines Vaters im Himmel nicht tut, werde ich euch von meiner Brust stoßen« (6; Schneemelcher [Hg.] I 134).[109]

Zitate des Johannesevangeliums, besonders des 16. Kapitels, finden wir im Unbekannten Berliner Evangelium. Wenn es wirklich in die Zeit von 130 datiert werden kann[110], ist es mit das früheste, das zahlreiche deutliche Zitate aus dem

---

109 Dieser Text scheint älter zu sein als der aus dem 2. Clemensbrief, da er christologisch weniger reflektiert ist. Der 2. Clemensbrief und das Nazaräerevangelium sind insofern interessant, als sie das Liegen an der Brust Jesu durch den Lieblingsjünger verallgemeinern. Damit sind sie ein Glied in der Kette hin zur Mystik.

110 Nach der Übersetzung von K. Berger und C. Nord (Das Neue Testament und frühchristliche Schriften, 1999). Überwiegend wird zurzeit mit Recht die Ansicht vertreten, es stamme aus der zweiten Hälfte des 2. Jh.s bzw. vom Beginn des 3. Jh.s.

Johannesevangelium aufweist (Joh 16,32; 10,30 mit Aufnahme von Mt 26,31). In Abschnitt 9 dieses Evangeliums wird auch Johannes 20,17 aufgegriffen – und das Besondere daran ist, dass auch der Name ›Johannes‹ genannt wird. Er wird nicht als Autor des Evangeliums genannt, sondern als einer, der Jesus eine Frage stellt. Dass gerade Johannes in einer Schrift erwähnt wird, die im Wesentlichen das Johannesevangelium zitiert, wird vorsichtig die Schlussfolgerung zulassen dürfen, dass dem Autor das Johannesevangelium mit Verfasserangabe vorgelegen hat. Das gilt, was besser abgesichert ist, auch für die Schrift Epistula Apostolorum (Mitte 2. Jh.). Zum anderen kommt sie möglicherweise aus Ägypten, das heißt, das Evangelium war schon bis dahin wohl unter dem Namen Johannes verbreitet: In ihr wird bevorzugt auf das Johannesevangelium angespielt, auch daraus zitiert – und Johannes ist für sie der wichigste Jünger.

Als Johannes wird der Evangelist ausdrücklich von Bischof Theophilus von Antiochia (Bischof seit 168; †181 oder 188) vorgestellt. Er nennt Johannes einen inspirierten Mann und zitiert Joh 1,1 (ad Autol. 2,22). Leider sagt er jedoch nicht, dass dieser Johannes der Apostel sei. Auffällig ist auch, dass er das Johannesevangelium wie einen alttestamentlichen Text, also autoritativ, zitiert. Epiphanius zitiert den Brief des Ptolemaios an Flora (ca. 150–160?; Pan. 33,3; Ep. Flor. 36); in diesem Brief wird der Apostel als Evangelist angesehen, aber er erwähnt nicht den Namen Johannes. Justin (†165) spricht in seiner ersten Apologie an Antoninus Pius (†161) von den Memorabilien (Erinnerungen) der Apostel. Möglicherweise zählt er auch das Johannesevangelium zu diesen Erinnerungen – zumindest kannte er es, denn er zitiert daraus (1. Apologie 61 [Anklang an das Missverständnis des Nikodemus, Joh 3,4]; 66 f.). Offen ist freilich, ob er wusste, dass es von einem Johannes geschrieben worden war. Den Apokalyptiker Johannes nennt er ›Apostel‹

(Dialog 81,4) und schreibt über ihn: »Einer, der bei uns war, Johannes«. Von Melito von Sardes (160–170) wird in etwa in diesem Zeitraum eine Passahomilie überliefert. In ihr spricht er von Christus in johanneischer Weise als Erhöhten, weist indirekt auf die Lazarusgeschichte hin und kennt ›Ich-bin-Worte‹. Die Verbindung von Johannes und Evangelium finden wir häufig bei Irenäus (ca. 180) (haer. 2.22.5; 3,1; 3,11,1f.) – und er zitiert auch ausdrücklich aus diesem Evangelium (haer. 3,11,1f.). In dieser Zeit hat auch der Schüler des gnostischen Theologen Valentinus, Herakleon (145–180), laut Origenes (Kommentar zum Johannesevangelium; geschrieben von vor 231 bis nach 238) einen Kommentar zum vierten Evangelium verfasst. Tatian (nach 172) verfasste eine Zusammenstellung der Evangelien, darunter wurde wohl bevorzugt das Johannesevangelium verwendet (Diatessaron) – bevorzugt deshalb, weil es möglicherweise mit Joh 1,1 begonnen hat. Papias kannte wohl das Johannesevangelium, wenn einer Notiz des Philipp von Side (5. Jh.) zu trauen ist, laut der Papias (ca. 130) Johannes, den Bruder des Jakobus, ›den Theologen‹ genannt hat. Das ist eine Bezeichnung, die Johannes wohl auf Grund seines Evangeliums zugewiesen worden ist. Darüber hinaus verwandte er auch einzelne Worte, die er dem Johannesevangelium entnommen haben mag, z. B. das Wort ›Aloe‹ aus dem Kontext der Salbung Jesu (19,39).[111]

Basilides (138) war also einer der ersten, der ein Zitat des Johannesevangeliums mit einem Evangelium verbunden hat. Das Johannesevangelium (bzw. eine Tradition, die aus diesem zitiert hat) war wahrscheinlich drei Schriften (2. Clemensbrief, Nazaräerevangelium, Epistula Apostolorum) aus der Zeit um 150 n. Chr. be-

111 Siegert, NTS 27, 605–614; sicher kannte Papias den 1. Johannesbrief (Euseb, 3,39,17). Weitere Indizien s. unten.

kannt – vielleicht auch schon vorher Ignatius (117)[112] und Papias (ca. 130), wenn einer Notiz und Indizien zu trauen ist. Erst in der zweiten Hälfte des 2. Jh.s begegnen uns deutlichere Hinweise: Ptolemaios sieht den Apostel als Evangelisten, Bischof Theophilus nennt den Namen des Evangelisten in Verbindung mit dem Evangelium, Herakleion hat einen Kommentar zu dem Evangelium geschrieben, Tatian hat bevorzugt das Johannesevangelium verwendet, um aus vier umlaufenden Evangelien ein einheitliches Evangelium zu schaffen. Beim Kirchenvater Irenäus begegnet Johannes als Evangelist häufiger.

Dass die Namen der Evangelisten den Evangelien erst so spät nachweislich zugeordnet werden können, bedeutet noch nicht, dass sie selbst nicht schon früher bekannt gewesen sind. Die Namen aller (!) Evangelisten waren unbedeutend. Wichtig waren sie als Überlieferer der ›Worte des Herrn‹. Die Evangelisten wurden erst dann kirchlich relevant, als es in der Auseinandersetzung mit den Gnostikern wichtig wurde, eine Sukzessionskette zu errichten: Das heißt, als es darauf ankam, die aktuelle Leitung der Kirche, die Bischöfe, mit den Aposteln zusammenzuführen, um einen Beweis dafür zu haben, dass die Bischöfe die richtige apostolische Lehre vertreten.

Im Johannesevangelium selbst, wie auch sonst in den Evangelien, nennt sich der Verfasser nicht[113] bzw.

---

112 Anklänge an das Johannesevangelium: Röm. 7,2f.; Magn. 7,1; 8,2 und Philad. 7,1. Polycarp zitiert ca. 110 den 1. Johannesbrief (2Phil 7,1). Es ist auch der sekundäre lange Markusschluss (Anfang 2. Jh.) zu beachten, der in 16,9 berichtet, Jesus sei zuerst der Maria Magdalena erschienen. Diese Information finden wir auch im Johannesevangelium.

113 Im Matthäusevangelium fällt der Name ›Matthäus‹, aber er nennt sich nicht als Verfasser der Schrift.

wird nicht genannt. Vollständige Evangelienabschriften[114] aus dem 4. Jh. nennen die uns bekannten Namen der Evangelisten: Matthäus, Markus, Lukas, Johannes.[115] Sie begegnen auch schon ab Ende des 2. Jh.s zum Teil in der noch vorhandenen Liste, dem sogenannten Kanon Muratori[116] (ca. 200 n. Chr.). Ebenso haben frühe Fragmente die Zuordnung des Evangeliums zu Johannes, von denen das Papyrus 66 (125–200 n. Chr.) die älteste erhaltene Abschrift mit dem Namen im Titel ist. Alle Handschriften, die den Beginn des Evangeliums überliefern, weisen es einem Johannes zu. Somit ist denkbar, dass eine Ursprungsschrift diese Zuordnung gehabt haben wird, da sonst irgendeine der vorliegenden Handschriften oder Evangelienlisten noch auf eine Vorlage zurückgegriffen haben würde, die diese Zuordnung nicht gehabt hat.[117]

---

114 Als ›Handschriften‹ werden Abschriften biblischer Texte bezeichnet. Aus diesen Abschriften sind Abschnitte unterschiedlichen Umfangs erhalten geblieben. Unvollständig überlieferte Abschriften werden als Fragmente bezeichnet. Ein Teil der Handschriften liegt auf ›Papyrus‹ (als ›P‹ gekennzeichnet) vor, das heißt, dass die biblischen Texte auch auf Papyrusblätter geschrieben werden konnten. Ein weiterer Teil wurde auf Pergament geschrieben. Die Handschriften wurden nummeriert. In der Antike wurde überwiegend auf Rollen geschrieben, Christen bevorzugten jedoch die Buchform, den Kodex.

115 Andere Reihenfolgen der Evangelien liegen vor – aber immer mit den uns bekannten Namen.

116 Im 2. Jh. n. Chr. begann die christliche Gemeinde damit, Schriften zu sammeln, die für sie relevant waren, und Schriften abzustoßen, die als irrelevant angesehen wurden. Sie begann zu unterscheiden zwischen Schriften, die von Aposteln bzw. ihren Schülern verfasst worden sind, und Schriften, die häretischen Charakter haben. Die ›Titel‹ der zu lesenden und nicht zu lesenden Schriften wurden in Listen zusammengestellt. Eine davon ist der Kanon (d. h.: Maßstab) Muratori.

117 Die Namen einiger Evangelisten selbst begegnen, wie schon gesehen, bei Papias (um 130) (Euseb 3,39,15 f.).

Die älteste erhaltene Handschrift, die einen Text des Johannesevangeliums ohne Namensnennung (weil der Anfang weggefallen ist) überliefert, ist das Papyrus 52 (P 52; ein Kodex) aus der Zeit von 120(–150). Auch wenn es um 150 n. Chr. datiert werden müsste, handelt es sich mit seiner Überlieferung von Joh 18,31–33 und 37–38 um den ältesten Beleg für das Johannesevangelium.[118] Ein weiteres Papyrus (P 90) aus dem 2. Jh. überliefert einen Teil des Textes, der auch auf P 52 zu finden ist: Joh 18,36–19,7.

1.1.2 Menschen, die Johannes kannten

Es gab Verwechslungen und Übertragungen von Eigenschaften auf Grund von Namensgleichheit. Das betraf nicht allein die Marias (Mutter Jesu/Maria Magdalena/Maria von Bethanien) und Menschen mit Namen Jakobus (Bruder Jesu/Bruder des Johannes), sondern auch die mit Namen Johannes wurden verwechselt. In der frühen Christenheit ist von unterschiedlichen Menschen mit Namen Johannes die Rede. So hören wir z. B.

- von einem Johannes, den Zebedäiden, der mit seinem Bruder Jakobus getötet worden sei;
- von einem Johannes, der der Älteste/Presbyter genannt wird, der den 2. und 3. Johannesbrief geschrieben habe;
- von einem Apokalyptiker Johannes;
- von einem Johannes bzw. von zwei, die in Ephesus gestorben seien;
- wir hören davon, dass Johannes der Evangelist identisch sei mit Johannes dem Apokalyptiker;

118 Es geht um den ersten selbstständigen Beleg, das heißt, außerhalb von möglichen Zitaten.

- dass der Evangelist der Apostel, der Zebedäide sei.
- Die Mutter eines Johannes hatte den Namen Maria und ein
- Johannes hatte den Beinamen Markus.

Der folgende Text von Papias (um 130) ist von großer Bedeutung und wird in der Forschung, wenn es um die Frage nach der Identität des Johannes geht, inten-

Abb. 18: El Greco: Heiliger Johannes Evangelist (um 1595–1604)

siv diskutiert. Hier wird noch einmal deutlich, welch eine Puzzlearbeit Exegese sein kann. Papias schreibt:

»Kam aber etwa auch einer, der den Alten (Presbytern) nachgefolgt war, so pflegte ich nach den Worten der Alten zu forschen, was Andreas oder was Petrus gesagt hatte oder was Philippus oder was Thomas oder Jakobus oder was Johannes oder Matthäus oder irgendein anderer der Jünger des Herrn und was Aristion und der Alte (Presbyter) Johannes, die Jünger des Herrn, sagen. Denn was aus den Büchern kommt, hielt ich nicht so wertvoll für mich wie das, was von lebendiger und bleibender Stimme herkommt.« (Euseb, h.e. 3,39,3f.)[119]

Weiter heißt es bei Euseb (3,39,19): »Noch anderes teilt Papias in seinem Werke aus des oben erwähnten Aristion Auslegungen der Herrenworte sowie aus der Überlieferung Johannes des Presbyters mit«.

Zunächst spricht Papias von Menschen, die den Alten, das heißt den Jüngern Jesu, nachgefolgt waren. Diese pflegte er über die Jünger zu befragen. Unter diesen Jüngern nennt er Johannes. Dann spricht er von einem Aristion und noch einmal von einem Johannes, dem er die Bezeichnung Alter/Presbyter beifügt, als Jünger des Herrn. Die Frage ist nun, wie das zu verstehen ist. Wenn Papias vom ›Presbyter Johannes‹ spricht und auf ihn als Jünger Jesu hinweist, dann scheint er mit dieser Bezeichnung, die er auch für die zwölf Jünger verwendet, wirklich einen der zwölf Jünger Jesu gemeint zu haben. Dagegen spricht die zwei-

119 Auffällig ist die Reihenfolge der drei zuerst genannten Jünger, die Joh 1 entspricht. Nennt er Johannes erst vor Matthäus, weil er die beiden Evangelisten zusammenfasst? Beides lässt Kenntnis des Evangeliums vermuten und dass Johannes, der Jünger, der Verfasser desselben sei.

malige Nennung des Namens Johannes; dagegen spricht aber auch der Name Aristion, der in den Evangelien nicht als Jünger Jesu genannt wird. Darum wird daraus überwiegend geschlossen, dass laut Papias Johannes, einer der zwölf Jünger, von Johannes dem Presbyter zu unterscheiden sei. Weiter stellt sich die Frage: Waren Aristion und der Presbyter Johannes zwar Jünger Jesu, gehörten sie aber nicht den ausgewählten zwölf Jüngern, den Aposteln zu? Irenäus zieht wohl aus diesem Wort des Papias die Schlussfolgerung, dass Papias den Johannes, einen der zwölf Jünger Jesu, gekannt habe. Euseb liest diesen Text hingegen so, dass Papias den Jünger Jesu, Johannes den Evangelisten, nicht selbst gekannt habe, sondern dass es sich mit dem Presbyter Johannes um einen anderen gehandelt habe.

Eine Doppelung des Namens Johannes finden wir auch im manichäischen Psalmbuch (Ende 3. Jh.; Syrien). Dort wird das Leiden der Apostel geschildert. Zu Johannes heißt es:

»Die zwei Söhne des Zebedäus, man tränkte sie mit dem Becher […] Der jungfräuliche Johannes – auch er ward mit dem Becher getränkt, eingekerkert vierzehn Tage, damit er Hungers sterbe und auch Jakobus, er wurde gesteinigt und getötet, alle warfen Steine auf ihn, dass er sterbe unter dem Sturm« (Schneemelcher [Hg.] II, 93).

Die erste Nennung greift eine neutestamentliche Aussage auf, meint aber nicht, dass Johannes einen Giftbecher zu trinken bekommen habe, sondern sieht diesen Hinweis als einen allgemeinen Hinweis auf den gewaltsamen Tod des Apostels, den Hungertod, an. Ebenso wird dessen Bruder Jakobus zweimal genannt. Der Hinweis auf dessen Steinigung rührt von der Verwechslung des Todes dieses Jakobus mit dem Tod des

Jakobus, dem Bruder Jesu, her. Der Bruder Jesu wurde gesteinigt, Jakobus, der Bruder des Johannes, wurde mit dem Schwert getötet, so zumindest Lukas in der Apostelgeschichte 12,1f.

Auch die Nennung des Alten (Presbyters) Johannes durch Papias, könnte eine Konkretisierung der zuvor Genannten bedeuten: Ich hörte Worte der Nachfolger der Alten, so die Worte der Nachfolger des Johannes, dann hörte ich auch den Alten Johannes selbst. Euseb schließt aus diesem Satz, wie gesehen, dass es zwei bekannte Menschen mit Namen Johannes gegeben habe, und so unterscheidet er zwischen Johannes, einen der Zwölf – der gleichzeitig der Evangelist ist! –, und Johannes, den Alten, der die Apokalypse verfasst habe (3,39,5f.). Diese Auslegung scheint nicht unwahrscheinlich, da Papias wohl auch apokalyptische Traditionen übernommen hat (3,39,12).[120] Das würde aber bedeuten, dass der Alte (Presbyter) eher der Apokalyptiker gewesen sein könnte als der Presbyter – um die Konfusion noch zu vervollständigen – der den 2. und 3. Johannesbrief geschrieben hat. Dass Papias diese Briefe freilich nicht gekannt hat, ist möglich, denn er hat nur den 1. Johannesbrief, so Euseb, h.e. 3,39,17, erwähnt. Interessant ist nun jedoch auch, dass Papias von ›Auslegungen der Herrenworte‹ des Aristion weiß – und von der *Überlieferung* des Presbyters Johannes (3,39,19). Das verstehe ich vom Kontext, in dem Euseb das formuliert, so, dass schriftliche Überlieferungen vorgelegen haben. Wenn dieser Zebedäide Johannes nicht mit dem Evangelisten identisch sein sollte, dann können wir entweder, wie oben gesehen,

---

120 Euseb geht wohl von zwei Menschen mit Namen Johannes aus, weil er von der Tradition der zwei Menschen namens Johannes in Ephesus wusste.

einem Presbyter Johannes, der Jünger des Herrn – aber nicht einer der zwölf Apostel – war, das Evangelium zuschreiben, oder aber: Wir haben noch eine Art zweites ›Johannesevangelium‹. Aber ich sehe das so, dass Papias sich auf Worte von Gewährsmännern beruft und auf die Schriften des Aristion und des Evangelisten Johannes, den Zebedäiden, den Apostel. Darüber hinaus: Dieser Presbyter Johannes, den Papias kannte, äußerte sich positiv-kritisch zum Markusevangelium (3,39,15). Das entspricht dem, was wir herausgearbeitet haben: Die Synoptischen Evangelien werden stehen gelassen, aber korrigiert. Doch was ist der Maßstab für die Beurteilung des Markusevangeliums? Entweder das dem Presbyter vorliegende Johannesevangelium, da die Synoptischen Evangelien dem Markusevangelium folgen, somit als Maßstäbe ausscheiden, oder die Information des Jüngers Johannes selbst, der sich in seinem Evangelium an eine andere Reihenfolge der Ereignisse erinnerte.

Irenäus berichtet in einem Brief, so überliefert Euseb (h.e. 5,20,4), dass er als Kind den Polykarp gehört habe, der von seinem Umgang mit »Johannes und den übrigen Jüngern, die den Herrn gesehen haben« berichtet habe. Sehen wir diese Stelle unbefangen an, dann können wir davon ausgehen, dass Polykarp von seinem Umgang mit Johannes, einem der Zwölf, berichtet hat – vor allem auch deshalb, weil im Kontext das Wort ›Logos‹ (vgl. Joh 1) fällt. Nehmen wir jedoch ›den Alten Johannes‹ von Papias dazu, dann müssen wir sagen, wir wissen nicht, von welchem Johannes Polykarp redet (den Ältesten/Presbyter, den Zebedäiden, den Apokalyptiker). Aber dürfen wir die Aussage des Polykarp mit der des Papias verbinden? Polykarp spricht von Johannes, einer der Zwölf, zumindest suggeriert das der Text. Wobei natürlich festzuhalten ist, dass Irenäus als Kind Polykarp reden gehört hat und vielleicht verschiedene Johannesse verwechselt haben könnte. Das darf aber nur die Schlussfolgerung erlauben: Wir wissen nicht, wen Polykarp meinte. Wir wissen also weder genau, ob Polykarp und Papias Johannes, einen der zwölf Jünger Jesu, gekannt haben, noch, ob es einen Alten Johannes im Unterschied zu Johannes, einem der zwölf Jünger, gegeben hat.[121]

Von Irenäus erfahren wir aber noch etwas: Er spricht von Presbytern/Alten, die in Asien mit Johannes, dem Jünger Jesu, und anderen Aposteln zusammengetroffen seien (Haer. 2,33,3; vgl. Euseb, h.e. 3,23,3). Hier wird die Bezeichnung ›Alte‹ für Menschen verwendet, die nicht Jesus selbst gekannt haben, sondern dessen Jünger. Johannes wird somit als einer bezeichnet, der als Jünger Jesu den Aposteln zugehört habe. Der Apostelbegriff ist jedoch dehnbar. Es kann auch vermutet werden, dass Irenäus gedacht haben könnte, die Presbyter hätten mit Menschen gesprochen, die Johannes, einen der zwölf Jünger, gesehen haben. Deutlich ist: Irenäus geht in seiner Erinnerung davon aus, dass er Menschen kennengelernt hatte, die Johannes, einen der zwölf Jünger, gekannt haben. Ob die Erinnerung des Irenäus diesem einen Streich spielt, das wissen wir nicht. Aber hat Irenäus, was die

121 Johannes war um 130, als Papias seine Bücher schrieb, schon gestorben. Nur heißt das nicht, dass Papias ihn nicht gekannt haben kann. Wenn Papias, was Spekulation ist, 130 n. Chr. 60 Jahre alt gewesen sein sollte, dann hat er schon im Jahr 70 gelebt und ist um 90 n. Chr. 20 Jahre alt gewesen. Das gilt auch für Polykarp, der um 160 n. Chr. gestorben ist. Dieser wird schon 110 von Ignatius als Bischof gelobt und ist wohl um 70 n. Chr. geboren worden. In späterer Zeit wird übrigens von Papias gesagt, ihm sei von Johannes das Evangelium diktiert worden.

Worte des Polykarp betrifft, sich geirrt? In dem oben zitierten Brief schreibt er an seinen Gegner, den Gnostiker Florinus, dass auch dieser selbst Polykarps Lehre gehört und von Johannes, einem der zwölf Jünger, sprechen gehört habe. Da Irenäus sich in der Traditionskette zu Johannes, der einer der Zwölf war, sah, ist ihm das erwähnenswert. Das hieße, dass Papias Johannes, einen der Zwölf, gehört hat, ist möglich, deutlicher ist, dass Polykarp diesen Johannes gehört hat. Aber wir wissen es letztendlich nicht.

Zwei Anmerkungen seien noch zu Irenäus gegeben:

1.) Irenäus beruft sich auf Polykarp (geboren in den letzten Jahrzehnten des 1. Jh.s!), wenn er von Johannes spricht, und auf andere, die ebenfalls Johannes und weitere Apostel gesehen haben (haer. 2,22,5). Es wird dort auch gesagt, dass der Apostel ein Evangelium geschrieben habe. Mögen die Schriften gegen die Häretiker des Irenäus nach 180 entstanden sein – Irenäus selbst hat jedoch schon ca. 40 Jahre vorher gelebt, steht somit in Traditionen, die älter sind als 180. Er gibt auch das wieder, was allgemeine Sicht der Kirche ist und gibt nicht seine eigenen Überlegungen zum Besten; er steht somit in einem längeren Traditionszusammenhang.

2.) Interessant ist, dass Irenäus im Kontext der Auseinandersetzung mit seinem gnostischen Gegner Florinus darüber nachdenkt:

»Ich kann mich nämlich viel besser an die damalige Zeit erinnern als an das, was erst vor kurzem geschah; denn was man in der Jugend erfährt, wächst mit der Seele und bleibt mit ihr vereint. Daher kann ich auch noch den Ort angeben, wo der selige Polykarp saß, wenn er sprach [...] Seine Worte habe ich durch das mir gewordene Erbarmen Gottes damals mit Eifer aufgenommen; nicht auf dem Papier, sondern in mein Herz habe ich sie eingetragen, und durch die Gnade Gottes käue ich sie eifrig wieder […]« (Übersetzung: Haeuser/Gärtner, hg. v. Kraft).

Und was berichtete Polykarp laut Irenäus? Er habe von dessen Umgang mit Johannes und den anderen Jüngern gesprochen. Wenn ihn seine Erinnerung im Stich lässt, gibt er sich vor seinem Kontrahenten Florinus eine Blöße. Irenäus musste sicheres Wissen weitergeben. Von daher sehe ich es als sehr wahrscheinlich an, dass Polykarp von dem Jünger Johannes gesprochen hat.

In Weiterführung der von Irenäus gemachten Aussage gibt Tertullian (ca. 160 – ca. 220) wieder, dass Polykarp vom Apostel Johannes zum Bischof von Smyrna eingesetzt worden sei (de praescriptione haereticorum 32). Euseb (h.e. 3,36,1) verallgemeinert wie Irenäus: Er sei von den Aposteln eingesetzt worden.

Seit Irenäus begegnet die Ineinssetzung des Apostels mit dem Apokalyptiker häufig: Der Himmelskörper (der Jünger Johannes und Evangelist) hat die Trabanten (den Apokalyptiker, den Presbyter) angezogen.

Papias spricht positiv von Johannes, ob es sich nun um den Evangelisten oder um den Ältesten handelt. Das zeigt mir, dass von einer Isolation der johanneischen Gemeinden – auch weil sie in gnostisches Fahrwasser geraten sind – nicht die Rede sein kann. Sicher wird hier eine andere Sprache gesprochen als in anderen neutestamentlichen Schriften, vor allem paulinischer Schule. Wie schon gesehen: Die johanneische Gemeinde hat Interesse auch an Vorgängen um sie herum (z. B. Kenntnis des Markusevangeliums, Aufgreifen und Verarbeiten anderer christlicher Strömungen). Auch kann kaum gesagt werden, dass Johannes so selten zitiert wird, weil er mit den Gnostikern in Verbindung gebracht worden sei. Sie haben diesen herangezogen. Aber in ca. derselben Zeit als der Gnostiker Herakleon in der Hoch-Zeit der Gnosis seinen Kommentar verfasste, konnte Irenäus seine Autorität über Gewährsmänner von Johannes herleiten. Auffällig ist freilich, dass Justin ihn nicht häufiger nennt. Dass Ignatius (ca. 117) ihn wohl nicht nennt, sondern Paulus, mag daran liegen, dass dieser Evangelien ablehnt, zum anderen konnte die Paulustradition schon stärker wirken: Paulus war vor ca. 50 Jahren gestorben, Johannes vor ca. 20 Jahren. Auch war Paulus sein Vorgänger und Vorbild im Martyrium in Rom, nicht Johannes.

Ich verstehe die oben genannten Zitate des Papias so: Er teilt mit, er habe Menschen, die die Apostel, auch Johannes, kannten, über Jesus ausgefragt und Johannes selbst, wie er noch (stolz) bestätigt: den Jünger des Herrn. Und dieser Johannes hat auch Texte überliefert – also am Wahrscheinlichsten das Evangelium, denn andere evangelienartige Texte, die im Namen eines Johannes im Umlauf gewesen sein sollen, sind uns unbekannt.

Es ist kaum möglich, stillschweigend den Presbyter der Johannesbriefe – nur auf Grund der Wortgleichheit – mit dem Presbyter Johannes bei Papias zu verbinden. Es ist möglich, dass zwei Jünger namens Johannes mit Jesus gewandert sind, einer der Zwölf und ein ›Mitläufer‹, weil der Name nicht gerade selten war. Die Versuche, zwei Menschen namens Johannes herauszuarbeiten und einem Presbyter Johannes, der nicht der Apostel gewesen ist, das Evangelium zuzuschreiben, hat jedoch nicht mehr historisches Gewicht als das hier erkannte Ergebnis, dass Johannes, einer der Zwölf, das Evangelium geschrieben hat. Deutlich

Abb. 19: Duccio di Buoninsegna: Verabschiedung Marias vom Heiligen Johannes. Maestà, Altarretabel des Sieneser Doms (1308–1311)

ist einerseits, dass ein Johannes das Evangelium verfasst hat; deutlich ist andererseits jedoch auch, dass aus den Nachrichten der Kirche des frühen 2. Jh.s keine eindeutigen Antworten zu der Frage gegeben werden können, ob Johannes der Evangelist auch der Zebedäide ist. Das hängt damit zusammen, dass die Autoren fragmentarisch reden. Soweit ich sehe, gibt es keinen Beleg aus dem ersten bzw. zweiten Jh., der bestreiten würde, dass der Zebedäide Johannes, der Apostel und Evangelist sei. Daraus kann vorsichtig geschlossen werden, dass die fragmentarische Rede (wenn nur von Johannes dem Apostel oder von Johannes dem Evangelisten oder vom Apostel im Kontext eines Johanneszitates gesprochen wird) die Absender und Adressaten an eben unseren Johannes denken lässt.

2. Das Evangelium und der Evangelist bis in die Gegenwart. Einige Schlaglichter

2.1 Der Evangelist in alten Legenden

Seit dem 2. Jh. wurden zahlreiche Legenden um Menschen gebildet, die Jesus nahe standen. Auch um Johannes herum rankten sich Legenden – und zwar mehr als um die anderen Evangelisten. Diese Legenden kamen aus verschiedenen Gemeinderichtungen, sowohl aus allgemein-kirchlichen als auch aus gnostischen Kreisen. Sie zeigen, dass im Laufe der Zeit das Interesse an den Menschen immer größer geworden ist. Es kommt nicht mehr allein auf Jesus und auf seine Worte an, sondern auch auf die Menschen, die sie überliefert haben, auf die Menschen, die Jesus kannten und nach seinem Vorbild gelebt haben. Ihr gesamtes Leben, das plastisch vor Augen gemalt wurde, diente der jeweiligen Gegenwart als Vorbild. Es wurde ihr heiliges, Gott gemäßes Verhalten dargestellt. Dieses Vorbild bot im Kontext einer heidnischen Umwelt, einer Welt, die an ethischen Fehlverhalten litt, Orientierung; aber auch in Zeiten der Verfolgung wurde an ihnen gezeigt, wie Nachfolger der jeweiligen Gegenwart sich verhalten können. Die Biographien der Heiligen dienten auch der Auseinandersetzung mit anderen christlichen Strömungen. Mit ihnen wurde versucht, die Menschen von ihren Glaubensirrwegen zurückzuführen – oder auf neue Irrwege zu führen.

Mit Johannes konstruierten Menschen auch ein neues Jesusbild. Er war dazu besonders geeignet, weil er laut Johannesevangelium als Lieblingsjünger an der Brust Jesu gelegen, also Jesus besonders nahe gestanden habe. Darum – und weil er mit dem Apokalyptiker Johannes verbunden worden war – wurde er als Offenbarungsempfänger besonders betont. Das wurde weiter ausgemalt: Das Fragment einer gnostischen Schrift enthält ein Gespräch zwischen Jesus und Johannes, in dem Jesus dem Apostel besondere Offenbarungen gewährt.[122] Dadurch, dass Johannes körperlichen Kontakt mit Jesus gehabt hat, habe er auch Besonderes am Körper Jesu festgestellt: Laut Clemens von Alexandrien (um 200) habe Johannes bei dem Versuch, den Körper Jesu zu berühren (vgl. 1Joh 1,1), durch diesen hindurchgegriffen.[123] Und so fühlt auch Johannes in der Apostelgeschichte des Johannes, der an der Brust Jesu ruht, diese mal als glatt und weich, dann hart wie Fels, er sieht ihn als Jungen und Heranwachsenden, Erwachsenen und Alten (88f.). Diese Vielgestaltigkeit Jesu Christi, die in ägyptischer Tradition die Offenbarung einer Gottheit anzeigt, dient der Betonung der Überweltlichkeit, hier der Überweltlichkeit Jesu. Der Mensch Jesus wird seines Menschseins enthoben, womit die doketische Tendenz, dass der göttliche Jesus, der Logos-Jesus, gar nicht am Kreuz gestorben sei, sondern ein anderer an seiner Stelle bzw. nur der menschliche Teil Jesu, aufgegriffen wird. Denn Gott könne nicht sterben. Hier wird Johannes als einer eingeführt, mit dessen Autorität ein neuer Jesus Christus verkündigt werden soll. Noch im 13. Jh. verbreiteten auch Katharer eine bogomilische Schrift,[124]

---

122 Schneemelcher [Hg.] I, 310f. Das Apokryphon des Johannes, das von Irenäus zitiert wird, stammt aus der Zeit vor 180. In diesem wird Johannes als Bruder des Jakobus und Sohn des Zebedäus bezeichnet, das bedeutet, dass Kenntnis der Evangelien vorliegt.

123 Hypotyp. Frgm. III; s. Schneemelcher [Hg.] II, 138f.

124 Katharer standen der Armutsbewegung nahe und haben extrem asketisch gelebt: Enthaltung von der Welt führe zum

in der Johannes sich mit Jesus beim Abendmahl unterhalten hat.

Johannes wird nicht allein als Offenbarungsempfänger betrachtet. Er wird auch von den Menschen bevorzugt, die Sexualaskese – als Zeichen für besondere Reinheit – in der Gemeinde durchsetzen wollten. So wird er als der Jungfräuliche bezeichnet, der gemeinsam mit Maria Magdalena alle anderen Jünger überrage.[125] Johannes wird auch mit seinem Namensvetter, dem Täufer, verbunden. Beide gelten als Vorbilder für Keuschheit und werden als körperlich und geistig unverdorben angesehen. Dass der Evangelist seine Keuschheit Jesus selbst zu verdanken hat, weiß die Legenda aurea (ca. 1265) zu berichten (519 ff.): Jesus habe Johannes und Maria Magdalena von einer Ehe abgehalten, um deren Keuschheit zu erhalten. Solche Legenden haben ein pädagogisches Ziel. Das wird anhand dieser Legenda aurea deutlich: Die heilige Elisabeth (13. Jh.) habe sich »die Gottesmutter zu Hüterin und Fürsprecherin« erwählt und Johannes, den Evangelisten, habe sie ihre Keuschheit anbefohlen. »In Liebe zu Johannes entzündet«, hat sie, so die Legenda, immer gegeben, wenn sie im Namen des Johannes um etwas gebeten worden ist. Indem sie sich Johannes zugehörig wusste, ihn als Vorbild angenommen hatte, wurde sie selbst Vorbild für Menschen in ihrem Bestreben nach einem heiligen Leben.

Heil. Die Welt wurde in manichäisch-gnostischer Tradition als böse angesehen, darum müsse man sich ihr entziehen – zum Teil wurde auch der Hungertod in Kauf genommen. Ähnlich die Bogomilen.

125 Pistis Sophia 96 (Schneemelcher [Hg.] I, 295), vgl. Bartholomäusevangelium II 1 (a. a. O. I, 429); Johannesakten (Ende 2./3. Jh.; s. a. a. O. II, 147 pass.); so auch eine wohl späte Johannesapokalypse (a. a. O. II, 626).

Einige Menschen früher Jahrhunderte sahen sich als Schüler des Johannes an und veröffentlichten mit dieser Autorität im Rücken ihre Schriften (Schneemelcher [Hg.] II, 90ff.). Als ›Geliebter‹ wird er von ›Jesus‹ in einer Paulusapokalypse (vor dem 4. Jh.) bezeichnet (a. a. O. 674). Und als solcher, der von Jesus hervorgehoben worden ist, hat er auch als missionierender Apostel Macht gehabt. So wird aus Irland ein Text überliefert, der Johannes als ›Johannes von der Brust (des Herrn)‹ und als Sanftmütigen kennzeichnet, der gerade durch seine Sanftmütigkeit besondere Macht gehabt habe.

Ein der Sünde überführter Priester fällt vor Johannes nieder und schildert dessen göttliches Aussehen:

»Pflegling des Schöpfers, frischer, engelhafter Johannes, gelassen, mit schönem Haar, strahlend, mit blauen Augen, rotwangig mit schönem Antlitz, mit blitzenden Zähnen, mit braunen Augenbrauen, mit roten Lippen, mit glänzendem Hals, gewandt, hellhändig, schmalfingrig, frischaussehend, glanzflankig, leichten Schrittes, edel und rank, sanft, angesehen, strahlend und heilig, Freund der Christen, Vertreibung des finsteren Teufels (?), Gott ist er ein guter Pflegling.« (Ü.: Schneemelcher [Hg.] II, 192.)

Dieser Text wird zur innerkirchlichen Korrektur erzählt worden sein: Priester, die schuldig geworden sind, müssen umkehren, so hat es Johannes der Evangelist selbst gewollt. Solche Geschichten haben eine lange Tradition hinter sich. Schon aus dem Ende des 2. Jh.s wird folgende Geschichte überliefert, die Bischöfe ermahnen sollte, sorgfältiger mit den ihnen anvertrauten Menschen umzugehen:

Johannes, so heißt es, habe einem Bischof einen jungen Mann anvertraut und zog seines Wegs. Johannes kehrte wieder zurück und wollte wissen, was aus diesem jungen Mann geworden sei: Er war Räuberhauptmann geworden. Johannes ging dann tapfer zu den Räubern und holte den Reumütigen wieder in die Gemeinde zurück (Euseb 3,23,5 ff. unter Aufnahme von Clemens aus Alexandrien, Welcher Reiche wird selig werden).

Johannes hat aber nicht allein Bischöfe und Priester auf den rechten Weg zurückgeführt, sondern auch mit gnostischen Gegnern den Kampf aufgenommen: Der Hauptgegner des Johannes soll Kerinth, ein gnostischer Christ, gewesen sein. Kerinth wird von Euseb als Feind der Wahrheit bezeichnet (3,28,6; 4,14,6): Jesus ist für ihn allein leidender Mensch, der nur zeitweilig mit der nicht leidensfähigen Christusmacht verbunden gewesen sei. Das heißt, er vertritt eine Theologie, die der des Johannesevangeliums ganz und gar nicht entspricht. Euseb 3,28,5 f. (4,14,6) schreibt unter Aufnahme einer alten Tradition:

»Der Apostel Johannes ging einmal in eine Badeanstalt, um sich zu baden. Doch als er erfuhr, daß Cerinth im Bade sei, verließ er die Anstalt und eilte dem Ausgang zu, da er es nicht über sich brachte, unter einem Dache mit ihm zu weilen. Seine Umgebung forderte er dazu auf, das gleiche zu tun, mit den Worten: ›Lasset uns fliehen! Denn es ist zu fürchten, daß die Badeanstalt einstürze, da Cerinth, der Feind der Wahrheit, drinnen ist.‹«[126]

Es wurden auch Legenden gebildet, die allein die Wundersucht der Christen befriedigen sollte. In diesen wurden dann christliche Weisheiten und Verhaltensmaßstäbe eingearbeitet. Damit unterscheiden sie

126 Weil Johannes als Gegner des Kerinth angesehen wurde, scheint der Apokryphe Brief des Jakobus (2./3. Jh.) als Sympathisant des Kerinth das Johannesevangelium abzulehnen.

sich nicht von vielen Filmen der Gegenwart, die in all ihren Seichtheiten immer mal wieder Weisheiten einflechten, um Menschen Hilfestellungen für das Leben zu bieten.

Die Apostelgeschichte des Johannes, die im 5. bzw. 8. Jh. wegen ihrer Theologie offiziell abgelehnt worden ist, aber in Auszügen wirken konnte, berichtet von Wundern: Lykomedes, ein hochgestellter Epheser, kommt zu Johannes, damit dieser seine Frau Kleopatra heile. Doch als sie bei ihr ankamen, ist sie gestorben. Vor Trauer stirbt dann auch Lykomedes. Johannes weckt beide wieder auf. Lykomedes baut dann einen Hausaltar, auf dem er (ein Bild des) Johannes verehrt, doch Johannes bekommt das heraus und belehrt ihn über das Wesentliche: Er solle die Farben Jesu nehmen, die sind unter anderem: Glaube, Erkenntnis, Sanftmut, Liebe. Johannes heilt alte Frauen. Er vollbringt auch Strafwunder, so zerstört er den heidnischen Artemisaltar und erweckt den Artemispriester. Weitere Wunder vollbringt er: So zähmt er auch Wanzen, damit sie ihn, während er schläft, nicht plagen können. Die Geschichte läuft auf den Satz hinaus: »Dieses Getier hört die Stimme eines Menschen und hielt still für sich, ohne (den Befehl) zu übertreten. Wir aber hören die Stimme Gottes und sind seinen Geboten ungehorsam und leichtfertig – wie lange?« (Schneemelcher [Hg.] II, 179) Die ebenfalls weit verbreitete und bis ins Mittelalter viel übersetzte und vielfach erweiterte bzw. verkürzte »Apostelgeschichte des heiligen Apostels und Evangelisten Johannes des Theologen« (Prochorusakten; 5. Jh.?) meint, Johannes habe auf der Insel Patmos das Evangelium diktiert; sie kennt auch einige Wunder, so habe Johannes Meerwasser in Trinkwasser verwandelt (Schneemelcher [Hg.] II, 385f.). Er überlebt das Trinken von Gift. Ein heidnischer Priester Abdias/Aristodemus versprach dem Apostel, sich taufen zu lassen, wenn er einen Giftbecher trinken und überleben würde. Zwei Vorkoster starben beim Kosten des Giftes – Johannes starb nicht, sondern weckte beide Verstorbene auf.

In solche seichten Geschichten wurden gnostische Lehren eingefügt. Eine besondere Form der Manipulation: Texte sind beliebt, kursieren in den Gemeinden – und dann werden in diese beliebten Texte andere theologische Einsichten eingeflochten, um selber an der Verbreitung teilzuhaben.

Auch das Sterben des Johannes wurde mit Legenden umrahmt. Johannes ist, so hören wir aus dem Neuen Testament, wohl keines gewaltsamen Todes gestorben. Diese Schlichtheit des Todes muss ausgeschmückt werden: So hören wir in der genannten Apostelgeschichte des Johannes, dass dieser vor seinem Sterben ein Grab ausheben lässt; er stellt sich hinein, redet zu der Gemeinde, spricht ein Gebet, segnet und stirbt.

Aber auch diese Art des wunderbaren Sterbens genügte nicht. So wurde dann auch Johannes erzählerisch einem Märtyrertod zugeführt: So sei Johannes von seinen Gegnern in einen Kessel mit siedendem Öl gesetzt worden und dort seinen Peinigungen erlegen. Aber diese Geschichte gibt es auch in einer Form, die den Tod des Apostels noch nicht so wichtig nahm, sondern seine wunderbare Macht hervorhob. So sei Johannes im siedenden Öl nicht gestorben, sondern im Gegenteil: jünger wieder herausgekommen, weil das siedende Öl in frisches sprudelndes Wasser verwandelt worden sei. Eine Kapelle S. Giovanni in Oleo erinnert seit dem 15. Jh. mit einem Bild an diese Tortur (in unmittelbarer Nähe von S. Giovanni a Porta Latina aus dem 5. Jh.).

Abb. 20: Hans Fries: Heiliger Johannes im Ölkessel (1514)

Die Legende vom Märtyrertod des Apostels förderte den Kult um Johannes. Zwar weiß man schon um 200 von mindestens einem Grab des Johannes in Ephesus. Dieses Grab wurde jedoch in der Zeit höchster Legendenbildungen mit einer Kirche umgeben, wohl um die Pilgerströme besser leiten zu können. Unter Justinian I. wurde im 6. Jh. über diesem Grab eine Basilika errichtet.

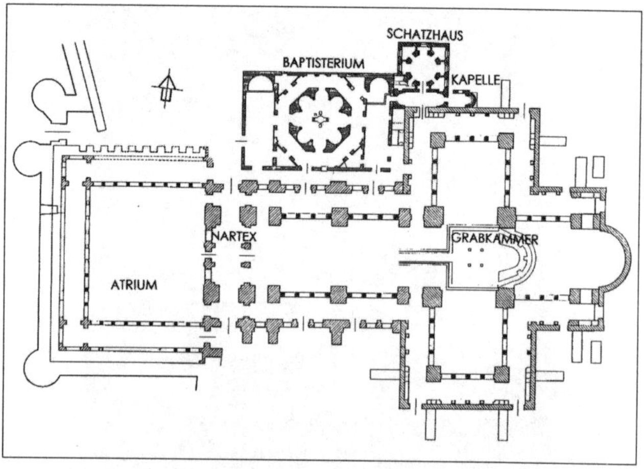

Abb. 21: Grundriss der Johannesbasilika mit Baptisterium und Schatzhaus (M. Büyükkolanci)

Die Legendenbildung, die im 5. Jh. besonders produktiv darin war, romanartige Geschichten über Johannes zu schreiben, riss nicht ab: Johannes Presbyter wurde seit Mitte des 12. Jh.s als sagenhafter Priesterkönig erwartet, der gegen den Islam kämpfe, um das Heilige Grab zu befreien. Diese Erwartung wurde von einem Brief geschürt, der vorgab, von diesem Priesterkönig geschrieben worden zu sein. Die Fortführung von Johanneslegenden gingen bis ins 18. Jh. weiter: So schreibt Klopstock, Der Messias, im 3. Gesang (1748): »Er (sc. Judas) hasset Johannes, / Weil den Jesus vor allen mit inniger Zärtlichkeit liebet.« Und diese Eifersucht habe Judas zum Verrat Jesu geführt.

In Legenden zeigt sich die Verehrung dessen, über den die Legenden gebildet werden. Parallel zur Legendenbildung zeigte sich die Verehrung des Apostels auch auf anderen Gebieten: 312–319 wurde von Konstantin dem Großen dem Bischof von Rom eine Kirche

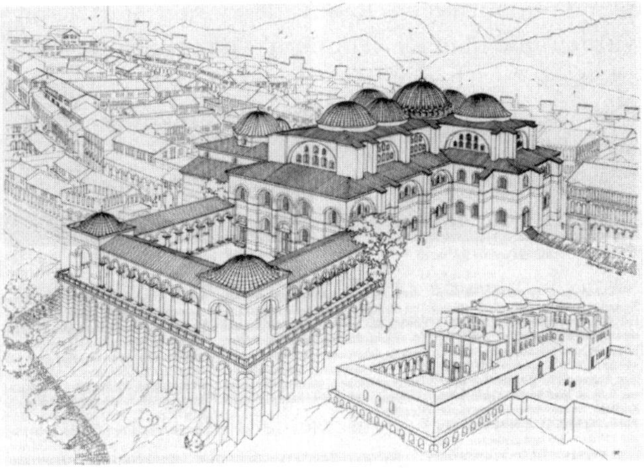

Abb. 22: Die Justinianische Johannesbasilika
(Graphik D. Groebner)

gestiftet. Die Basilika S. Giovanni in Laterano. Sie ist der älteste monumentale Kirchenbau und wurde wegweisend für den Bau von Basiliken. Im 5. Jh. hat Papst Hilarius Johannes im Baptisterium des Laterans ein Oratorium eingerichtet. Dieses Baptisterium schmückt ein schönes Mosaik mit einem Lamm, das einen Nimbus trägt. Um das Lamm ist ein Kranz gebildet worden, z. B. mit Weinreben und Ähren. Es wurde schon auf die Basilika in Ephesus hingewiesen. Basiliken waren im weltlichen Bereich Versammlungsplätze, die überdacht waren. So z. B. Gerichtsplätze, an denen der Herrscher Gericht übte. Im christlichen Bereich wurde Jesus Christus als König akklamiert und die Basilika war sein Thronsaal. In Ephesus wurde diese Basilika über dem Grab seines Boten und Lieblingsjüngers Johannes errichtet und bekam dessen Namen. Das Besondere an dieser Basilika ist die Verbindung des Langraums der weltlichen Basilika mit dem kreuzförmigen Raum: Thronsaal und Kreuz wurden miteinander verknüpft – das heißt, dass hier johanneische Theologie verarbeitet worden ist, wenn es denn nicht aus praktischen Gründen geschehen ist.[127]

Auch der Name des Apostels wurde immer bedeutsamer. ›Johannes‹ war der erste Name, den ein Papst – Johannes II. (533–535) – angenommen hat. Wobei die Namensänderung der Amtsträger erst Jahrhunderte später zur Regel geworden ist. Zahlreiche Kinder von Heidenchristen bekamen schon in früher Zeit von ihren Eltern den Namen ›Johannes‹; viele davon hinterließen in der Kirchengeschichte und Geschichte ihre Spuren. Wobei freilich zu sagen ist: Es ist nicht immer möglich zwischen Johannes dem Evangelisten/Apostel und dem Täufer als Namenspatron zu trennen.

Nicht allein um Johannes wurden Legenden gesponnen, sondern auch um Personen, die in seinem Evangelium bzw. in den anderen Evangelien vorkommen. Man wollte wissen, was aus diesen Nachfolgern Jesu, den Menschen, die Jesus in irgendeiner Weise gedient haben, geworden ist.

So wurde Nikodemus (Joh 3; 7,50; 19,39) als Neffe des Gamaliel angesehen. Er habe bei der Kreuzabnahme Jesu die Nägel aus dessen Händen und Füßen herausgezogen. Wegen seiner Nachfolge Jesu sei er vom Hohen Rat ausgestoßen und misshandelt worden. Im sogenannten Nikodemusevangelium (Pilatusakten) führt er mit Joseph von Arimathia Juden dazu, Gott über das zu loben, was er an Jesus getan hat:

»Und es sprachen die Priester und Leviten zueinander: Wenn man nach fünfzig Jahren Jesu noch gedenkt, dann

127 Angaben nach Elliger 1985, Kap. IX.

wird er für immer herrschen und sich ein neues Volk schaffen« (Schneemelcher [Hg.] II, 413).

Lazarus wird mit Maria, Marta (Joh 11 f.) und anderen auf ein Schiff verfrachtet, das ohne Ruder und Segel auf dem Mittelmeer herumtrieb.[128] Das Schiff landete bei Marseille. Lazarus sei Bischof geworden, und Maria und Martha seien berühmte Asketinnen und Missionarinnen gewesen.

2.2 Der Evangelist und das Evangelium im Volksglauben

Nicht allein das Werk des Menschen Johannes hat die Phantasie angeregt, sondern auch als Heiliger ist er – wie kein anderer Evangelist und wie kaum ein anderer der frühen Nachfolger Jesu – vielen Menschen durch die Jahrhunderte hindurch wichtig gewesen. Und diese Bedeutung spiegelt sich im Volksglauben wider.

Johannes gilt als inspirierter Autor als Patron der Künstler (Maler, Bildhauer) und weiterer Berufsgruppen, die mit Schreiben (Beamte), mit der Herstellung von Pergament (Metzger) und Druckerzeugnissen zu tun haben. Er gilt als Patron der Theologen, da er anders als die synoptischen Evangelien vom Auferstandenen ausgehend, die theologischen Fragestellungen stärker in den Mittelpunkt stellt. Ebenso wird er als Patron der Kerzenzieher verehrt. Nach einer Legende hat er der sterbenden Maria eine Kerze gereicht. Auch

128 Rudolf Steiner (Das Christentum als mystische Tatsache, 1902) und der von ihm abhängige Anthroposoph Hemsleben, der die Johannesbiographie in der rororo-Reihe verfasst hat, sehen Lazarus als den reichen Jüngling und als Verfasser des Johannesevangeliums an.

die Anrufung als Beistand bei Vergiftungen spiegelt den Einfluss der Legenden, denn er hat, wie oben gesehen, das Gift, das ihm zu trinken gegeben wurde, schadlos überstanden. Seinem Überstehen des siedenden Öls (bzw. seinem Öl-Martyrium – s. o.) ist zu verdanken, dass er bei Brandwunden angerufen wird. Johannes ist der Patron der Weingärtner, weil er beim letzten Mahl Jesu mit seinen Jüngern an der Brust Jesu gelegen hat. Aus diesem Grund wird wohl seit dem 13. Jh. auch die Weinsegnung am Tag des Johannes (27. 12. bzw. 29. 12.) durchgeführt. Im Gottesdienst wird der Wein mit den Worten gereicht: »Trinke die Liebe des heiligen Johannes«. Die Verbindung des Apostels mit dem Wein kann auch seinen Grund darin haben, dass er den gereichten Giftbecher überlebt hat. Der Tag der Weinsegnung hat noch eine Besonderheit: An ihm führte der Ehemann die Ehefrau aus. Bezahlte sie den Wein, bedeutete das für ihn, dass sie weiterhin bei ihm bleibt (Weiberdingete). Auch wenn die Weinsegnung erst im 13. Jh. eingeführt wurde, so wird in der Weihnachtswoche doch schon seit dem 4. Jh. (Gregor von Nyssa) des Johannes gedacht. Weil Johannes hauptsächlich in Ephesus gewirkt haben wird, wird er als Patron über die Türkei und Kleinasien angesehen, in den zwanziger Jahren des 20. Jahrhunderts bestätigt das Papst Benedikt XV.

Das Johannesevangelium insgesamt wurde im Kontext von Magie verwendet. Nicht nur der Prolog hat seit alters magischen Zwecken gedient, sondern schon zu Zeiten Augustins hat man das Evangelium selbst gegen Fieber unters Kopfkissen gelegt, Teile daraus sollen gegen Gicht und andere Schmerzen helfen. Weil Johannes im Westen als kindlich, jugendlich dargestellt wird und sein Brief auch die Liebe betont und das Evangelium die Gottessohnschaft Jesu, glaubt man in der Oberpfalz, er führe am Jüngsten Tag die ohne Taufe verstorbenen Kinder in den Himmel. Doch nicht nur Menschen sind Nutznießer seiner Kräfte: Sein Name kommt auch in Zauberformeln gegen Pferdekoliken vor.

Gerade im Frühjahr spielt Johannes eine große Rolle für Kräuter und Ernten: Ein Überspringen des Johannisfeuers soll Gesundheit bringen, wirke aber auch gegen schlechte Ernte und böse Geister. Die Johannisbeere habe ihren Namen daher, dass Johannes sie gesegnet oder mit ihr seinen Hunger gestillt habe. In Böhmen heißt es, der Saft des Johanniskrautes sei rot, weil Johannes in einem Kornfeld von Heiden getötet worden sei und dabei das Johanniskraut rot gefärbt habe. Ein Kräuterkissen solle vor der Johannisnacht bereitet werden, da in dieser Nacht der Heilige käme, sein Haupt darauf lege, was Segen bringen würde, freilich nur, wenn man beim Kräuterernten bete und nicht sündige. Auch der Johannistau helfe gegen Krankheit und stärke die Heilkraft der Kräuter. Das Johanneswürmchen habe seinen Namen von der Zeit der Erscheinung um den Johannistag. Ebenso ist der Johannistrieb abhängig von diesem Tag: Der Johannistrieb an Bäumen ersetzt die noch durch Frost vernichteten Triebe bzw. manche Bäume treiben im August noch einmal kleinere Triebe aus. Darüber hinaus ist er Metapher für eine späte Liebe: »Ihr späten Triebe, die ihr jetzt die früh verdorbnen schön ersetzt, euch, ihr Johannistriebe, vergleich' ich meine Liebe« (F. Rückert; dieses Thema hat auch das Schauspiel »Johannistrieb« von P. Lindau[129]). Mit Frühjahr und Sommer ist auch das Wetter im Blick: Johannes ist

129 Hellwig, Gerhard: Zitate und Sprichwörter von A–Z, Gütersloh/Berlin 1976.

auch Wetterherr (z. B. gegen Gewitter), so in Franken – bekanntlich hat sich der Apostel Petrus als ein solcher durchgesetzt.

›Johannes‹ hat vom Johannistag her für den Volksglauben wichtige Impulse bekommen: vor allem als Heiliger im Kontext der im Frühsommer sprießenden Heilkräuter. Darüber hinaus ist er als Heiliger bzw. ist sein Evangelium zur Erlangung und Erhaltung der Gesundheit wichtig geworden. Auch andere Evangelisten können in Krankheiten angerufen werden, doch hat Johannes an dieser Stelle gegenüber Lukas vor allem aber auch gegenüber Matthäus eine Vielzahl an Erwartungen an sich gebunden. Das hängt wohl damit zusammen, dass ihm auf Grund der Lieblingsjüngertexte eine besondere Nähe zu Jesus zugeschrieben worden ist. Wer als Mensch an der Brust Jesu liegt, der hat auch in der himmlischen Welt besondere Nähe zu Jesus.

Freilich gibt es bei all diesen Zuordnungen zu Johannes ein Problem: Es kann kaum mehr erkannt werden, ob Bräuche, die einem Johannes zugeschrieben werden, mit dem rauheren Johannes dem Täufer oder mit dem lieblicheren Evangelisten Johannes zu verbinden sind. Gelten die Johannisfeste und alles, was damit zusammenhängt, Johannes dem Täufer? Sind die Frühjahrs-/Frühsommererwartungen mit dem strengen Asketen verbunden worden? Anders als im Westen, der den 27./29. 12. Johannes dem Evangelisten zugeordnet hat,[130] gilt im Osten als Festtag des

130 Im Syrischen Martyrologium (von 411) wird das Martyrium des Jakobus und Johannes auf den 27. 12. gelegt. Das armenische Lektionar nennt den 29. 12. als Gedenktag. Das hängt damit zusammen, dass Johannes und Jakobus gemeinsam genannt werden und der 27. dann überwiegend der Tag des Johannes geworden ist, der 29. der des Jakobus.

Johannes überwiegend der 26.8. und der 26.9. – womit eher verständlich werden kann, dass er mit Ernte und Heilkräutern verbunden wird. Darüber hinaus: am 6.5. wird der Wunder gedacht, die Johannes zugeschrieben werden. Womit erkennbar wird, dass westliche Traditionen von östlichen beeinflusst worden sein können. Deutlich sichtbar wird auch, dass beide Johannese in der Volksfrömmigkeit ineinander verschwommen sind. Auch verschmelzen, wie gesehen, der Täufer und der Evangelist Johannes in Bezug auf die Keuschheit.

Diese Frage, welchem der beiden Johannese die Verehrung gilt und welche besser sei, hat im 15.Jh. Nonnen getrennt (Kloster Katharinenthal/Schweiz: Baptisterinnen und Evangelisterinnen). Doch gibt es sie auch vereint auf Bildern (St. Martin in Tours; Grisailletafeln am Genfer Altar [1432], aber auch Altdorfer [1520]).[131] Die Zusammenstellung beider Johannese war in der Spätgotik nicht ungewöhnlich.

Eine eindeutige Zuweisung kann also nicht immer gegeben werden, doch lässt manchmal der Kontext – je nach Region – eine eindeutige Interpretation zu, so wenn Hinweise auf das Evangelium bzw. auf den besonderen Tod damit verbunden sind.

Die Worte des Evangeliums wurden als Worte angesehen, die nicht allein lehren und an das erinnern, was Jesus gesagt hat (14,26), sondern als Worte, die vom Parakleten, dem Tröster, gesprochen wurden. Es geht also nicht mehr allein um Worte des irdischen Jesus, die wir in diesem Evangelium hören, sondern es geht um Worte des Auferstandenen, die er durch den Parakleten den Seinen sagen lässt. So weiß die Legenda aurea auch davon, dass der Adler als Symbol

---

131 Keller [10]2005, 335.

für Johannes gilt, weil Johannes »höher fliegt als alle und von der Gottheit Christi schreibt«.[132]

Schon Augustinus schreibt in seinem Kommentar zu Johannes: Johannes habe

»höher und viel erhabener als die andren drei seine Verkündigung erhoben, und in seiner Erhebung wollte er, sollten auch unsere Herzen erhoben werden. Die übrigen drei Evangelisten nämlich wandelten gleichsam mit dem Herrn als Menschen auf Erden, von seiner Gottheit sagten sie wenig; dieser aber, gleich als verdrieße es ihn, auf Erden zu wandeln, erhob sich wie er gleich im Beginn seiner Rede sich hören ließ, nicht bloß über die Erde und über den ganzen Umkreis der Luft und des Himmels, sondern auch über das ganze Heer der Engel und den ganzen Staat der unsichtbaren Mächte und gelangte zu dem, durch den Alles gemacht ist, indem er sprach: ›Im Anfang war das Wort …‹. Diese so große Erhabenheit des Anfangs angemessen hat er auch das Übrige verkündet und von der Gottheit des Herrn wie kein anderer geredet. Das sprudelte er hervor, was er getrunken hatte. Denn nicht umsonst wird von ihm eben im Evangelium erzählt, daß er auch beim Mahle an der Brust des Herrn lag. Von jener Brust also trank er insgeheim, aber was er insgeheim trank, gab er öffentlich von sich, damit zu allen Völkern gelangte nicht bloß die Menschwerdung des Sohnes Gottes, sein Leiden und seine Auferstehung, sondern auch, was er vor der Menschwerdung war, der Einzige des Vaters, das Wort des Vaters, der Gleichewige mit dem Erzeuger, der gleich ist dem, von dem er gesandt ward,

132 Das Symbol für Matthäus ist der Mensch, weil er über die Menschheit Christi schreibt; das Symbol für Markus ist der Löwe, wegen der Auferstehung – »Löwenjunge werden durch das Gebrüll des Löwen geweckt« – oder »weil er mit dem Gebrüll der Predigt beginnt«; das Symbol für Lukas ist das Kalb, weil er von Christi Priesterschaft schreibe (861).

aber in eben der Sendung kleiner wurde, damit der Vater größer wäre.« (36,1; zitiert nach H. Hayd, BKV 1877.)

Das Evangelium hat Menschen beeinflusst, die über die legendarische Ausschmückung hinausgeht: In den Worten des Evangelisten wurde Christus selbst gehört. Dazu zählen auch die Worte von der Traurigkeit, die in Freude verwandelt wird, von der Bereitstellung der Wohnungen bei Gott, die Worte vom Leben, ewigem Leben, und Worte, die von der Freude sprechen. Sie haben jedoch nicht nur angesichts des Todes Bedeutung, sondern schon im Leben derer, die zu Jesus Christus gehören, so wirkten vor allem auch die Worte vom erhörten Gebet. All diese Worte haben Menschen in ihrer Not erhoben und Gott in Jesus Christus näher gebracht. Auch die Worte von der Einheit der Gemeinde waren wichtig: Sie haben in Bestrebungen Ausdruck gefunden, eine solche – auch im ökumenischen Dialog – herbeizuführen.

Abb. 23: Giotto di Bondone: Himmelfahrt des Johannes (um 1320)

2.3 Der Evangelist und das Evangelium in der Kunst

2.3.1 Der Evangelist, das Evangelium und die Maler

Die Legenden und die Volksfrömmigkeit hatten Einfluss auf die Kunst – und die Kunst hatte wiederum Einfluss auf die Volksfrömmigkeit. Und so begegnen vielfach die bisher genannten Aspekte aus dem Neuen Testament wie auch aus den Legenden auf Bildern wieder.

Im Osten wurde der Evangelist als Greis mit einem weißen Vollbart gezeichnet. Das darum, weil das Alter und die Weisheit des Evangelisten und Apokalyptikers hervorgehoben worden sind; von seinem langen Leben des Apostels wird auch darum gesprochen, weil Jesus über ihn laut Joh 21,22 gesagt hat, dass es Petrus nichts anginge, wenn Johannes leben würde, bis Jesus wiederkomme. Im Westen wird der jugendliche, kindliche, unbärtige Johannes bevorzugt, der früh berufen wurde, als Lieblingsjünger an der Brust Jesu ruhte und jungfräulich geblieben ist. Johannes wird im Westen nicht ganz so jung gezeichnet, wenn er mit Maria unter dem Kreuz steht.

Als Attribute, die dem Apostel Johannes in den Gemälden zugeordnet werden, sind zu nennen:

- Weil er als Verfasser des Evangeliums, dreier Briefe und der Apokalypse angesehen wurde, wird er mit einem Buch/mit einer Schriftrolle bzw. mit Schreibutensilien oder mit einem Schreiber (Prochorus, dem er laut Legende das Evangelium diktiert hat) zu seiner Seite dargestellt.
- Er wird im Gegensatz dazu in der Ostkirche auch als der Schweigende gezeichnet, der mit Zeige- und Mittelfinger vor dem Mund seine Meditation anzeigt.
- Ab dem 14. Jh. wird er mit Kelch gezeichnet, in dem eine Schlange bzw. ein Drache im Wein schwimmt,

weil er, wie eine Legende sagt, den Giftbecher unbeschadet leeren konnte.

- Der Adler, das Symbol des Johannes, kann als Attribut dienen, der in seinen Fängen Schriften bzw. Schreibutensilien tragen kann.
- Die Kleidung ist häufig rot bzw. blau – er wird aber auch mit Priesterkleid gezeigt, einmal, weil ihn Polykarp als Hohepriester mit goldenem Reif bezeichnet hat (vgl. Euseb, h. e. 3,31,3 mit möglicher Anlehnung an alttestamentliche Tradition, die sich z. B. auf Exodus 28,36 bezieht), dann aber auch, weil sich Johannes als erster das Messkleid angezogen haben soll.[133]

Einzelne Episoden aus dem Leben des Johannes werden von Malern besonders häufig dargestellt:

- Auf den zahlreichen Bildern, die Jesus beim letzten Mahl mit den Jüngern zeigen, sitzt Judas Iskariot Jesus gegenüber, zwischen beiden liegt Johannes. Sicher mag das darstellen, dass Judas neidisch gewesen sein mochte auf Johannes, weil dieser Jesus näher sein durfte bzw. konnte. Doch zeigt dieses Bild auch etwas anderes: Im Gegensatz zu Judas, der häufig im Begriff ist, aufzustehen, der einen Geldbeutel in der Hand hält oder etwas verbirgt, ruht der Lieblingsjünger an Jesu Brust. Er ist die Ruhe selbst. Er bekommt gar nichts mit von dem Aufruhr, der im Innern des Judas herrschen mag. Er nimmt auch die Anspannung Jesu nicht wahr, der in die Ferne schaut oder auf Judas. Er ruht in der Kraft und Geborgenheit Jesu. Und dieser Kontrast zwischen dem agilen und dem ruhenden Jünger, gibt

133 Angaben: Lexikon der Ikonographie Art. Johannes der Evangelist, 108–130.

diesen Bildern nicht selten einen eindrücklichen Reiz – und damit geben sie auch eine bestimmte Botschaft weiter: Menschen bekommen im Kraftfeld Jesu Ruhe.

- Der Betrachter sieht weit gehend mit Judas auf Jesus – und zwischen Judas/Betrachter und Jesus liegt Johannes.
- Als Meditationsbilder begegnen auch Jesus und Johannes allein: Beide sitzen und Johannes lehnt seinen Kopf an Jesu Brust.
- Häufig sind Darstellungen des Apostels mit Maria, der Mutter Jesu, unter dem Kreuz anzutreffen. Der Apostel, überwiegend rot gekleidet, steht neben der dunkelblau gekleideten Maria und stützt sie während der Kreuzabnahme oder während der Trauer unter dem Kreuz. Beide stehen auch rechts und links neben dem Kreuzesstamm. Maria links, vom Betrachter aus gesehen, Johannes rechts. Weitere Anordnungen sind möglich. Auch bei der Kreuzabnahme kann Johannes als einer dargestellt werden, der (mit anderen) den Leib seines verstorbenen Herrn trägt.
- Johannes spielt im Kontext der Auferstehung Jesu eine überwiegend untergeordnete Rolle. Hier dominiert die Darstellung der Erstzeugin, der Maria Magdalena, oder der Moment der Auferstehung selbst, an dem die Soldaten, die laut Matthäusevangelium das Grab bewachten, umfallen: Sie werden von der ungeheuren Erscheinung des aus dem Grab kommenden Christus zu Boden geworfen. Johannes wird als einer dargestellt, der mit Petrus zum leeren Grab geht.
- Johannes wird, mit dem Apokalyptiker Johannes identifiziert, auf Patmos gezeichnet, auf der er seine Offenbarungen empfing. Er schaut nach oben, in-

spiriert vom himmlischen Licht, mit einer Feder in der Hand und einem Buch auf den Knien.

- Johannes ist auch der Jünger, der die sterbende Maria stützt, ihr am nächsten steht, ihr eine Kerze überreicht.
- Colette Boilet hatte im Jahr 1408 eine Vision, in der sie die heilige Anna mit ihren drei Töchtern und andere heilige Frauen mit Kindern sah. Diese Vision führte zu Gemälden ›Die heilige Sippe‹ genannt. In ihnen finden wir auch den Knaben Johannes mit seiner Mutter Salome und seinem Bruder Jakobus neben anderen Müttern und Kindern, so auch Elisabeth und Johannes den Täufer, Maria und Jesus.
- Dass Johannes auf den Gemälden dargestellt wird, auf denen die zwölf Jünger mit Jesus durch das Land ziehen und gemeinsam mit den drei Jüngern, die als besondere Offenbarungsempfänger (Petrus, Jakobus und Johannes) gelten, geschildert wird, ist nahe liegend: So in der Verklärung Jesu als demütige, aufgeregte oder in Getsemane als schlafende Jünger.
- Sein Martyrium im Kessel mit siedendem Öl, das er betend, in sich gekehrt oder nach oben blickend besteht, gepeinigt von heißen Ölgüssen der Henker, unter den Augen des Herrschers und seiner Leute, wird auch wiedergegeben.

Giotto di Bondone (1266–1337) hat in der Peruzzi-Kapelle in Florenz Johanneslegenden malerisch zu einem Höhepunkt geführt: Johannes und Maria unter dem Kreuz, Johannes auf Patmos, die Auferweckung der Drusina durch Johannes, die Himmelfahrt des Johannes. Aus dem 7. Jh. wird der älteste Johannes-Zyklus in der Vorhalle von S. Giovanni in Lateran, Rom, überliefert, in dem auch eine Geißelung des Johannes wiedergegeben wird und das Schneiden seines Haares.

Neben Johannes fanden auch einzelne Motive des Evangeliums Eingang in Kunstwerken. Das Bild vom ›guten Hirten‹ wurde nicht allein vom Lukasevangelium (15,2–7), sondern auch von diesem Evangelium eingeprägt wie das Wort ›gut‹ anzeigt, das im lukanischen Gleichnis nicht vorkommt. ›Gute-Hirte-Bilder‹ hingen (hängen) in so manchem Haus.

Auch die Worte vom Weinstock und den Reben wurde immer wieder künstlerisch rezipiert.[134] Sie fanden, da sie die Nähe der Glaubenden zu Jesus Christus über den Tod hinaus aussprechen, ihren bildhaften Ausdruck auf zahlreichen Grabsteinen.

Vielfach aufgegriffen wurde das ›Ecce homo‹-Motiv. »Sehet, (welch) ein Mensch« sagt Pilatus laut Joh 19,5 den Anklägern, um Mitleid zu erzeugen, damit sie Jesus frei ließen. Ab dem 9./10. Jh. ist das Motiv des gequälten, mit Dornenkrone versehenen Christus vor der Volksmenge, die seinen Tod verlangt, in der Kunst nachweisbar. Jesus als Lamm Gottes (Joh 1,29) wird seit dem 4. Jh. verbunden mit einem Kreuz dargestellt.

Dieses Motiv hat auch in der Abendmahlsliturgie bzw. in den Liedern vielfach Eingang gefunden:

»Christe, du Lamm Gottes,
der du trägst die Sünd der Welt,
erbarm dich unser.«
Bzw. im *Agnus Dei* heißt es:
»Lamm Gottes,
du nimmst hinweg die Sünde der Welt.
Erbarme dich unser.«

Seit dem Mittelalter haben Päpste aus den Resten geweihter Osterkerzen im 1. und 7. Jahr des Pontifikates kunstvolle Agnus-Dei-Medaillons herstellen lassen.

---

134 Zum Beispiel: EG 406,1 (Bei dir, Jesu, will ich bleiben).

Abb. 24: Westfälischer Meister: Gnadenstuhl mit Maria und Johannes. Altarretabel der Wiesenkirche in Soest (um 1260–1270)

Auf ihnen wurde geschrieben: »ecce agnus dei qui tollit peccata mundi«. Diese wurden als Zeichen besonderer päpstlicher Gunst in Agnus-Dei-Kapseln überreicht. Später galten entsprechende Silber-Kapseln mit dem Agnus-Dei-Medaillon als Amulett.[135]

Auch Motive, die Menschen des Johannesevangeliums betreffen, hatten weit reichende Folgen, so ›der ungläubige Thomas‹, die sehr transparent geschilderte Begegnung des Auferstandenen mit Maria Magdalena oder die Auferweckung des Lazarus. Sie haben Künstler vielfach beschäftigt.

Auch grundsätzlich hat das Johannesevangelium die christliche Kunst beeinflusst: Gott darf nicht gemalt werden, so das mosaische Bilderverbot. Das Johannesevangelium spielte in dieser Hinsicht nun eine

135 Christus als das Lämmchen hat durch Zinzendorf (1700–1760) eine besonders gefühlvolle Ausprägung erfahren, verbunden mit der vom Johannesevangelium bezeugten Seitenwunde (dem Seitenhöhlchen) Jesu.

zweifache Rolle. Zunächst wird mit Joh 1 gesagt, dass der Logos Gott ist und Mensch wurde. Den Logos als Gott kann der Mensch nicht zeichnen, doch den Mensch gewordenen Logos. Und daraus folgt das zweite: Jesus sagt im Johannesevangelium: Ich und der Vater sind eins (14,9) – und damit sind Bildnisse Jesu auch die Gottes. Das gilt aber in dem genannten Spannungsfeld, dass Gott nicht gemalt werden dürfe/könne. Und so finden wir bei Malern die Bemühungen, Jesus als Mensch zu malen, aber gleichzeitig seine Göttlichkeit auszudrücken.

Die Begründungen für das Malen Gottes in Jesus Christus finden wir seit Augustinus bis in die Zeit des Bilderstreites (8. Jh.). Vorher galt das Herstellen von Bildern als heidnische Tradition (wie oben anhand der Apostelgeschichte des Johannes gesehen). Als das adäquate ›Bild von Gott‹ wurde das Wort Gottes, der biblische Text, angesehen bzw. der Mensch, durch den Gott wirkt, der Heilige.[136]

2.3.2 Der Evangelist und das Evangelium in der Musik

Die Johannespassion wurde häufig vertont. So gibt es zum Beispiel Passionen von Heinrich Schütz (1585–1672) (SWV 481), Christian Ritter (1656–1725), Johann Mattheson (1681–1764) und von Arvo Pärt (1982). Die Johannespassion von Johann Sebastian Bach (1685–1750) soll näher vorgestellt werden, denn in der Interpretation durch Bach findet sie nach meinem Empfinden ihren nicht wieder erreichten Höhepunkt. Bach hat sie 1724 – nach sechswöchiger Niederschrift – zum ersten Mal aufgeführt; zur zweiten Aufführung (1725) wurden Änderungen angebracht. Doch Bach kehrte zur jubelnden ersten Version, die

136 S. zu dieser Fragestellung auch Sternberg 1989.

der johanneischen Theologie eher entspricht, zurück. Die folgende Ausführung greift auf »Bachs Johannespassion – Stationen und Strukturen« (Wege zur Musik, Koch Classics/Bayerischer Rundfunk, München 2000) zurück.

Die Johannespassion beginnt mit drei Fanfarenstößen, in dem der Eingangschor einsetzt: *Herr, Herr, Herr unser Herrscher.* Die Passion wird mit einem herrschaftlichen Ruf eröffnet, weil der Evangelist Passion mit Erhöhung zusammenführt: Die Majestät Jesu bleibt erhalten, trotz seines Leidens. Mit diesem Ruf wird auch auf Ps 8 angespielt, um ein weiteres Anliegen johanneischer Theologie aufzugreifen: die EinheitJesu mit Gott. Beide theologische Ansätze werden immer wieder eingeflochten. In die Klage der Arie, die *Es ist vollbracht* singt, wird ein vivace (lebendig) und forte (stark) hineingewoben, es wird gejubelt, triumphiert: *Der Held aus Juda siegt mit Macht und schließt den Kampf,* kehrt aber wieder zur ganz unjohanneisch verhaltenen, innigen Klage vom Anfang zurück: *Es ist vollbracht.* Auf der anderen Seite singt der Chor *Auch in der größten Niedrigkeit,* die Stimmen sinken zusammen, die Melodieführung geht lautmalerisch um einige Töne nach unten – doch sofort setzt sich die Verherrlichung wieder durch, und der Chor kehrt zum getragenen Anfang zurück: *Herr, Herr, Herr unser Herrscher.* Auch die Einheit Jesu mit Gott wird immer wieder musikalisch dargestellt: Das Leiden Jesu am Kreuz geschieht nicht außerhalb der Trinität. Das stellt Bach so dar: Bläserstimmen geben klagende, sich überkreuzende Tonschritte wieder – und neben diesen strahlt der basso continuo die Ruhe Gottes aus. Die schwingenden Streichinstrumente zeichnen den Heiligen Geist.

Der Tenor singt, wie in Passionen üblich, die Rolle

des Evangelisten – in dieser Passion aber besonders ausdrucksvoll, durch Tonsprünge und schwierige Intervalle, was die Dramatik des Dargestellten erhöht. Choräle sind Gemeindelieder, Gemeindegebete, die in den Passionen aufgenommen werden und an die ursprüngliche Aufführungspraxis erinnern: Im Gottesdienst sang die Gemeinde wohl diese Choräle mit. Im ersten Choral heißt es: *O große Lieb, o Lieb ohn alle Maßen, die dich gebracht auf diese Marterstraßen* (EG 81,6). Das Wort ›Marterstraße‹ wird in quälender Tonführung ausgedrückt. Eine solche Technik begegnet häufig in der Passion Bachs: Worte werden musikalisch gemalt, so wenn von der Schärfe des Schwertes gesprochen wird, ahmen die Töne scharf die Schärfe des Schwertes nach.

Arien erzählen nicht, sondern vertiefen einen Gedanken, deuten ihn aus glaubendem Herzen. So auch die Alt-Arie, die das Passionsgeschehen als eines reflektiert, das den Hörer selbst betrifft: *Von den Stricken meiner Sünden mich zu entbinden, wird mein Heil gebunden.* Diese Arie führt von der Klage über das Gebundensein Jesu hinein in eine tänzerische Melodie, die das Entbunden werden von Sünden dankbar aufgreift. Dieses – für eine Passion auffällige – Tänzerische wird wenig später durch die Sopran-Arie und die Instrumente im Kanon mit der Singstimme verstärkt: *Ich folge dir gleichfalls mit freudigen Schritten und lasse dich nicht, mein Leben, mein Licht.*

Die Jünger, Petrus und Johannes (wiedergegeben mit zwei Flöten – unisono gespielt), folgen dem verhafteten Jesus zum Palast des Hohepriesters. Dem Verhör, in dem Jesus majestätisch auftritt, folgt ein sehr gefühlvoller Choral: *Wer hat dich so geschlagen, mein Heil.* Jesus leidet, weil alle Menschen Sünder sind. Und es folgt die Verleugnung des Petrus mit aufregender Anklage: *Bist du nicht seiner Jünger einer?* Petrus verleugnet. Bach fügt dann aus dem Matthäusevangelium das Weinen des Petrus in das Johannesevangelium ein – und das mit einem musikalisch nachempfundenen verzweifelten Heulen. Es folgt eine Tenor-Arie, die, verbunden mit den Geigen, die Ziellosigkeit des herumirrenden Petrus wiedergibt: *Ach, mein Sinn, wo willt du endlich hin, wo soll ich mich erquicken? [...] Weil der Knecht den Herrn verleugnet hat.* Dann bricht die Musik abrupt ab. Petrus verstummt.

Der zweite Teil beginnt mit der Überführung Jesu zu Pilatus. In Halbtonschritten wird zur Tötung Jesu aufgestachelt, unterstützt durch die erregte (in schnellen 16-teln spielende) Violine. In Ruhe findet das Verhör statt. In diesem sagt Jesus: *Mein Reich ist nicht von dieser Welt.* Musikalisch wird mit einem Dreiklang Jesu Majestät wiedergegeben; indem der Dreiklang eine Oktave umfasst, wird die Allmacht Gottes dargestellt. Jesus wird zur Geißelung übergeben und ›harte Hiebe‹ der Instrumente verbunden mit ›zuckender Singstimme‹ quälen auch die Hörer. Ein ruhiges, innehaltendes Arioso mit einer Laute und zwei Viola d'amore folgt. Dann wird Jesus mit Hohn überschüttet, die Melodie führt spottend die Huldigung des Judenkönigs vor. Bellend rhythmisiert ruft die Menge: *Kreuzige ihn!* Die Gemeinde wird aufgerufen: *Eilt, eilt ihr angefochtenen Seelen.* Und sie fragt aufgeregt: *Wohin? Wohin?* Und bekommt zur Antwort: *Nach Golgatha.* Die Bass-Arie führt weiter: *Nehmet an des Glaubens Flügel* – die Aufregung löst sich, das Heil, das Jesus auf Golgatha wirken wird, wird vorweggenommen. Das Stück gibt die ganzen Aufgeregtheiten wieder, die mit dem Kreuzigungsgeschehen verbunden sind – und zum Teil gleichzeitig die Zuversicht, die mit dem Tod Jesu erlangte Hoffnung, den Frieden und die Ruhe. Dieses Wechselbad der Gefühle geht weiter: *Allda kreuzigten sie ihn*, singt der Evangelist. Die Melodielinie stürzt ab, zeichnet das Erschrecken. Im nächsten Choral strahlt trotz Jesu Sterben Zuversicht auf. Auch in der Alt-Arie durchdringen Klage und Jubel einander. Die Gemeinde singt getrost, ganz leise mit dem Choral: *Jesus, der du warest tot, lebest nun ohn Ende; in der letzten Todesnot nirgend mich hin wende als zu dir, der mich versühnt, o du lieber Herre.* Mit diesem Choral wird die tänzerische Bass-Arie verbunden: *Mein teurer Heiland, lass dich fragen, da du nun mehr ans Kreuz geschlagen und selbst gesagt, es ist vollbracht, bin ich vom Sterben frei gemacht? Kann ich durch deine Pein und Sterben das Himmelreich ererben? Ist aller Welt Erlösung da? Du kannst vor Schmerzen zwar nichts sagen, doch neigest du das Haupt und sprichst stillschweigend: Ja.* Die Bewegung des sinkenden Kopfes des Sterbenden wird als Versprechen Jesu gedeutet, dass *aller Welt Erlösung* da ist – und von hier aus wird das Sterben Jesu, das so überaus traurige Ereignis, als Befreiung freudig begleitet. Nach der Schilderung des Sterbens Jesu wird in einem Arioso die Trauer wieder mächtig – weil alle Schöpfung den Schöpfer erkalten sieht. Der Sopran singt in ruhiger Klage: *Zerfließe, mein Herze, im Flute der Zähren […] Dein Jesus, dein Jesus ist tot.*

Mit dem Choral *Ruht wohl, ihr heiligen Gebeine* könnte die Passion enden. Doch Bach stellt einen Choral ans Ende, in dem Christus gebeten wird: *Ach, Herr, lass dein lieb Engelein an meinem End die Seele mein in Abrahams Schoß tragen […] Alsdann vom Tod erwecke mich, dass meine Augen sehen dich in aller Freud, o Gottes Sohn, mein Heiland und mein Gnadenthron. Herr Jesu Christ, erhöre mich, erhöre mich. Ich will dich preisen ewiglich* (EG 397,3). Mit diesem Schlussgebet wird die Gemeinde an den auferstandenen Christus gewiesen.

2.4 Der Evangelist und das Evangelium in frühen Kommentaren

Theologie und Philosophie verschiedener Richtungen wurden vom Johannesevangelium geprägt: Seit früher Zeit werden die Evangelien auch kommentiert. Ein paar Kommentare sollen mit Blick auf Joh 1 kurz vorgestellt werden. Sie prägten die Auslegung und Theologie bis in die Gegenwart. Auch der erste Kommentar, der hier vorgestellt wird, wurde in seiner fragmentarischen Art prägend – so begegnen Ansätze nicht zuletzt bei Fichte.

Den ersten Johanneskommentar wird Herakleon (ca. 145–180) geschrieben haben, einige Fragmente liegen noch vor, weil Origenes aus diesem Kommentar zitierte. In seinem Kommentar meint Herakleon, dass der Mensch auch unabhängig von Christus den göttlichen Geist habe. Die Bedeutung Jesu habe darin bestanden, das den Menschen bewusst gemacht zu haben. Mit diesem Hinweis auf den göttlichen Geist, der in den Menschen als solcher ist, interpretiert er die gnostische Sicht mit christlicher Terminologie, laut der in jedem Menschen ein göttlicher Funke sei, der vom bösen Schöpfergott mit dem Fleisch gefangen genommen wurde. Und so könne auch nicht der Logos der Schöpfer sein, wie Joh 1 ausspreche, sondern der Logos habe den Demiurgen, die negative Macht, mit der Schöpfung beauftragt.[137]

Auch der Kommentar von Origenes (ca. 235; sein Wirkungsort: Ägypten und Palästina) ist nicht mehr

137 Korrekturen an der Theologie des Johannesevangeliums auch im Johannes Apokryphon und im Philippus-Evangelium 123 d; zu den Schriften s. Nagel.

vollständig erhalten. In ihm setzt sich Origenes mit gnostischen Johannesinterpretationen auseinander. Origenes interpretiert Joh 1 nicht aus der Tradition gnostischer, sondern stoischer Philosophie: Gott tritt im Logos aus sich heraus und durchdringt die Welt schöpferisch. Das heißt, dass der Logos nicht Gott an sich ist, sondern als schöpferisches Prinzip ewig aus Gott heraustritt.

Im Charakter unterscheidet sich dieser Kommentar sehr von dem Johanneskommentar des Augustinus (416/417; sein Wirkungsort: das heutige Tunesien), der das Johannesevangelium in fortlaufenden Predigten (124 Homilien) kommentierte. Er diente nicht überwiegend der Auseinandersetzung mit theologischen Gegnern, sondern der theologischen Belehrung seiner Zuhörer. In diese Belehrung wurden freilich Auseinandersetzungen eingeflochten, gleichzeitig wurde auch zu einem tugendhaften Leben aufgefordert. Diese Predigten waren bis ins Mittelalter hinein sehr beliebt. Wie viele Kommentatoren nach ihm, beobachtete er, dass das Johannesevangelium schwer zu verstehen sei. Augustin meint: Johannes lag an der Brust des Herrn; dort bekam er von Christus Milch und bot uns das, was er dort bekommen hatte. Und so könne man seine Worte nur verstehen, wenn man zu dem kommt, von dem auch Johannes getrunken habe. Den Unterschied zu Origenes erkennt man zum Beispiel auch in der Auslegung von Joh 1. Diese Aussage (Im Anfang war das Wort, das Wort war bei Gott, Gott war das Wort) sei schwer zu verstehen, und wenn man sie nicht erfassen könne, solle man warten. Während des Wartens solle man sich jedoch nicht vom Menschen Jesus lösen, bis man dann zu dem Logos (Christus) gelange, der vom Vater gekommen sei, zu dem Logos bei Gott, durch welchen alles geworden ist. Man könne das Licht des Logos nur sehen, wenn man die Augen der Seele von Sünde gereinigt habe, wie die Augen des Körpers erst dann sehen könnten, wenn man sie vom Ruß, vom Schleim und Staub befreit habe. Und so sieht er in anderer Weise als Origenes die Einheit von Gott und Christus in diesem Logoshymnus ausgesprochen.

Vor Augustinus interpretierte auch Basilius der Große († 379, Wirkungsort: heutige Türkei) Teile des Johannesevangeliums in Predigten. Zuerst zeigt er in der 17. (16.) Predigt seine Verehrung gegenüber dem Evangelisten: Unter den Evangelisten sei Johannes der Imponierendste, für jedes Ohr zu hoch, für jeden Verstand zu erhaben. Zu Joh 1 (Im Anfang war das Wort, das Wort war bei Gott, Gott war das Wort) meint er: Wenn schon nichtchristliche Weisheit dieses Wort bewundert – wie sehr müssten es die Kinder des Geistes tun? Es sei schwer, das Schöne, Kraftvolle zu verstehen. Das Wort ›Anfang‹ bedeute eben Anfang – das heißt, der Mensch, der nicht am Anfang dabei war, könne nicht erfassen, was vor diesem Anfang war. Und so gelte es auch nicht zu spekulieren, wie die theologischen Gegner es täten, die sagen würden: Es habe mal eine Zeit gegeben, in der Christus nicht da gewesen sei. Und Johannes spreche nicht: ›Am Anfang war der Sohn‹, da Menschen den Begriff ›Sohn‹ mit Wollust und Leidenschaft verbinden. Wenn Johannes von ›Wort‹ spreche, geht es um eine sachliche Darstellung der Einheit. Auch heißt es, ›das Wort war bei Gott‹, weil ein Raum nicht genannt werden könne: Gott wäre dann nämlich begrenzt worden. Und es heißt: ›Das Wort war bei Gott‹, um Gott und Sohn nicht zu vermischen.

»Diese wenigen Worte behaltet mir und prägt sie wie ein Siegel eurem Gedächtnisse ein! Sie werden eine unzerbrechliche Mauer sein gegen die Anstürme der Feinde und ein rettender Schild der Seele für die, welche ihn vor sich hinhalten.« (4)

Das Johannesevangelium hat mit dem Logoshymnus viel zur philosophischen Ausformung der Theologie beigetragen. Dazu gaben nicht zuletzt die gnostischen Spekulationen den Anstoß. Darüber hinaus prägte es auch die christliche Mystik.

Abb. 25: Fan Pu (China): Christus – die Tür (1999)

2.5 Der Evangelist und das Evangelium in der Mystik

Im Kommentar von Meister Eckhart[138] finden wir rationale Interpretation verbunden mit Interpretation des Glaubens. »Es ist ein Zeichen von Stolz und Verwegenheit, nicht glauben zu wollen, wenn man es nicht vorher mit dem Verstand einsieht; aber es ist ebenso ein Zeichen von Feigheit und Nachlässigkeit, wenn man das, was man glaubt, nicht mit Überlegungen der natürlichen Vernunft und mit Gleichnissen erforschen wollte« (in Joh. n. 361). Und so geht es ihm um eine theologisch-philosophische Durchdringung des Evangeliums, um mit ihrer Hilfe seine Mystik (die enge Verbundenheit von Mensch und Gott – Gott und Mensch) zu begründen. Der Lieblingsjünger selbst steht in der Mystik häufig im Mittelpunkt – nicht seine Theologie.

In der Vita Christi des Mystikers Ludolf von Sachsen (um 1300–1378) – dem meistgelesenen Buch des Spätmittelalters – finden wir:

»Du sollst nicht nur im Wachen nach dem Herrn Jesus dich hinwenden, nach ihm dich ausstrecken, sondern auch dann, wenn du den Leib auf das Lager niederlegst und den Kopf auf das Kissen zurücklehnst, dann soll das so geschehen wie damals der heilige Johannes sich an die Brust Jesu zurücklehnte. Und so gelehnt an die Brust Jesu sauge von seinem Überfluß, und du wirst in seinem Frieden schlafen und dich ausruhen. Und überhaupt, in allen deinen Worten und Taten, blicke stets auf das Vorbild Jesu, ob du fällst oder stehst, ob du sitzest oder liegst, ob du issest oder trinkst, ob du

138 Vgl. Mieth 2004; diesem Aufsatz wurde auch das folgende Zitat entnommen.

sprichst oder schweigst, ob du allein bist oder in Gesellschaft anderer: je mehr du ihn liebst und seine vertraute Freundschaft und sein Wohlgefallen und sein größeres Vertrauen erstrebst, desto vollkommener wirst du in jeder Tugend sein.«[139]

Hier wird eindeutig auf den Lieblingsjünger Bezug genommen. Anders sieht es z. B. in den zahlreichen Texten aus, wie wir ihn z. B. bei der Mystikerin Mechthilde von Hackeborn (1241/2–1299) finden:

»Dann lehnte sich die Seele an die Brust des Geliebten und Herrn, und sie lobte ihn mit all ihren Kräften, Sinnen und Gemütsregungen, in ihm selbst und durch ihn selbst. Und je mehr sie ihn, ihm treu anhängend, lobte, desto mehr wurde sie in sich selbst zurückgenommen. Es war wie bei schmelzendem Wachs, das angesichts des Feuers sich verflüssigt, so ging sie in Gott hinüber, sie wurde ihm glückselig vereint und ihm verbunden durch das unzertrennliche Band der Einung.« (A. a. O. 126f.)

Es mag sein, dass diese und solche Worte Folge der johanneischen Darstellung des Lieblingsjüngers an der Brust Jesu sind, aber es ist auch möglich, dass das Verhalten Liebender hilft, das Verhältnis Seele-Jesus Christus/Gott auszusprechen. So sagt sie auch:

»Sogleich schien es ihr, dass der Herr mit seiner Linken sie umarme, er legte sein Haupt an ihre Brust und sprach: ›Deine Seele wird immer in meiner Umarmung sein, weil du all das willst, das ich will. Und ich will deinen Kopfschmerz ganz in mich ziehen und zusammen mit meinem Leiden heiligen.‹« (A. a. O. 122)

---

139 Angaben zur Vita und das Zitat aus: Lanczkowski 1988, 325. 382.

Auch ein anderer Lieblingsjüngertext hatte möglicherweise seine Wirkung. Die Mystikerin Christine Ebner (1277–1356) schreibt in ihrem »büchlein von der genaden überlast« über eine Mitschwester, Diemut Ebnerin:

»Danach bekannte sie, dass ihr unser Herr vor vielen Jahren großen Trost gegeben hatte durch seine Auferstehung. Unser Herr tat ihr kund – da war sie dreißig Jahre alt –, er habe sie dem heiligen Johannes, dem Evangelisten, und dem heiligen Martin anempfohlen, und er sprach: ›Hätte ich irgend jemand liebevolleren und zärtlicheren gehabt, hätte ich dem meine Mutter anempfohlen.‹ Da hatte sie manchen Trost vom heiligen Johannes.« (A. a. O. 217)

Ähnlich Adelheid Langmann (1312–1375) in den »Offenbarungen«. Jesus Christus spricht zu ihr:

»›Ich will dich meiner Mutter empfehlen und meinen Heiligen, dass sie bei dir Gutes tun.‹ Da sprach unsere Liebe Frau zu ihr: ›Gehab dich wohl, mein liebes Kind, ich will dir Gutes tun.‹« (A. a. O. 325)

Auch hier stellt sich die Frage, ob der johanneische Lieblingsjüngertext, in dem Johannes Maria anvertraut wurde und Maria Johannes, direkt Pate gestanden hat oder nicht viel mehr die Heiligenfrömmigkeit.[140] Weil die Wirkungsgeschichte häufig komplizierte Wege geht, sind auch diese Texte genannt worden.[141]

---

140 S. den schon genannten Ansatz bei Origenes (Anm. 46). Seit 1200 tritt Jesus zusammen mit Maria und Johannes, die unter Jesu Kreuz ausgeharrt hatten, als Fürsprecher auf (Angenent 1997). Ausführlich geht die Legenda aurea auf die Fürsorge des Johannes im Kontext des Sterbens der Maria ein (631 ff.; 647 f.).

141 Es werden auch (aus dieser Zeit?) zwei Briefe überliefert, die behaupten, Ignatius († 117) habe sie an Johannes geschrieben. Zumindest im ersten spielt Maria eine große Rolle.

In Klöstern, in denen Johannes verehrt wurde, so im Klarissenkloster Nürnbergs oder bei den Dominikanerinnen Deißenhofens (15. Jh.) wurden umfangreiche Johannesviten gesammelt, verfasst und mit Johanneswundern vervollständigt.

Esoterisch orientierte Schriften ziehen bis in die Gegenwart das Johannesevangelium anderen Evangelien vor. Und das nicht zuletzt durch Anthroposophen in der Tradition Rudolf Steiners. Friedrich Rittelmeyer, Pfarrer und Anthroposoph, sieht das Johannesevangelium als ›Meditationsevangelium‹, das durch jahrelange Meditation hindurch entstanden sei und nur durch Meditation in seiner Tiefe erschlossen werden könne. Ziel der Meditation ist das »höhere Ich, das die Werke Gottes schaut, im Werden«. Damit handelt es sich um den Versuch, das Johannesevangelium gegenwärtigen Menschen nahe kommen zu lassen. Dass dieser Ansatz der Intention des Evangelisten entspricht, kann bezweifelt werden. Es geht Johannes nicht um Meditation, sondern um die Bindung an Christus und die Belehrung durch den Parakleten. Damit sei freilich nicht ausgeschlossen, dass Meditation des Evangeliums in größere Tiefe führen kann.

2.6 Der Evangelist und das Evangelium in der Philosophie des Deutschen Idealismus

Die Dichtung des Novalis (Friedrich Frhr. von Hardenberg; 1772–1801) wird als Beginn des ›magischen Idealismus‹ bezeichnet. Novalis hat die Einheit des Menschen mit der Schöpfung und mit der Vergangenheit und Zukunft betont. Die mystische Einheit mit der Schöpfung und der Geschichte ist gegeben, aber noch nicht so sehr die Einheit des Menschen mit dem Schöpfer. In seinen Geistlichen Liedern spricht er von inniger Christusverbundenheit. So konnte er (auch auf Grund seiner Jugend) als ›zweiter Johannes an der Brust des Herrn‹ bezeichnet werden[142]. In einem der Lieder heißt es:

»Ich habe dich empfunden, / Oh! lasse nicht von mir; / Lass innig mich verbunden / Auf ewig sein mit dir. / Einst schauen meine Brüder / Auch wieder himmelwärts / Und sinken liebend nieder / Und fallen dir ans Herz.«

Die Einheit des Menschen mit dem Göttlichen wird vom Deutschen Idealismus betont. Die religiöse Philosophie des Deutschen Idealismus hat über die Mystik und über gnostische Interpretationen des vierten Evangeliums ihre Prägungen erfahren, zumindest in der Philosophie Fichtes. Dieser hat in seiner »Anweisung zum seeligen Leben« (1806–1807; Nachgelassene Schriften, Gesamtausgabe I/9, 1995) in der sechsten Vorlesung dargelegt, dass seine Philosophie der Theologie des Johannesevangeliums entsprechen würde und die Theologie des Johannes die Lehre des echten Christentums sei. In der Inhaltsanzeige heißt es:

»Der Johanneische Christus sagt ganz dasselbe, was wir lehren, und beweisen, und sagt es sogar in derselben Bezeichnung, deren wir uns hier bedienen; und selbst in diesen Jahrzehenden, unter unsrer Nation, haben es unsere beiden größten Dichter [sc. Schiller und Goethe] in den mannigfaltigsten Wendungen und Einkleidungen, gesagt. Aber der Johanneische Christus ist überschrieen, durch seine, weniger geistreichen Anhänger.« (73)

142 Heinrich Spiro: Die Heilandsgestalt in der neuen deutschen Dichtung, Berlin 1926, 176.

Fichte meint damit, dass Johannes die Vernunft gelten lasse und den Beweis, der für die Philosophie allein gilt: das Innere (116) – das heißt hier: Die Einsicht, dass das Göttliche mit dem Menschlichen eine Einheit sei (121). Damit sieht er den gesamten Deutschen Idealismus seiner Zeit von Johannes abhängig bzw. in dem Evangelium schon abgebildet. Doch gilt als Maßstab nicht die Theologie des Johannes, sondern der Philosoph, denn auch das Johannesevangelium enthalte, so Fichte, Dinge, die allein für die johanneische Zeit Relevanz besessen habe. Zum anderen: Das, was am Johannesevangelium für die Philosophie relevant sei, das könne die Philosophie auch ohne Johannes denken (122).

Fichte steht hier stärker in der Tradition, die wir schon mit Herakleon und Origenes kennengelernt haben. Diese Interpretation verdankt die Intention, den Menschen mit Gott zu verbinden, eher gnostischer als mystischer Tradition. In der Mystik handelt es sich um eine andere Einheit von Gott und Mensch als in der Gnosis: In der Mystik wird der Mensch mit Gott verbunden, aber Gott bleibt Gott und der Mensch bleibt Mensch, während in der Gnosis der Mensch an Gottes Wesen teilhat. Und so wird die einzigartige Bedeutung Jesu Christi zu Gunsten der Erhebung des Menschen eingeschränkt.

Auch Schelling erhebt in der »Philosophie der Offenbarung« (letzte Fassung 1845/46[143]) Johannes. Er sei der wahre Apostel des Heiligen Geistes, während Petrus der Apostel des Vaters und Paulus der des Sohnes sei. Als Apostel des Geistes werde seine Kirche erst noch kommen (720). Womit er die Endzeit-Theo-

143 Zitiert nach Münchner Jubiläumsdruck Bd. 6.

logie des Joachim von Fiore/Floris (†1201) aufgreift, der als drittes, vollkommenes Zeitalter das des Geistes erwartet hatte. Schelling lehnt die Interpretation Fichtes ab, die das Besondere Jesu Christi nur darin bestehen lässt, der Erste gewesen zu sein, der wusste, dass jeder Mensch der Logos, der wissende göttliche Mensch, sein könne. ›Logos‹ wird von Fichte als Wissen verstanden oder von anderen als Weisheit Gottes. Doch stehe das, so Schelling, nicht im Logoshymnus von Joh 1. ›Logos‹ sei im johanneischen Sinn abstrakt zu verstehen. Weil man sich eine solche Person jedoch nicht denken könne, versuche man ›Logos‹ als Weisheit Gottes umzuinterpretieren. Doch je abstrakter der Ausdruck ›Logos‹ verstanden würde, desto näher käme man an die Vorstellung des Evangelisten heran. Wie Juden den Namen Gottes nicht aussprechen, sondern ehrfurchtsvoll ›der Name‹ sagen, so verwende Johannes das Wort ›Logos‹ um das Erhabene auszusprechen, das am Anfang war, also in einer Zeit, in der der Mensch mit seinem Verstand nicht hingelangen könne. Erst durch die Menschwerdung des Logos sei er als der Sohn Gottes erkennbarer und damit für den Verstand fassbarer. Schelling steht hiermit stärker in der kirchlichen Tradition, wie sie an Augustin und Basilius dem Großen schon dargestellt worden ist.

3. Schluss

Vor ca. 2000 Jahren lernten sich zwei Menschen am Jordan kennen: Jesus und Johannes. Damit begann eine gemeinsame Lebensgeschichte von vielleicht drei Jahren. Jesus wurde hingerichtet und zeigte sich vielen als vom Tod Auferstandener. Die Lebensgeschichte ging nun auf anderer Ebene weiter. Johannes erinnerte sich an die gemeinsame irdische Lebensgeschichte und verknüpfte sie mit der weiter gehenden gemeinsamen Lebensgeschichte mit Jesus, dem Auferstandenen. Diese Erinnerung beschäftigte und beeinflusste zahlreiche Menschen durch 2000 Jahre hindurch bis in die Gegenwart. Sie wurde auch zu einem Teil ihrer Lebensgeschichte mit dem auferstandenen Jesus Christus.

Unsere Spurensuche ist abgeschlossen – um wieder aufgenommen zu werden …

D. VERZEICHNISSE

1. Literaturverzeichnis

Quellen (in Auswahl)

Augustinus: Des heiligen Kirchenvaters Aurelius Augustinus Vorträge über das Evangelium des Heiligen Johannes, übersetzt von Th. Specht, BKV 8.11.14, München 1913f.

Basilius der Grosse: Ausgewählte Homilien und Predigten, übersetzt von A. Stegmann, BKV 47, München 1925

Die Bibel. Nach der Übersetzung Martin Luthers, revidierte Fassung von 1984, Stuttgart 1985

Die Bibel. Altes und Neues Testament. Einheitsübersetzung, Freiburg/Basel/Wien 1993

Schneemelcher, Wilhelm (Hg.): Neutestamentliche Apokryphen in deutscher Übersetzung, Bde. 1–2, Tübingen ⁵1987/⁵1989

Eusebius: Kirchengeschichte, hg.v. H. Kraft, München ³1989

Fischer, Joseph A. (Hg.): Die Apostolischen Väter, Darmstadt ⁹1986

Körtner, U. H. J.: Papiasfragmente, in: Ders.; M. Leutzsch: Schriften des Urchristentums III, Darmstadt 1998

Irenäus: Des heiligen Irenäus fünf Bücher gegen die Häresien. Übersetzt von E. Klebba, BKV² 3f., Kempten/München 1912

Lanczkowski, Johanna (Hg.): Erhebe dich, meine Seele. Mystische Texte des Mittelalters, Universal-Bibliothek 8456, Stuttgart 1988

Legenda aurea des Jacobus de Voragine, hg. und aus dem lat. übersetzt von R. Benz, Heidelberg o. J.

Wengst, Klaus (Hg.): Schriften des Urchristentums, Darmstadt 1984

Gesamtdarstellungen und Aufsätze zum Johannesevangelium und zum Lieblingsjünger

Becker, Jürgen: Johanneisches Christentum. Seine Geschichte und Theologie im Überblick, Tübingen 2004

Berger, Klaus: Im Anfang war Johannes. Datierung und Theologie des vierten Evangeliums, Stuttgart 1997

Berger, Klaus: Neue Argumente für die Frühdatierung des Johannesevangeliums, in: Hofrichter, P. L. (Hg.): Für und wider die Priorität des Johannesevangeliums. Symposion in Salzburg am 10. März 2000, Theologische Texte und Studien 9, Hildesheim u. a. 2002

Boismard, Marie-Émile: Rez.: Der Lieblingsjünger im Johannesevangelium. Ein exegetischer Versuch, v. Alv Kragerud, Hamburg 1959, in: RB 67, 1960, 405–410

Bonhoeffer, Dietrich: Johannes, der Evangelist (Juni 1942), in: Dietrich Bonhoeffer, Gesammelte Schriften, hg. v. E. Bethge, Bd. 4, München 1961, 585–587

Brown, Raymond E.: The Community of the Beloved Disciple. The life, loves, and hates of an individual church in New Testament times, New York 1979

Brown, Raymond E.: Ringen um die Gemeinde. Der Weg der Kirche nach den Johanneischen Schriften, Salzburg 1982 (engl. 1979)

Culpepper, R. Alan: John, the Son of Zebedee. The Life of a Legend, Studies on Personalities of the NT, Columbia 1994

Davies, Margaret: Rhetoric and Reference in the Fourth Gospel, JSNT Suppl. Ser. 69, Sheffield 1992

Diefenbach, Manfred: Der Konflikt Jesu mit den »Juden«. Ein Versuch zur Lösung der johanneischen Antijudaismus-Diskussion mit Hilfe des antiken Handlungsverständnisses, NTA 41, Münster 2002

Dimde, Manfred: Die Johannesverschwörung. Der Kampf um die Nachfolge Jesu, München 1998

Eckle, Wolfgang: Den der Herr liebhatte – Rätsel um den Evangelisten Johannes. Zum historischen Verständnis seiner autobiographischen Andeutungen, Hamburg 1991

Ernst, Josef: Johannes. Ein theologisches Porträt, Düsseldorf 1991

Fenske, Wolfgang: Unter dem Feigenbaum sah ich dich (Joh 1,48). Die Bedeutung der Nathanaelperikope für die Gesamtrezeption des Johannesevangeliums, in: ThZ 54, 1998, 210–227

Frey, Jörg: Die johanneische Eschatologie, Bde. 1–3, WUNT 96; 110; 117, Tübingen 1997–2000

Frey, Jörg; Schnelle, Udo (Hrsg.): Kontexte des Johannesevangeliums. Das vierte Evangelium in religions- und traditionsgeschichtlicher Perspektive, WUNT 175, Tübingen 2004

Haldimann, Konrad; Weder, Hans: Aus der Literatur zum Johannesevangelium 1985–1994. Erster Teil: Historische Situierung und diachrone Analysen, in: ThR 67, 2002, 425–456

Haldimann, Konrad; Weder, Hans: Aus der Literatur zum Johannesevangelium 1985–1994. Zweiter Teil: Synchrone Analysen, in: ThR 69, 2004, 75–115

Hengel, Martin: Die johanneische Frage. Ein Lösungsversuch mit einem Beitrag zur Apokalyptik von Jörg Frey, WUNT 67, Tübingen 1993

Käsemann, Ernst: Ketzer und Zeuge. Zum johanneischen Verfasserproblem, in: ZThK 48, 1951, 292–311 (auch in: Ders.: Exegetische Versuche und Besinnungen I, Göttingen 1960, 168–187)

Kügler, Joachim: Der Jünger, den Jesus liebte. Literarische, theologische und historische Untersuchungen zu einer Schlüsselgestalt johanneischer Theologie und Geschichte. Mit einem Exkurs über die Brotrede in Johannes 6, SBB 16, Stuttgart 1988

KYSAR, ROBERT: The Fourth Gospel. A Report on Recent Research, in: ANRW 25, 3, 1985, 2389–2480

LABAHN, MICHAEL; SCHOLTISSEK, KLAUS; STROTMANN, ANGELIKA (Hrsg.): Israel und seine Heilstraditionen im Johannesevangelium. Festgabe für Johannes Beutler zum 70. Geburtstag, Münster 2004

LEINHÄUPL-WILKE, ANDREAS: Rettendes Wissen im Johannesevangelium. Ein Zugang über die narrativen Rahmenteile (1,19–2,12; 20,1–21,25), NTA NF 45, Münster 2003

MEYER, ANNEGRET: Kommt und seht. Mystagogie im Johannesevangelium ausgehend von Joh 1,35–51, Forschung zur Bibel, Würzburg 2005

MIETH, DIETMAR: Das Johannesevangelium in der »Mystik«: Meister Eckharts Kommentar, in: BiKi 59, 2004, 163–166

MOLONEY, FRANCIS J.: The Gospel of John, Sacra Pagina Series 4, Collegeville/Minn. 1998

NAGEL, TITUS: Die Rezeption des Johannesevangeliums im 2. Jahrhundert. Studien zur vorirenäischen Aneignung und Auslegung des vierten Evangeliums in christlicher und christlich-gnostischer Literatur, Arbeiten zur Bibel und ihrer Geschichte 2, Leipzig 2000

NAGEL, TITUS: Das »Unbekannte Berliner Evangelium« und das Johannesevangelium, in: ZNW 93, 2002, 251–267

NEYRINCK, F.: The Other Disciple, in: Jn 18.15–16, in: EthLov 51, 1975, 113–141

QUAST, KEVIN: Peter and the Beloved Disciple. Figures for a Community in Crisis, JSNT Suppl. Ser. 32, Sheffield 1989

REIM, GÜNTER: Die Sondersprache des Evangelisten Johannes, in: BZ 49, 2005, 93–102

RITTELMEYER, FRIEDRICH: Briefe über das Johannesevangelium, Stuttgart 1938

RUCKSTUHL, EUGEN: Die literarische Einheit des Johannesevangeliums. Der gegenwärtige Stand der einschlägigen Forschungen; im Anhang: Liste der johanneischen Stilmerkmale mit allen Belegstellen aus dem johanneischen

Schrifttum; Sprache und Stil im johanneischen Schrifttum; die Frage ihrer Einheit und Einheitlichkeit, NTOA 5, Freiburg repr. 1987 (1. Aufl. 1951)

RUCKSTUHL, EUGEN; DSCHULNIGG, PETER: Stilkritik und Verfasserfrage im Johannesevangelium. Die johanneischen Sprachmerkmale auf dem Hintergrund des Neuen Testaments und des zeitgenössischen hellenistischen Schrifttums, NTOA 17, Freiburg 1991

SCHMITHALS, WALTER: Johannesevangelium und Johannesbriefe. Forschungsgeschichte und Analyse, BZNW 64, Berlin / New York 1992

SCHNELLE, UDO: Antidoketische Christologie im Johannesevangelium. Eine Untersuchung zur Stellung des vierten Evangeliums in der johanneischen Schule, FRLANT 144, Göttingen 1987

SCHÜRMANN, HEINZ: Jesu letzte Weisung Jo 19,26–27c, in: Ders.: Ursprung und Gestalt, Düsseldorf 1970, 13–29

SCHWEIZER, EDUARD: Ego Eimi. Die religiöse Herkunft und theologische Bedeutung der johanneischen Bilderrede. Zugleich ein Beitrag zur Quellenfrage des vierten Evangeliums, FRLANT 56, Göttingen ^{2}1965 (1. Auflage: 1939)

SIMON, LUTZ: Petrus und der Lieblingsjünger im Johannesevangelium. Amt und Autorität, EH 23,498, Frankfurt 1994

SÖDING, THOMAS (Hg.): Johannesevangelium – Mitte oder Rand des Kanons? Neue Standortbestimmungen, QD 203, Freiburg u. a. 2003

THEOBALD, MICHAEL: Herrenworte im Johannesevangelium, Herders Biblische Studien 34, Freiburg u. a. 2002

THEOBALD, MICHAEL: Was man bei einer Begegnung mit dem Johannesevangelium wissen sollte, in: BiKi 59, 2004, 118

THYEN, HARTMUT: Aus der Literatur zum Johannesevangelium, in: ThR 39, 1975, 1–69. 222–252 und 42, 1977, 211–270

VOIGT, GOTTFRIED: Licht – Liebe – Leben. Das Evangelium nach Johannes, Biblisch-theologische Schwerpunkte 6, Göttingen 1991

WHITELEY, D. E. H.: Was John Written by a Sadducee? in: ANRW 25,3, 1985, 2481–2505

WILCKENS, ULRICH: Die Gegner im 1. Johannesbrief, in: A. v. DOBBELER; U. ERLEMANN; R. HEILIGENTHAL (Hrsg.): Religionsgeschichte des Neuen Testaments, FS Klaus Berger, Tübingen/Basel 2000, 477–500

ZUMSTEIN, JEAN: Kreative Erinnerung. Relecture und Auslegung im Johannesevangelium, AThANT 84, Zürich ²2004

Kommentare

BARRETT, C. K.: The Gospel According to St John, London ²1978

BECKER, JÜRGEN: Das Evangelium nach Johannes, ÖTK 4, Gütersloh ³1991

BROWN, RAYMOND E.: The Gospel According to John, Bde. 1–2, AB, New York 1966 und 1970

BULTMANN, RUDOLF: Das Evangelium des Johannes, KEK.NT 2, Göttingen ²¹1986

HAENCHEN, ERNST: Das Johannesevangelium. Ein Kommentar, hg.v. U. Busse, Tübingen 1980

LINCOLN, ANDREW: The Gospel According to John, BNTC 4, London 2005

SCHNACKENBURG, RUDOLF: Das Johannesevangelium, HThK 4,1–4, Freiburg 1965–1984

SCHNELLE, UDO: Das Evangelium nach Johannes, ThHKNT 4, Leipzig 1998

WENGST, KLAUS: Das Johannesevangelium, ThKNT 4,1–2; Stuttgart ²2004 und 2001

WILCKENS, ULRICH: Das Evangelium nach Johannes, NTD 4, Göttingen 1998

ANGENENT, ARNOLD: Geschichte der Religiosität im Mittelalter, Darmstadt 1997

ELLIGER, WINFRIED: Ephesos, Geschichte einer antiken Weltstadt, Urban Taschenbücher 375, Stuttgart u. a. 1985

FENSKE, WOLFGANG: »Das Lied des Mose, des Knechtes Gottes, und das Lied des Lammes« (Apokalypse des Johannes 15,3f.). Der Text und seine Bedeutung für die Johannes-Apokalypse, in: ZNW 90, 1999, 250–264

FENSKE, WOLFGANG: Aspekte Biblischer Theologie dargestellt an der Verwendung von Ps 16 in Apg 2 und 13, in: Bib 83, 2002, 54–70

KÜMMEL, WERNER GEORG: Einleitung in das Neue Testament, Heidelberg ^{20}1980

MUTSCHLER, BERNHARD: Irenäus als johanneischer Theologe. Studien zur Schriftauslegung bei Irenäus von Lyon, Studien und Texte zu Antike und Christentum, Tübingen 2004

SCHNELLE, UDO: Einleitung in das Neue Testament, UTB 1830, Göttingen ^{5}2005

STERNBERG, THOMAS: Fünf Thesen zur Erlaubtheit der Bilder in der frühen Kirche, in: WOHLGEMUTH, J. (Hg.): Streit um das Bild. Das 2. Konzil von Nicäa (787) in ökumenischer Perspektive, Bonn 1989, 31–38

STERNBERG, THOMAS: »Vertrauter und leichter ist der Blick auf das Bild«. Westliche Theologen des 4.–6. Jahrhunderts zur Bilderfrage, in: DOHMEN, C.; STERNBERG, T. (Hrsg.): … kein Bildnis machen. Kunst und Theologie im Gespräch, Würzburg 1987, 25–58

WEISS, JOHANNES: Das Urchristentum, Göttingen 1917

ATTRIDGE, HAROLD W.: Art. Johannesevangelium, in: RGG[4] 4, 2001, 552–562

BEUTLER, JOHANNES; MEREDITH, A.: Art. Johannes-Evangelium (und Briefe), in: RAC 18, 1998, 646–670

ENGEMANN, J.; JÁSZAI, G.; RESTLE, M.: Art. Johannes der Evangelist, in: Lexikon des Mittelalters 5, 1991, 527–529

FREY, JÖRG: Art. Iohannes der Evangelist, in: DNP 5, 1998, 1056–1058

KELLER, HILTGART L.: Reclam Lexikon der Heiligen und der biblischen Gestalten. Legende und Darstellung in der bildenden Kunst, Stuttgart [10]2005

KNEFELKAMP, U.: Art. Johannes Presbyter, in: LMA 5, 1991, 530–532

SARTORI; JACOBY; MARZELL: Art. Johannes der Evangelist, Johannisblut, -feier, -krankheit, -kräuter, -minne, -evangelium, -beere, in: Handwörterbuch des Deutschen Aberglaubens 4, Handwörterbuch zur Deutschen Volkskunde I: Aberglaube, Berlin; Leipzig 1931/32, 729–760

VOUGA, FRANCOIS: Art. Johannesbriefe in: RGG[4] 4, 2001, 549–552

WILLIAMS-KRAPP, WERNER: Art. Johannes Evangelista, in: Die deutsche Literatur des Mittelalters. Verfasserlexikon, Bd. 4, Berlin / New York 1983, 589–591

2. ABBILDUNGSVERZEICHNIS

Soweit nicht anders angegeben, wurden die Bilder entnommen aus: 10 000 Meisterwerke der Malerei von der Antike bis zum Beginn der Moderne, ausgewählt von Ines Borchart, The Yorck Project Gesellschaft für Bildarchivierung, Berlin 2001; die Software der Digitalen Bibliothek: Directmedia Publishing, Berlin 2001.

Abb. 1: (Heilige Sippe) Meister des Ortenberger Altars: Die Heilige Sippe (um 1430). Darmstadt: Hessisches Landesmuseum.

Abb. 2: Raffael: Verklärung Christi (1519–1520). Rom: Pinacoteca Vaticana.

Abb. 3: Meister des Hausbuches: Das Abendmahl (um 1480–1485). Berlin: Gemäldegalerie.

Abb. 4: Juan de Juanes: Abendmahl (2. Drittel des 16. Jh.s). Madrid: Museo del Prado.

Abb. 5: Christus und Johannes (um 1310). Münster des ehemaligen Zisterzienserinnenklosters Heiligenkreuztal bei Riedlingen. Foto: Winfried Aßfalg, Riedlingen. Verlag aktuelle texte gmbh, 88499 Heiligenkreuztal.

Abb. 6: Tilman Riemenschneider: Johannes unter der Hand Christi (1499–1504). Rothenburg ob der Tauber, St. Jakobskirche. Ausschnitt aus dem Blutaltar. Kunstverlag Eden von König, 69232 Dielheim.

Abb. 7: Andrea Mantegna: Christus am Ölberg im Garten Gethsemane (1455). London: National Gallery.

Abb. 8: Mathis Gothart Grünewald: Die kleine Kreuzigung: Christus am Kreuz, Maria, Maria Magdalena und Heiliger Johannes (um 1502). Washington D. C.: National Gallery of Art.

Abb. 9: Mathis Gothart Grünewald: Isenheimer Altar (1512–1516). Colmar: Musée d'Unterlinden.

Abb. 10: Meister des Pähler Altars: Kreuzigung Christi (um 1410). München: Bayerisches Nationalmuseum.

Abb. 11: Peter Paul Rubens: Kreuzabnahme, Triptychon/Mitteltafel (um 1611–1614). Antwerpen: Onze Lieve Vrouwe-Kerk.

Abb. 12: Tizian: Heiliger Johannes Evangelist und der Almosen (um 1545). Venedig: San Giovanni Elemosinario.

Abb. 13: Masolino: Heilung eines Lahmen durch Petrus und Johannes (Szene aus einem Freskenzyklus) (1425). Florenz: Santa Maria del Carmine, Cappella Brancacci.

Abb. 14: Jacopo Pontormo: Heiliger Johannes der Evangelist, Tondo (1525). Florenz: Capponi-Kapelle in Santa Felicità.

Abb. 15: Corregio: Heiliger Johannes der Evangelist (1520–1521). Parma: Fresken in San Giovanni Evangelista.

Abb. 16: Diego Velázquez: Der Heilige Evangelist auf Patmos (1619–1620). London: National Gallery.

Abb. 17: Albrecht Dürer: Die vier Apostel, linker Teil: Die Heiligen Johannes und Petrus (1526). München: Alte Pinakothek.

Abb. 18: El Greco: Heiliger Johannes Evangelist (um 1595–1604). Madrid: Museo del Prado.

Abb. 19: Duccio di Buoninsegna: Maestà, Altarretabel des Sieneser Doms, Vorderseite: Verabschiedung Marias vom Heiligen Johannes (1308–1311). Siena: Museo del' Opera del Duomo.

Abb. 20: Hans Fries: Heiliger Johannes im Ölkessel (1514). Basel: Kunstmuseum.

Abb. 21: Grundriss der Johannesbasilika mit Baptisterium und Schatzhaus (M. Büyükkolanci), in: Friedmund Hueber (Hg.): Ephesos. Gebaute Geschichte, Zaberns Bildbände zur Archäologie, Mainz 1997, 102, Bild Nr. 128.

Abb. 22: Die Justinianische Johannesbasilika, Hueber, Graphik D. Groebner, in: a. a. O.: 103, Bild Nr. 129.

Abb. 23: Giotto di Bondone: Himmelfahrt des Johannes (um 1320). Florenz: Fresko Santa Croce, Cappella Peruzzi.

Abb. 24: Westfälischer Meister: Altarretabel der Wiesenkirche in Soest, Gnadenstuhl mit Maria und Johannes (um 1260–1270). Berlin: Gemäldegalerie.

Abb. 25: Fan Pu (China): Christus – die Tür (1999). Christus für alle Völker. Eine künstlerische Christologie, hg. v. Ron O'Grady, Evangelische Haupt-Bibelgesellschaft und von Cansteinsche Bibelanstalt / missio Aachen 2003, 85.